孩子必然不会成为天使

但你们始终可以成为更好的父母

THE CHALLENGE OF PARENTHOOD

父母：挑战

[美] 鲁道夫·德雷克斯 著

花莹莹 译

孩子必然不会成为天使，但你们始终可以成为更好的父母。你们最大的心愿莫过于让自己的孩子快乐，帮助他们拥有幸福舒适的生活，但你们不知道自己是如何经常伤害孩子的。你们已经尝试给予孩子自由和自我表现的权利，在自由精神中训练孩子，在家庭内部建立民主，并使家人分担责任，以民主的父母之爱给予孩子健康发展的力量和动力。

修订版前言

PREFACE TO THE REVISED EDITION

本书首次在美国出版系十年以前。因此，当时所提出的建议，业已通过教育及儿童指导领域的发展得以落实。而在当时有争议的见解，今天则已得到普遍接受。人们不再倾向于认为向孩子施加限制是压制性的，因而会对孩子造成伤害；而且，人们更深刻地认识到过度娇纵的危害。“按需喂养”不再大行其道，更为有序的喂养方式得到了更多支持和重视。

目前人们普遍认同的事实是，父母需要接受育儿方面的具体指导。过去的纠正方式倾向于关注孩子潜意识的心理过程，而今焦点正在转向改变父母和孩子之间的互动。因此，以前很多人认为有必要安排不同的治疗师或咨询师分别对母亲和孩子进行辅导，如今我们同时辅导母亲和孩子的方法则更受青睐。

在过去的十年间，一些新问题也显现出来，这需要我们对本书进行补充注释，或者审阅、修订某些内容。在过去十年中，人们开始以一个全新的视角理解儿童期精神病。在此期间，我们对一些儿童指导技巧加以完善。家庭会议已经成为民主家庭的一个基本特征。家庭会议的技巧和流程在此之前从未被讨论过，而这些在当代的育儿类书籍中应占有重要的一席之地。

值本书出版十周年之际，我们有必要对本书的历史进行简要回顾，因为它以一种独特的方式反映了过去几十年的文化变迁。本书原稿以德语写成，彼时的奥地利适处于民主阶段。此后，奥地利法西斯上台执政，出版这本基于民主原则的教育类书籍几无可能。德国的出版商也都不愿意冒险一试，而荷兰则保持了其民主传统，故本书于荷兰首次付梓。在希特勒军队入侵奥地利的前夕，所有民主力量进行了非常简短的重组。在此期间，奥地利的一家出版商接受了本书手稿。然而，本书尚未出版，希特勒的军队就入侵了奥地利。

本书作者侥幸逃离他的祖国，并在该出版社被解散前收回了本书的版权。

在美国，我们拥有的民主和平等比任何地方都更为实际，因而，当前出版商取得了本书的完整出版权，这具有十分重要的意义。世界上没有任何一个地方的妇女和儿童获得了与男性平等的地位——或许除了新建的以色列国——不屈从于任何人，主张属于自己的完整权利，否则就会公开抗争。因此，世界上没有任何一个国家比美国更加迫切地需要平等相待的技巧。我们需要创造新的养育传统。我们树立新传统标杆的不懈努力可能会招致那些尚未意识到民主原则对家庭生活具有全部意义的人们的反对。然而，我们洞悉民主发展的意义，我们对最终的发展结果坚信不疑。

芝加哥，1958年

引言

INTRODUCTION

亲爱的父母朋友们：

我们探讨了父母教育孩子时会面临的诸多问题。你们是否意识到，其实你们才是我们真正的关注点？对你们而言，为人父母是一个挑战；但是你们作为父母，对我们而言也是一个挑战。首先，这些话是从我作为一个精神病学家的角度说的。我所面临的严峻考验，正是那些要我去“治好他们的孩子”的父母带给我的。当我为他们提供咨询服务时，我因为同情和愤慨而感到左右为难。同情是因为他们遭受苦楚，非常可怜，愤慨则是出于他们对孩子所做的事情。这是一本倾情奉献给你们和你们的英雄使命的书，书中揭示了我与大多数执业精神病学家的矛盾心理。有些精神病学家会走极端：其中一类带着极度的愤怒，责备那些宠溺子女的母亲，是她们让后代无法适应社会生活；而另一类则认为大多数父母，尤其是母亲，都是情绪疾病的患者，她们需要心理治疗。在这两种极端之间取得平衡并非易事。如果我也因无法及时找到合适的表达而触怒你们，在此我要请求你们的原谅。你们必定理解，试图通过写书，而不是私下沟通来为患者提供指导是更加危险的。在私下面谈时，我能感知到自己何时伤害了患者的感受，也因此能立即纠正我的错误。而你们在阅读此书时，我无法看到你们，因此如果此书对你们的情绪造成了困扰，我是无法介入的。在本书一开始，我只能发自肺腑地告诉你们，我不想伤害到你们的感情。尤其是如果你们读过这本书后感到气馁，还不如我当初没写过它。引起气馁是不能产生任何裨益的。

不幸的是，我们无从保证读者一定会从一本书中萃取到作者想要传达的内容。我想为你们提供信息和鼓励，因为我知道你们在养育孩子这一艰辛的工作中最需要这些。然而，书本往往是被动的，你们可以从中找到自己愿意看到和消化的东西。乐观的读者很容易在书中找到让自己保持乐观的内容；但是气馁、悲观的父母也许只会为失败主义找到新的辩护理由，这完全背离了我的初衷。正如我之前所说，我只能恳求你们在阅读此书时注意你们的情绪反应。

但是你们——所谓“你们”，我通常指的是母亲以及父亲——不仅仅对精神病学家而言是一个麻烦，你们对整个社会而言也是最大的问题。你们处于最重要的战略位置，比任何其他公民群体都更能决定我们国家的发展。你们是连接过去和未来的纽带。在社会发展缓慢以及人类社会处于停滞状态的时代，每代人之间变化甚微，因此父母的任务相对简单。他们只是将自己从父母身上学到的东西传递给子女。今天，我们生活在人类社会的关键时期。社会环境、道德观念和日常的生活方式日新月异。你们身为父母，一只脚还踩在过去，而另一脚已步入未来。你们左右为难，却意识不到导致自己不适的原因，也就不足为奇了。你们在与孩子的日常接触中会经历这种困境带来的后果。但你们可能不知道，你们每天面临的考验和磨难对我们当下的文化及其变化而言至关重要。如今的父母太容易陷于挫败之中。你们最大的心愿莫过于让自己的孩子快乐，帮助他们拥有成功舒适的生活；但你们不知道自己是如何经常伤害孩子的，你们的压制比引导更为频繁。

具体而言，那些在我们眼前发生的社会和文化变革都具有划时代的重要性。它们标志着始于五六千年前的文化纪元的结束，预示着人类新时代的来临，我们将这一新时代称为“原子时代”。的确，原子能的发现和利用将促进新的生活方式以及整个社会组织和文化的发展。但是，新时代的特征和它最根本的要素似乎与“民主”这一概念联系了起来。

早在文明之初，人类就在追求以民主为基础的和谐社会生活的理想，但梦想从未成真。只有到了现在，我们才得以想象它是有可能实现的。民主的基础思想是对全人类基本社会平等的认可。达到这一阶段之后，一个新的社会就会应运而生。

你可能会问：“这一切与为人父母的问题有什么关系呢？”父母之所以遇到麻烦，是因为他们陷入了困惑之网，这是我们正在经历的文化过渡期的特征。所有人际关系都会呈现出同样的困惑。我们希望生活在平静与和谐中，但是我们的努力往往惨遭失败。我们摸索和更换一个又一个方法，不仅未能解决我们的冲突，反而又引发了新的冲突。国内、国际关系明显都是如此。国家之间、种族之间、信仰之间、劳资双方之间、男人和女人之间、两代人之间以及父母与子女之间，都面临着同样的困惑与矛盾。你们和孩子之间存在的问题，酷似美国和俄罗斯之间、白人和有色人种之间、劳资双方之间、男人和女人之间的问题——总而言之，任何一方都会担心把权力输给另一方。全世界头痛的病症都相差无几，而我们所犯的错误亦是如此。

养育孩子同样是一种社会生活。我们对于共同相处的艺术几乎一无所知，因此，正如你的同伴们在其他人际关系领域陷入了迷茫，作为父母，你也感到不知所措。训练孩子的正确方法与对待人类同胞的方法是一致的。儿童训练的方法同样适用于所有人际关系的冲突。

毫无疑问，你们已经认识到，民主是唯一令人满意的生活方式。你们不喜欢独裁，你们不希望任人摆布，你们赞同孩子享有自己的权利。但是作为父母，你们会如何做呢？我见过许多非常强调自由主义的男性在家里却是名副其实的独裁者，他们对家里的女性和儿童发号施令。你们养育孩子的方法可能与你们的祖先在数百年前所使用的方法并无不同，而且都是以奖励和惩罚为基础。你们几乎没有认识到，这些方法预先假定的对象是不可理喻、无知、不可靠和地位低下的，而且必须靠收买和威胁来驯服。——但这却是大多数父母所遵循的方法。虽然这些方法在以前可能成功过，符合当时的整体社会关系，但今日用之则必然失败。今天，我们业已推翻了皇帝和国王、独裁者和暴君，他们曾把臣民当成无知、无助的附属品，用铁腕来统治。我们知道，如果被赋予机会，人民一定能好好照顾自己。今天，我们追求的是民主。

本书试图呈现的是，你们可以怎样在家庭内部建立民主，如何帮助孩子适应民主氛围，在这样的氛围中，孩子们在没有受到支配或胁迫的情况下就能承担起责任。许多人可能已经尝试过给予孩子自由和自我表现的权利。但是，由于你们并未从自己的父母那里获得过在自由精神中训练孩子的有效方法，你们很容易把自主与无序、自我表现与放纵、自由与批准混为一谈。而你们之所以失败，是因为你们所使用的方法忽略了社会生活的基本要求。当这些关于自主和自由的想法失败以后，你们就会觉得必须恢复权威、严厉和逼迫的老办法。大多数当代父母都在娇纵和压制之间摇摆不定，因而对子女造成了破坏性的影响。我们不能因父母能力不足而责怪他们。没有人教过他们应该怎么做；他们本身就是这些困惑和冲突的受害者。我们必须认识到，他们就是整个国家迫切需要解决的问题之一。作为教育工作者、心理学家和精神病学家，我们必须履行自身职责，通过指导和咨询来帮助父母，否则，今天的问题和挑战就有可能成为明天的威胁。

精神病学最近才进入教育和儿童训练领域。在此之前，这一领域完全掌握在宗教教师、教育者和哲学家的手中。这些人负责研究和确立道德准则与教育方法。精神病学家在治疗成人情绪失调和人格缺陷的过程中意识到了其中的教育问题。他们发现了童年经历所造成的伤害，不恰当的训练方式是成年生活经历冲突的根源。他们认识到错乱行为背后的心理机制和动机。他们还探索了儿童和成人对外界影响的内在反应。今天，通过精神病学的研究和调查，我们了解到孩子们在接触到“正常”的儿童训练方式时的感受，以及他们的经历是如何导致不当行为的。精神病学家仍然需要对抗公众偏见，因为早期精神病学主要关注的是精神病和神经错乱。然而，今天，精神病学家却可以帮助你们了解自己的孩子。

他们建议的儿童训练方法是基于他们所观察到的正常儿童的心理反应。我们不关心其中牵涉的道德问题；我们指的并非是道德和教育理念。我们只关心孩子有何感受以及为何行为不当。我们想让你们理解我们所知道的情况，或许还可以帮助你们理解自己在面对孩子时的反应以及行为背后的原因。

从这一意义上讲，请接受这本书，它是我为帮助你们、激发你们学习和了解父母与孩子而尽的一份力。今天的儿童训练是一项崇高的使命，更是一门艺术。如果不特别努力地掌握这门艺术所需要的工具，你们将无法指望获得成功。

最好在孩子出生之前就读一读此类书籍。我希望，在不太遥远的将来，类似书籍能够被应用于高中学校，用来训练青少年理解和应对年幼的孩子。最终，此类培训将被认定为必修项目，成为整体学科必不可少的组成部分，它对于个人的重要性不亚于基本的读写算知识。

然而，本书是专为那些已经陷入困境的为人父母者而创作的。我们必然会在对待孩子的过程中犯错，尤其在我们所处的时代，孩子的成长过程是离不开问题的。但是，不管你们在面对孩子时遇到了多少困难，也不管这些问题在你们看来有多么微不足道抑或多么可怕，总会有改进的机会。反思自己对待孩子的方法和态度永远不会太晚——也从来不会多余。你们的孩子必然不会成为天使，但你们始终可以成为更好的父母。这便是本书的宗旨所在。

您最真诚的，

医学博士　鲁道夫·德雷克斯

目录
CONTENTS

第一部分　心理学背景

第二部分　训练方法

第三部分　困难儿童

I.

第一部分 心理学背景

THE PSYCHOLOGICAL BACKGROUND

THE SITUATION OF THE PARENTS

第一章 父母面临的处境

“当父母容易，做父母难。”［威廉·布施（Wilhelm Busch）的名言。］为孩子提供支持和足够的关爱固然责任重大；然而，生活还会因为那些你认为没必要的、莫名其妙的行为而变得更加琐碎复杂，至少有时如此。孩子可以且应当成为我们最大的快乐源泉。大多数父母确实享受陪伴孩子，但很多时候，孩子也会给我们带来烦恼、压力、困惑和痛苦。鉴于全国各地乃至全部文明世界都存在着同样的摩擦和冲突，我们相信这背后隐藏着共同的根本原因。

由于身在其中，你往往难以理解这些困境的成因，因此可能转而寻找替罪羊。你也许会将责任归咎于经济形势，或是归咎于孩子糟糕的性格。有些人会认为这是其他家庭成员的责任——丈夫指责妻子，妻子指责丈夫，或者互相指责对方的父母。极少有人能够认识到他们自己是在一定程度上造成育儿过程中种种困境的关键。

为了理解这些常见的亲子关系，我们需要对父母易犯的错误进行深入剖析。倘若对相关问题都一知半解，明智之举便无从谈起。唯有首先认识到并且摒弃以往的错误方法和错误态度，我们才能采取积极有益的行动。知道“不能做什么”，这对于明确“应该做什么”非常重要。

在养育过程中遇到挫折的人必定能够理解父母所面临

的艰难处境。为人父母确实会经历许许多多的辛苦和磨难。看着他们苦苦摸索，并且对目标与现状之间的反差懵然不解，这着实令人痛心。绝大多数人都真心渴望成为好父母。他们殚精竭虑于把孩子培养成快乐和成功的人。父母的行为不仅影响着当前的亲子关系，还关乎孩子未来的整个人生，无疑是孩子成长过程中最为重要的一个因素。

爱

毫无疑问，你爱自己的孩子。他是你的一部分，也是这个地球上与你最亲密的一个人。他的健康成长取决于你的爱。

爱被认为是最深切、最美好的一种人类情感。既然如此，这种情感怎么可能造成如此多的不幸和痛苦？太多时候，人们因为心中有爱而自我折磨；太多时候，爱成了施加于人的沉重负担。

父母与孩子之间的爱通常被看作最为纯粹的一种形式：它不牵涉复杂的性爱。母爱的本质正是同理心、理解和无私奉献。然而，母亲们却因为这种爱历经多少痛苦和焦虑！她们的孩子又因此承受了多少不幸！

孩子必须从母爱中汲取促进个性健康发展的力量和动力。没有哪种生物会像新生儿那样需要如此多的爱。喂养和照料新生儿需要母亲倾其所有地付出。但是过度的爱又会导致孩子压抑，阻碍甚至损害孩子的发展。这看起来似乎自相矛盾——美好的东西又怎么会过度呢？我们必须认识到，很多被人们称为“爱”的情感都是名不副实的。日常生活中的挣扎和飘摇不定导致他们形成了错误的观念和态度，从而丧失了真正去爱的能力。对于他们而言，爱的唯一目标是占有，其本质是恐惧，其意图是索取，其过程则往往充满嫉妒。这种爱自负且不可靠，它只考虑到了给予爱的这一方——他的愿望和需要。他认为自己之所以痛苦是因为爱着。

一位真正称职的母亲会把孩子的需要放在自己的前面，但是有些父母在一种专横自私的爱的驱动下置孩子的真正需要于不顾。他们打扰孩子睡觉，把孩子当成自己的作品那样展示，对待孩子犹如对待专为他们自己设计的玩偶。他们的“爱”推动着他们在不恰当的时候带着孩子东奔西走，并且没来由地对孩子又抱又亲。他们甚至拒绝孩子定时喂养的需要，因为他们受不了听到孩子哭。为了这种“爱”，他们把孩子当成了自己的神。他们满足孩子的一切突发奇想，以至于在很多时候孩子成了家里的小霸王。为了确保得到孩子所有的爱，他们经常将孩子与外部世界隔绝，阻碍孩子与朋友和玩伴之间正常的社会交往。如此“有爱”的父母把孩子变成了自己的奴隶或玩具，孩子往往朝着如下方向发展：要么完全不能适应正常的生活，身陷那些令他绝望和纠结的问题中，承受无尽的痛苦和担忧；要么最终痛恨这个金色的牢笼，并且变得叛逆和固执。

然而，即使纯粹无私的爱也存在隐藏的陷阱。它会误导进而妨碍孩子的客观判断。爱可以盲目，但教育绝不应该享有这种特权。心中有爱的时候，你容易对过错视而不见，最终酿成无可挽回的大错。你容易高估孩子，进而导致他对自己的重要性产生错误的认识。因此，你对孩子的爱可能经常会令你们之间的关系复杂化。和其他所有形式的爱一样，它容易导致你对被爱的人产生一定的依赖；你很容易成为被孩子随时操纵的工具，而不是做他的引导者和老师。

焦虑

当父母对孩子的爱与焦虑结合在一起时，情形便更为复杂。丧失信心的人们易于对人性的脆弱以及周边环境的危险进行过高估计。在成为父母之后，他们则会对自己的孩子倍感焦虑。因为，在所有生物中，小婴儿毫无疑问是最无助的。

过度担心孩子的幸福，这是一种性格缺陷。如果你怀疑自己应对生活的能力，那么你也会认为自己的孩子没有能力解决生活中的难题。相反，你对自己越有信心，也就越相信孩子的内在同样拥有应对生活的力量和方法。

父母的焦虑来自很多方面。其中之一往往是上文所提及的自私的爱。那些自私地爱着孩子的父母通常怯懦、挫败，并对自身的幸福忧心忡忡。生活中危机四伏，而他们则不愿面对任何风险。这些父母依附于自己的孩子，失去一个孩子对他们任何人而言都是致命的打击。然而，幸运的是，并非所有人都将失去孩子的可能性作为其在教育方面努力的真正核心和基础，进而严重威胁孩子的生存和发展。

你的责任感经常会导致你的焦虑进一步加重。你可能总是担心自己忽略了承担某些重要的职责，并且放大孩子的每一个小缺点，甚至认定那就意味着孩子最终无可救药。在儿童教育方面所拥有的实践知识越少，你所担负的责任压力就越重。

父母之爱会促使你高估孩子的优点，而对孩子未来的焦虑又会导致你放大他的缺点。这两个过程可能是并行不悖的。在某一时刻，你的孩子看上去完美无缺，但是转瞬之间他又变得一无是处，前途堪忧。

期望

如果你有上述同时高估和低估孩子的倾向，那么，你很可能是一位雄心勃勃的家长，期望孩子能够实现你在自己不尽如人意的生活中所未实现的愿望。这种对于获得间接满足的期望会导致你对孩子感到骄傲以及不满这两者之间的冲突加剧，因为你对于成功的高标准往往是孩子难以企及的。

你对孩子抱有什么样的期望？有人认为，如果孩子成长为一个有用且快乐的人，父母就心满意足了。然而，不幸的是，很多父母表现得好像孩子生来就是为了实现自己的愿望——替自己赢得姗姗来迟的满足、荣耀和幸福。有些父母雄心勃勃，渴望看到自己的孩子成为拥有权力和荣誉的人。倘若某位父亲由于受教育程度低而吃尽苦头，他或许会希望自己的孩子成为一名学者；倘若他迫不得已而辛劳一生，那么他会希望自己的儿子过得轻松快乐。一个感受到被轻视被污蔑的人也许会将自己的孩子培养成复仇者；一个对异性的爱感到失望的人也许希望借由孩子的爱来满足自己未达成的愿望；一个在异性关系中感到失意的女人倾向于将自己的儿子视作唯一属于她的男人——这个男人是她永远不会失去的，并且永远忠诚于她。

正是这些愿望和期望，让孩子成为父母之间战争的一枚棋子，在父母意见不一致的时候尤为如此。在同一时刻被拉往不同的方向，最终他只能让父母双方都失望。总体来说，父母的这些期望更有可能遭受挫折，而不是得到满足。孩子必须主导自己的生活。他的目标和志向背后的出发点与其父母是大相径庭的。

要求

因此，我们对孩子的要求往往超出了应有的期望。倘若孩子要成为一个有用的人，他就必须让自己适应循规蹈矩的生活方式，学习按照社会规则来思考和做事，适应他周边的环境并且发展责任感。他必须拥有社交生活所要求的翩翩风度。对孩子有这样的期望固然无可厚非，然而，你的要求并不会仅只于此。

或许你期待完美。你很少停下来想一想，如果你要求孩子成为某种类型的人，你自己能否做出这样的示范？或许你相信：要求得多一些，至少可以让自己的一部分愿望得以实现。此谬论也。这种方法只会导致孩子习惯于忽视你的全部要求。你也许要求孩子做到绝对诚实——但是，你自己是否从不欺骗和撒谎？孩子绝对不能偷懒，你自己的勤奋是否就无可挑剔？孩子必须绝对服从并且不许顶嘴，但你自己是无条件服从的典范吗？不可能建立双重价值观，孩子只会成为像自己父母那样的人。

另一方面，你在乎自己的安定和舒适，有时候，这可能会令你纵容自己。你对孩子的很多要求，与其说为了促进他的发展，还不如说为了保证你自己的舒适。在这种情况下，孩子的正当要求往往被忽视。当你想要休息的时候，孩子必须保持安静——这没有错。然而，每当你想让孩子积极进取的时候，他却必须放弃自己休息的权利。这种态度则忽视了孩子发展的需要。

两代人之间的冲突

由于上述那些错误的态度——自私霸道的爱、对孩子极度焦虑、怀疑孩子的能力、不公平的期望和不合理的要求——父母和孩子之间产生了激烈的冲突。在我们这个时代，这种冲突就如同性别之间的冲突一样典型。气质和外表虽有差异，却不足以解释父母和孩子之间为何如此缺乏合作。这些频繁摩擦的背后一定存在更深层的原因。通常来说，是权力之争引发了严重的利益冲突。

如今人们处处都会感受到威胁。个人的经济前景日益不明确，社会地位和政治影响也是如此，因此他的个人重要性经常受到挑战。他痛苦地意识到自己无足轻重地处于一个充满危险和羞辱的世界，所以不停地寻求防御和保护。正因如此，他的爱才会这样自私，并且紧张不安地急于为自己找到一条远离潜在危险的退路。所以他时刻都在关注着任何有可能增强自尊的办法。有什么能比从自己的孩子身上寻求这种确信来得更加自然呢？至少，他期望可以统治孩子们。然而不幸的是，他想错了。孩子也许年幼、弱小、尚未独立，但是如果有人敢冒险与孩子斗智斗勇的话，他很快就会发现，在这场竞赛中，孩子们更能够坚守住自己的阵地。他们从不考虑后果，因此在选择战术时毫不留情。此外，他们的思维通常比成人更加敏捷、机智，并且有创造力。在意识不到自己意图的情况下，孩子们经过试探和摸索，几乎拥有取之不尽的资源，从中他们可以制定各种各样的作战策略。父母在这场斗争中陷得越深，自己的权威就损害得越重。随着处境变得日益不利，父母只能更加艰苦地战斗，从而维持自己的优越感和个人威望。他们不曾意识到，这样做其实事与愿违。他们仍然在使用一整套早已被证明无效的管教方法，(参考第四章“唠叨”“吹毛求疵”“体罚”部分。)其原因仅仅是这些方法看起来能够帮助他们在与孩子的斗争中赢得优越感。以前这些方法或许还能够在某种程度上帮助父母维持表面的权威；但是，在当今的社会环境下，随着人与人之间的关系日趋平等，这一方向的努力便是徒劳了。

现今，父母对孩子采取错误态度进而引发冲突的动机比以前更加明显。父母的地位，无论在家庭内外，都比以往更加不利，也更不稳固。然而，更重要的是，如今小家庭日渐普遍化，因此情形变得更加复杂。这加剧了父母的不确定感和焦虑。他们的情感只能倾注在一个或两个孩子身上，他们个人的期望和要求也往往只能由一个孩子去实现。而以前的父母则是将爱和期望分配给一大群孩子。即使那样，其中也有一个孩子，通常是最大的或最小的孩子，可能会承受父母最多的情感。但是总体来说，在一个大家庭里，父母与孩子之间的冲突对于单个孩子的影响没有那么明显。孩子们彼此之间相处的时间更多，父母的注意力必须分布得更广。

当然，我们知道，两代人之间的冲突并不仅限于家庭之内，它在商业世界和社会生活中的影响也同样明显。年长者觉得后生可畏，而年轻人又觉得自己被轻视。争吵和猜疑、虚荣和怨恨，两代人之间筑起了一道道墙。其结果是，年长者的保守想要阻挡年轻人的活力，年轻一代又希望将年长的绊脚石推到一边，然而年轻人的热情与年长者的谨慎结合起来反而对整个社会更加有益。可是，一旦不再具有年轻时候的品质，年长者就只能被推到了一边。我们无从辨别这些冲突是先从家庭而起，而后向外扩散，还是从外部渗透进了家庭。这两个过程同时发生，并行不悖。人类整体都受困于气馁之中，他们没有认识到人类合作的基本精神，反而掀起了一场追逐个人优越感的疯狂斗争。

对于优越感的追逐导致人们要求孩子达到完美。父母认识不到自身言行的影响，却倾向于放大孩子身上的每个缺点。他们经常贬低孩子，无意识地试图强调自己的能力并表现得高人一等，至少在孩子面前是这样。他们对待其他同伴通常也采取同样的策略。很多人试图通过诋毁和贬低其他人来鼓舞自己受挫的自尊。人们在不经意间很自私地只对其他人的缺点感兴趣，甚至面对自己的孩子也是如此。

以下案例可以用来说明这一几乎令人难以置信的事实。

一位母亲带着十六岁的女儿来进行治疗，她的女儿带有明显的焦虑症状。这位母亲抱怨女儿邋里邋遢，从来不收拾自己的衣服，把自己的东西扔得满屋子都是，并且无视自己应该承担的一切职责。这个女孩需要得到明确的通知，并且经过三番五次地要求和提醒，才会做她分内的家务。在治疗过程中，我明显发现，这个女孩——独生女——在家里娇生惯养，从未被教育过要独立承担责任。我只需要很短的时间就可以帮助她意识到并且愿意承担其作为家中一分子所应尽的义务。但是过了没多久，这个女孩反而开始抱怨。她说她的母亲甚至在她有机会做某件事情之前，总是习惯于逼迫和训诫她，她一直都没有承担自己职责的机会。换句话说，她的母亲会阻止她做这些事情，理由是，作为病人，她必然会把事情搞得一团糟。

我把这位母亲请过来，向她解释道，如果她希望女儿整洁有序并且乐于助人的话，她就需要给女儿更多的行动自由。我很确定地告诉她，除非她改变自己对待女儿的行为方式，否则我对此也无能为力。她答应采纳我的建议，给女儿更多管理自己事情的机会。但是我的病人告诉我，家里还是老样子。我和她母亲的谈话就好像没有发生过一样。每当我的病人为自己能够轻松面对生活而提出抗议时，母亲都会强烈反对。最后，我不得不再次把这位母亲请过来，询问她为何在态度方面固执己见。她变得非常激动，并且拒绝承担责任。她坚持认为自己的女儿太古怪、太不可靠，因此不能放任不管。她声称如果她的女儿真的只能依靠自己的话，就一定会毫无秩序，并且把生活弄得一团糟。经过一番苦口婆心的劝说之后，我才得以让这位母亲了解到本次治疗的重点所在——这个女孩应当体验到她的邋遢所带来的全部后果。

第二天，我接到病人的一个紧急电话：她的母亲精神崩溃了。这一发展呈现出该问题情境的一个新方面。病人所在的家庭原本拥有一处豪华的居所，但是由于形势所迫不得不缩减开支，搬到了一个比较简单的住处。父亲和正在上大学的女儿整天都活跃于家庭以外的生活，因而这位母亲对家庭幸福所做的贡献变得十分有限，她开始觉得自己不再被需要了。没有她，她的丈夫和女儿也可以生活得很好。随便一个管家就可以取代她的位置——只要她的女儿不再这么无助。很明显，这是她仅剩的唯一价值。她的女儿越笨拙、越邋遢，她自己的价值感就越大。一旦她的孩子学会了自立，她就彻底成了没用和多余的人。当然，她从未清楚地意识到自己行为背后的动机。当我向她解释了这一切之后，她认识到自己一直以来出于私利维持着女儿的缺点，并且无意识地助长了这些缺点。

这样的事例绝不罕见，亦非例外。在这种情况下，我们可以做到同时治疗母亲和女儿，治愈后者的神经官能症，同时，在她们之间建立一种新的更好的关系，从而通过另一种方式满足母亲的需要。

父母的自卑感

毫无疑问，大多数父母都深深地感受到自己在亲子关系方面能力不足。他们在儿童训练中的很多错误都源于自身的失败感，无论是真实的还是想象的。焦虑、对孩子要求过高，以及贬低孩子的倾向，都反映出这一主观的自卑感。深度挫败的一种表现形式就是摇摆不定。

在儿童训练方面，如果你的态度摇摆不定，没有任何切实的计划或目标，那么你有可能刚开始很严厉，而后又转向娇纵，忽而陷入绝望，忽而又盲目自信。这种态度会在方法和技巧的循环中得以体现。在责打之后继以夸张的情感表达，责骂之后继以承诺和奖励。每次在面对建议时，回答总是千篇一律："我以前试过了——我已经试了所有方法。"由于摇摆不定，这些父母根本没有能力采纳建议。他们刚开始尝试一种方法，很快又会转向另一种方法。他们没有勇气坚持某种确定的行为方式。他们以自己的困惑为借口逃避实实在在的责任。

有一种逃避完全是出于自我防御，其最明显的表现形式就是神经紧张。"神经紧张"的父母发现，这种紧张是自己最为便利的避难所，也是他们忽视承担责任的一个可接受的理由。他们总是不厌其烦地宣称，"神经紧张"让他们无法实现自己的良苦用心。他们并非坏人，但确实能力不足，他们不知道如何合作与让步，并为自己的任性付出了沉重的代价。他们需要帮助和理解，在解决孩子的问题之前，他们自己必须接受足够的治疗。

父母的“神经紧张”间或出现在一些特别的时候。对于站不住脚的不合理行为，“我神经崩溃了”或者“我受不了了”成了典型的借口。比如，当父母责打了孩子而后认识到自己的错误时，或者当他们的言行既非权宜之计又无道理可言时，他们通常会给出这样的解释。在面对令自己感到无助的情形时，“无法接受”成了他们的标准借口。你或许觉得孩子占了上风但不愿意认输。为了挽回面子，你便求助于现有的那些能够帮助你维持表面权威的方法。最常用的是责打、训斥和威胁。如果你希望掩盖这种公开的权力之争的实质，或者为这些方法辩护，那么你可以一直托口于“神经紧张”或脾气暴躁。这种策略还会带来一项额外的好处，即让你更多地关注自己想要的东西。

父母是受害者

我们必须承认，在面对孩子的时候，你的自卑感经常是完全合乎情理的。孩子们从婴儿期开始就在家庭内部的人际关系中扮演着重要角色。他们不仅仅是被动反应，还学着基于自己的想法和目的采取行动。孩子很早就会主动刺激和挑衅了——从婴儿出生的第一年开始。父母往往难以将孩子的计划看作家庭事务中的决定性因素。

婴幼儿的行为并非基于有意识的计划。他的心智发展水平还不能进行有意识的思考和决策。但是他的行为依然是出于自己的决定和目的。一个婴儿曾经体验过被拥抱的快乐，因此他希望有人把他抱起来。为此，他会学习各种各样的技巧，从而得到自己想要的结果。随着孩子一天天长大，他会越来越高效地制定策略和技巧，父母和其他成人屈从很久之后才会意识到发生了什么。在生命最初的几年里，孩子会越来越多地意识到自己的身体功能以及周围的人和物。他在不停地观察、尝试和体验。因此，孩子对父母的了解多过父母对他的了解。通常孩子管理父母的能力要比父母对孩子的影响力更强，无怪乎这么多父母在面对孩子时都会感到手足无措了。

父母对教育有哪些了解

经常导致父母缺乏自信的另一个因素是他们对适宜的教育之道的无知。即便对于一个发展全面且自信的人来说，这种无知也很容易令其产生挫败感，倘若再加上深深的自卑感，它将彻底扭曲亲子关系。

父母们远远没有准备好承担其作为教育者的职责，这是普遍公认的事实。从事所有职业或手艺之前都必须先学习；但是最为困难的工作——培养孩子——却被交付给完全没有经过相关培训的人。系统学习和实践培训对教育者来说是必不可少的。然而为人父母者能从哪里找到进行这一准备的时间和机会呢？

无论我们对这种现状感到多么遗憾，也不管我们一天天多么努力地试图改变它，我们都必须承认，缺乏指导本身并不是最糟糕的障碍。“一知半解是很危险的事。”如果父母对于教育一无所知，他们有时候可能做得更好。他们会更容易遵循自己的常识，并在恰当的时候寻求建议。他们往往更愿意听从劝告。然而，就目前的情况而言，每个人都认为自己对教育有一点点了解，而这一点点了解往往是错误的。我们所有人都体验过“被养育”以及伴随其中的问题和意外事件。然而，我们还记得自己在童年时期面对这些养育方法时的反应吗？诗人和小说家们能够回忆和描述童年时期所经历的挫败、羞辱、打击和痛苦，这些往往超过了孩子所享受到的快乐，但是鲜有父母记得这一点。很多人对待孩子的态度正是以自己的父母为榜样的。他们或许愿意对以前的方案进行一些调整。鉴于以往的痛苦回忆，他们可能在某些方面会更加宽容自由；又或者，如果他们觉得自己的父母过于宽松，他们可能会倾向于更为严厉的管教方式。在与父母的方法背道而驰的过程中，他们可能会犯同样多的错误。但是这些调整——往往是宽松与严厉的管教方式融合在一起——并没有改变这一事实，即大多数人在养育孩子时都会以自己的父母为榜样。

其结果是，儿童训练中同样的错误就这样被一代代地传递下来。而今，这些不断累积的错误原则成了这一代父母的重担，他们身处一个不断变化的世界中，对于人际关系有着不同的看法。此外，他们的处境还因为小家庭的普遍存在而变得更加糟糕。而在以前，大家庭更为常见，父母的教育技能远远没有这么重要。那个时候，孩子们主要是在彼此接触以及同邻居的接触中自我学习，父母缺乏训练远远不会造成如此严重的后果。然而，科学教育的原则始终无法影响到父母。他们总是不愿意接受劝告，因为他们相信——现在很多人依然如此——早期身为孩子的经历让他们有资格在养育自己的孩子时遵循自己的方式、自己的人生哲学，以及自己小时候的关系模式。

如果要说服一位在棍棒下长大的父亲相信不应该通过暴力的方式养育孩子，通常你的任何努力都会激起他的抗议，“我就是那样长大的，现在我很好。为什么我不应该用同样的方式养育我自己的孩子？”正如所有采取同样态度的父母那样，他从来不会停下来想一想，倘若当初他享受到一种不同的、更好的教育，那么他今天可能是什么样子？养育的一个主要成果似乎就是将聪明的孩子变成了很愚蠢的成人，过去如此，现在也是如此。这是由于孩子持续受挫所致；虽然早在卢梭就开始认识到这一事实，但是家庭教育的实践方面并无多少变化。这位“相信”棍棒教育的父亲并不了解他在儿时所遭受的责打在多大程度上影响了他的婚姻幸福、他和朋友之间的关系，以及最终影响了他对待孩子的态度。他在有些方面也许发展得“很好”，但同时也变得缺乏信任，残酷和专横（参考第四章“体罚”部分）。对于所有基于自己生活中的成功来证明其父母的教育原则合理的爸爸妈妈来说，情况莫不如此。我们无从估量原本可以避免多少不必要的障碍、性格缺陷，也无从估量有多少未被开发的潜力。

对教育者进行教育

在希冀降低教育难度、减轻父母负担以及纠正孩子的错误之前，我们必须打破这个由来已久的恶性循环，即任由虚假前提和错误原则自行延续。父母不进行再学习，这便无从实现。如果我们希望孩子变得更好，那么父母就必须成为更好的教育者。他们必须学习理解孩子、理解孩子的想法，并且理解孩子行为背后的动机。其次，他们必须学习分辨哪些训练方法是正确的，即有效的，而哪些是错误的、无价值的。

但是，我们必须认识到，仅仅有知识还不够。很多教师在教学方面具有深刻的见解，并且在教育他人的孩子方面取得了至高的成功，却在教育自己的孩子时惨遭失败。其中最明显的一个例子就是卢梭本人——现代教育学的先驱。

父母们还需要克服很多情感障碍。情绪失调是由错误的态度所致，比如对生活的防御、对未来的焦虑、对权力的争夺。对教育者进行教育——现代教育学的关键问题所在——必须从两个方面入手。目标之一是启蒙，传播必要的事实性知识；另一目标是教育者的个性发展。父母自己就像是孩子——有时候是“问题”孩子，需要被“养育”。但是由外而内影响成人，这并非易事，他们在很大程度上需要承担起自我教育的责任。他们必须学习认识和了解自己。首先，他们必须克服对自己的不信任，进而才能以一种平和自信的态度对待自己的孩子。在那之后——唯有在那之后，他们才能停止权力之争，并且避免那些妨碍孩子健康发展的冲突。

如果你希望自己在和孩子相处时更有乐趣，并且在教育方面更有效率，你就需要努力提升自己。你必须随时做好准备，不断调整和改变自己，从孩子身上以及自己的经历中学习。你必须愿意承担起自己加诸孩子身上的所有道德责任。如果你认识到遵守秩序和规则对于孩子的发展来说至关重要，那么你自己也需要服从同样的规则并保持一致。如果你自己言行不得体，就很难帮助孩子发展规则感。

孩子的行为是对你的行为的真实回应。教育并不是自上而下施加的机械装置，孩子并非只是任由你支配的毫无知觉的物体。养育孩子意味着父母和孩子之间要持续不断地互动。父母和孩子的行为互相回应，正如谈话中的双方彼此响应一样。这一相互结合的过程则称为教育，它乃是双方共同活动的产物。孩子会基于身边成人的行为采取相应的行为，并随之变化。他比成人更有能力适应自己所接触的不同的人。他的个性尚未定型，而且更善于观察、更为敏感，也更加灵活。你需要学习透过孩子的行为看到其中所反映出来的你自身的性情。

母亲的地位

除了个性的影响，每一个参与养育孩子的人还会通过其在家庭中的独特作用发挥自己独特的影响力。一个孩子生命中最重要的人是自己的母亲（在讨论不同家庭成员各自发挥的作用时，我们无法将不同个体的个性考虑在内。对于个性很强的家庭成员来说，强烈的个性要比他的家庭地位更能影响孩子）。母亲从孩子出生的那一刻起就以最快的速度爱上了他，而且即便是处于最年幼的婴儿期，孩子也会对母亲的行为做出回应。因为孩子，无论是男孩还是女孩，都对母亲拥有最强的依恋感——除非母亲未能发挥自己的作用。即便外部事务令母亲没有很多时间陪伴孩子，她也未必会失去自己在孩子生命中的这一独特地位。她所需要做的一切就是向孩子证明，作为孩子最早且最长久的陪伴者，她在和孩子的所有关系中都是完全可信且可靠的。孩子会原谅母亲所做的一切，唯独不能原谅她的不可靠。理解、同情心以及一点点温柔就能够帮助她获得孩子永久的感情。所有其他母性特质——焦虑、担心、溺爱、警惕，以及类似的特点——都是没有必要甚至是有害的。母亲必须减少对孩子的关注，尤其是随着孩子年龄的增长，母亲不能将太多精力集中在孩子身上。对于孩子所需要的以及自然而然期待从母亲那里获得的温暖，通常只需要通过极少的语言或行为便足以表达出来。她的所有行为都不能缺少这种温暖。如此，孩子就会愿意跟随母亲的引领。

所以说，即使是职业女性也可以给予自己的孩子所需要从母亲那里获得的一切，尤其随着孩子年龄的增长，“在与男人及琐事的对抗赛中”，她始终能够提供一分稳定性和安全感。无论多么有能力和有爱心的保姆都无法取代一位母亲，因为通常保姆所从事的活动都具有时间和职责方面的限制。但是对于保姆做不到的事情，继母却往往可以胜任。有充分的证据表明，继母和养母可以像母亲一样得到孩子完全的接纳。

父亲的地位

父亲对于孩子的重要性来源于男性所处的社会地位。如今，男性的社会地位正在发生变化。因此，父亲作为孩子的教育者的角色同样也在变化。在不同国家，男性的地位有着明显的区别。男性权威在美国正逐渐降低，而在拉丁美洲以及部分欧洲地区则几乎牢不可破。在某种程度上，这也许可以解释为什么一般美国父亲在承担养育孩子的责任时有所勉强。他经常说不希望妨碍妻子处理孩子的事情。关于教育以及儿童指导的讨论和讲座几乎只有女性参与，很难引起父亲的兴趣。然而，这种男性行为似乎是另一更大问题的一部分，它符合一个明显的男性趋势，即把对于心理学、艺术和文学的兴趣都拱手交给女性。一般的美国男性会将自己的活动局限在商业和政治领域，并且将家人的支持视作自己对于家庭的主要职责，从而努力维持自己的优越性。

然而，父亲在孩子的发展过程中发挥着一定的作用，尽管在有些家庭母亲试图占据男性特有的地位。父亲仍然是家庭中男性权威的代表者，他也仍然是主要负责收入来源和养家糊口的人。在孩子眼中，他最重要的特征就是作为工作者的特质，他被作为某个行业或专业领域的一员，即使在作为特例的失业期间也是如此。父亲通常被看作家庭中务实且高效的一名成员，拥有并发挥着某种特别的能力。如果这一作用受到质疑，那么他在教育过程中的自然作用就会严重受损。

父亲的影响往往反映在孩子对待工作的实干的态度上。父亲是最适合激励孩子有所作为的人；但是，相反，父亲也是很容易挫伤孩子自信的人，以致小男孩会怀疑自己到底还能不能成为“真正的男人”，小女孩会认为自己终将一事无成。（不过，很多孩子也会因为完美而高效的母亲所树立的榜样而感到气馁。）家庭中的日常儿童训练工作由母亲负责，父亲的任何公开干涉以及试图反对的任何努力通常都不是明智之举。如果父亲或母亲试图通过同样的苛刻和严厉去平衡另一方的娇纵和过度放松，那就大错特错了。这样的“补偿”远非改进，相反只会导致情况恶化。父母一方只能通过坦诚讨论和约定来调整另一方的方针。在任何情况下孩子都不应该觉察到父母双方的差异。

父亲也许在教育孩子方面并没有发挥积极的作用，但孩子们依然有可能将他看作力量和权力的象征，因为父亲通常比母亲更加高大强壮。他代表着仅存的古老的男性理想形象。对孩子们而言，他的行为象征着男子气概。因此，他的休闲和娱乐活动比其实际作用更具重要性。他是家里的“男人”，男孩们的第一位伙伴，女孩们的第一位“恋人”。由于在家的时间有限，他最适合担任模范人物、终极权威和上诉法院的角色。

父母之间的一致、分歧以及他们之间关系的特点对孩子而言尤为重要。这不仅设定了整个家庭氛围的基调，引领全家走向和谐或分化，还会在孩子心中留下关于两性关系的最深刻的第一印象。父母双方都承担着帮助孩子发展和谐人格的职责，他们要引导、促进孩子在适应社会的过程中获得身体、智力和情感方面的成长。

（外）祖父母的地位

（外）祖父母经常会给孩子带来很多快乐，但是他们也可能严重干扰孩子的训练。他们的作用是给予纯粹的爱：他们不求任何回报，却总是在付出。正因如此，他们容易溺爱孙辈，所以必须小心地对他们的影响加以限制。与他们不定期地通电话，偶尔进行时间长一些的拜访，这会给孩子的生活增添温暖和乐趣。他们可以做到温柔和善——因为，与父母不同，他们不受责任的束缚。仅仅是和孩子在一起，看到孩子健康幸福，就能带给他们全然的快乐。

然而，对于父母和孩子来说，与（外）祖父母生活在一起则是有风险的。在特定的情况下，（外）祖父母也许不得不承担起父母的责任；此时他们扮演的是老来得子的年迈父母的角色。但是倘若（外）祖父母干涉父母的训练方法，那就是另外一回事了——如果他们生活在同一个屋檐下，这种情况就很容易出现。在这样的一个家庭里，年长的两代人之间的冲突加剧了父母和孩子之间的紧张程度，而且孩子很快就能学会通过操纵一方权威对抗另一方，尤其是如果（外）祖父母站在孩子一边共同对抗父母，并且把父母当成孩子一样随意训斥和纠正。一般来说，（外）祖母比（外）祖父带来的干扰更多，因为她更容易干涉其中。有时候，（外）祖父母比父母更容易被成功说服；即便如此，（外）祖父母仍然不应该参与到孩子的实际教育当中。

THE SITUATION OF THE CHILD

第二章 孩子面临的处境

理解孩子就是理解人性。我们可以凭直觉了解一个人，但是，若要清晰理性地理解一个人的人格，则需深入了解其人格的发展过程。这种深入了解只能通过对他的童年进行系统的心理学研究才能获得。阿尔弗雷德·阿德勒的方法能够帮助一个受过训练的学生科学地理解一个人，理解他是成人还是孩子。［为了理解我们所用方法的理论背景，以下书籍会对你有所帮助：阿尔弗雷德·阿德勒的《理解人性》（Understanding Human Nature）、《超越自卑》（What Life Should Mean to You）、《引导孩子》（Guiding the Child）以及《儿童教育心理学》（The Education of Children）；亚历山德拉·阿德勒（Alexandra Adler）的《引导人类缺陷》（Guiding Human Misfits）；N. E. 舒博斯（N. E. Shoobs）和G. 戈尔德贝里（G. Goldberg）合著的《问题儿童的纠正治疗》（Corrective Treatment of Unadjusted Children）；欧文·威克斯贝格（Erwin Wexberg）的《个体心理学》（Individual Psychology）、《焦虑儿童》（Your Nervous Child）以及《千变万化的世界中的儿童》（Our Children in a Changing World）。］

在这里，我们主要关注于理解孩子整体人格的意义，在孩子整个人生的不同阶段，其整体人格的基础结构会保持得非常稳定。人格特质的变化只不过是孩子对环境变化的回应，并非一定涉及结构方面的重要变化。认识了这些影响孩子人格形成的基本概念，我们更能理解某个特定的孩子，而不仅仅是觉察到他在不同的发展阶段偶然展现出的行为模式。孩子在不同年龄所经历的每一个外在变化（我们会在第五章对此进行讨论）都只不过是不同的表现形式，而唯有以基本人格为基础才能够理解这一点。因此，在每一种情形下，我们都会聚焦于个体的独特人格结构。

人生计划

从出生的那一天开始，孩子就在认识他所生活的世界；他尝试并学习使用自己的身体，努力理解所处环境中的人和物。简言之，他试图理解自己身处的世界以及其中的问题。虽然此时孩子还没有发展出有意识的思维，但他已经展现出非常高的智力水平，尽管不是在语言层面。在还处于婴儿期的时候，他就发现了克服困难的巧妙办法。例如，一个五个月大的男孩患有上眼睑肌无力，他被观察到把头垂向一侧并且使用自己的小拳头，从而试图缓解这一障碍。细致的观察显示，从最初的婴儿期开始，孩子的所有行为都是有目的的，尽管他自己意识不到这一点。只有识别孩子无意识追求的目标，我们才能理解他的行为。

孩子很早就开始运用自己的认识和经历为其随后的行为制订计划。他在还是小婴儿的时候就学会了利用父母的态度。比如，一旦意识到了父母对哭声的回应方式，每当希望被抱起来的时候，他就会放声大哭。即便在这个阶段，孩子也已经非常容易接受特定的认识，并且快速调整自己的行为以适应新的经历。对于身体上的无助感来说，这一心智能力——我们可以称之为智力——是一种重要的补偿。

随着孩子年龄的增长，他的认识和经历变得更加复杂，以至于如果不将它们整合到某个系统中，他便无法对此加以吸收。这就再次表明，孩子行为的目的性清晰地体现在其行为举止中。他很自然地对自己的身体和心理素质做出回应。通过自己身体的体验，以及他运行某些身体功能的难易程度，他认识到自己在身体方面的力量和限制。通过这种方式，他了解到自己的身体组成以及遗传而来的身体素质，所有这些都被称为“内在环境”。在孩子与环境、父母、参与其教育的其他人以及兄弟姐妹互动的过程中，其心理素质得到了发展。他与其中某个人的关系越亲密，他对于这些人的依赖越明显，这一关系就会在他行为计划的结构中发挥着更重要的作用。然而，孩子绝不只是被动地受到外界的影响。密切地观察表明，他所做出的看似被动的反应，实则是他基于明确的行为计划而采取的自发的、有目的的行动。对每个孩子来说——事实上对处于任何年龄段的人来说，这一计划都具有独特的、个性化的形式。因此，每一个新的情境和管教措施都必定会迎来不同孩子的不同回应，这取决于每个孩子的主观诠释和吸收。如果重复获取到同样的认识，这会推动孩子朝着某一特定的方向发展自己的计划，即特别地调整自己以适应这些认识。

在大多数情况下，这一行为计划被设计得如此巧妙，不经心的观察者永远都意识不到其中非同寻常的一致性，甚至会怀疑在孩子还未发展出有意识的思维之前这一计划是否真正存在。当受过训练的工作人员在惊讶的父母眼前揭示这一秘密计划时，他们经常会有神秘发现。最令人困惑的怪异行为和习性瞬间变得富有含义，令人不解的矛盾现象变得合乎情理，孩子的每个行动都可以被看作其秘密行为计划的一部分。

三岁的彼得是所有认识他的人的骄傲和快乐。他的天然魅力、活力，以及伶牙俐齿和语出惊人，都让他成为众人关注的焦点。但是他有时会大发脾气，为了得到自己想要的东西，他往往非常执拗，踢、吼、尖叫；但转瞬之间又会露出最天真的微笑，化解所有人的怒气。他拥有非常精湛的技巧，能够将所有人的兴趣都集中在他身上，他的所有行动都围绕着这一方向。他对于自己的将来所迸发出的超前想象和思索只不过是为了让自己进一步站在聚光灯下，吸引更多的关注——比如，他表示渴望在管弦乐队中演奏大贝斯。（这个小男孩通过使用大型乐器体现自己的重要性！）

这个男孩是家中的独生子，他身边没有和他年龄或身高相仿的孩子。作为一个小人儿，他的重要性总是依赖于比他大的东西。通过试探和观察他人的反应，他很快就发现了那些让他有机会维护自己权力的策略。然后他会“无意识”但是有系统地进一步完善这一方案，现在他正乐此不疲地利用一切机会运用这一方法。

吸引注意力并让自己成为关注的焦点，这是许多孩子都追求的目标，在独生子女或者最年幼的孩子中尤为典型。然而，行为计划在每种情形中都有所不同。唯有当语言能力不足并且缺乏精确的词语时，我们才不得不使用同样的语言描述各种略有相似的趋势。比如，在说到孩子竭尽全力争当第一的渴望时，我们必须记住，这只是一个笼统的主题，在每一个特定的情形中它都会发生微妙的变化。争当第一的计划可能有着千奇百怪的呈现。

在孩子大概六岁之前，改变他潜在的、时而模糊的行为计划相对容易。如果经验告诉他某种行为方式不可行，或者某种方法并不能让他得偿所愿，他就会立刻着手寻找新的方向，试图找到其他更有效的方法。但是在六岁以后进行这样的改变则要困难得多。到那个时候，孩子的心智能力不断发展，他能够通过一系列技巧和策略维持旧有的计划。在所有的认识和经历中，他会选择仅仅相信与自己的计划相一致的内容。由此他便发展出所谓的“倾向性统觉计划”(tendencious apperception scheme)，即调整他的统觉以适应个人偏见的能力。有偏见的或被篡改的统觉是所有成人都具备的特征，这令他们无法从不符合自身人生观的经历中学习。人们会“制造”自己的经历，他们不仅记录与自己计划相一致的内容，而且还经常引发自己所预期或期望的那些经历真正发生。

孩子在童年特定情境中尝试和测试直至满意的计划将会成为他永久的行为计划——他的人生计划。即便长大成人，他也依然意识不到这一基础计划。为了证明自己行为的合理，他会寻求各种理由和论据，却意识不到有一份明确的计划控制着他的所有行动。每当人生逻辑让一个人无法继续根据他的计划采取行动时，他就会试图逃避；倘若逃避未果，他可能会逃离整个人生逻辑。

约翰十一岁，他的妈妈抱怨儿子曾经一直都是勤奋努力的好学生，却在突然之间变了。他不再做作业，也不再在乎分数。他唯一的兴趣体现在体育方面。约翰的故事非常简单。他的父亲是一位卓越的奥地利工业家，他成长于父亲工厂所在的小村庄。作为“大人物的皇太子”，他在那个群体拥有非常重要的地位，统治着自己的妹妹以及村里的所有孩子。他显然是学校里最优秀的学生，这一“荣誉”来自他的存在本身，自然而然地，他也是所有儿童游戏的领导者。

在他十岁的时候，父母决定带他去维也纳接受普通中等教育。在这个大城市，他发现自己无法继续保持原有的位置。他的那些方法不再奏效。他的大多数同学在学业方面都比他优秀，而他只是上过一所规模小、条件差的乡村学校而已。此外，同学们取笑他是乡下男孩。他不习惯于扮演从属角色，他对功课完全失去了兴趣，并且不再在那个方向上做任何努力。但是由于发现自己还可以在体育方面超过这些城里的孩子们，他将所有兴趣都转移到了田径运动和足球上——这令他的父母非常意外和遗憾，他们无法理解发生在儿子身上的这一变化。在他们看来，约翰完全是胸无大志。当他们听到精神病医生说，恰恰相反，这个男孩是因为过于有雄心壮志才会遇到这些困难，他们简直不敢相信这个医生所说的。

每个人在行为方面都由一份明确的计划所指导，这份计划形成了“统一人格”的基础，包含了他在本性和行为方面所有明显的不一致性。人生计划赋予每个人以独特性，带来了与众不同的生活方式，这是个体独有的“生活步态”。它决定了每个个体的性情。此外，由于它构成了这个人所有行为的动机，因此在很大程度上塑造着他的命运。

遗传

如果不理解孩子的行为动机，也没有发现他隐藏的行为计划，人们可能倾向于将孩子的很多特性、缺点和卓越品质都看作“先天”素因的结果。遗传规律控制着所有生物，人类也同样受其限制；但是在人类世界中，这些规律的影响仅限于特定的不可变素因，比如个体训练和教育无法改变的某些生理特征。因此，身高和体型、头发和眼睛的颜色以及很多其他生理特征都很明确是遗传影响的结果。

但是，在心理素质、性格特质以及能力方面，情形则有所不同。这些方面会经历巨大的发展，而且在婴儿期和成人期的呈现大相径庭。它们主要来源于训练和管教、无数的作为和不作为，以及尝试、犯错误和重新调整。一个人的发展与最初的遗传基础有关系，但并不像人们通常所认为的那样简单。通常的观念是从最终结果中推论相应的先天素因，所以，如果一个成人的优良素质较多，这就表明他拥有良好的遗传基础，缺点多则表明遗传基础差。然而，这一设想是错误的。如果得不到开发，最佳潜能也毫无用处。每一项人类活动都极其复杂，不经训练是无法掌握的；缺乏这一训练的个体将无法发展特别的能力，无论他的先天素因多么有优势。

此外，该问题还存在另一个复杂的方面。先天不足或遗传问题未必会导致永久的缺陷，恰恰相反，它却有可能推动个体取得非凡的成就。在努力克服潜在困难时，孩子可能会专注于导致最大困难的这一特别的身体功能。这种针对某个有缺陷的部位或功能进行的集中的自我训练——无论是内脏器官、感觉器官，还是某种缺失的技能或能力——有可能会促进该部位或功能获得超常发展。很多身体、智力和艺术方面的杰出成就都来自对某一缺陷的过度补偿，尤其是经遗传而来的器官缺陷。

孩子的最终发展并不仅仅是最初遗传素因的结果。在忽视和培养的相互作用下，孩子基于他的计划主观地塑造着自己的能力和品质。

在个性的发展中，遗传基础的重要性没有后天的上层建筑那么显著。孩子的天赋没有他基于天赋的所作所为那么重要——以下观察证明了这一事实。在绝大多数家庭中，老大和老二在性格、爱好和兴趣方面都有根本的差异。如果他们的发展仅仅取决于先天素因，这种情况就不可能发生。没有任何遗传规律能够解释为什么老大和老二在性格、气质和兴趣方面如此迥异。这些显著的差异完全是由心理因素所致。虽然他们有时候也许相处和睦，但这两个孩子通常是竞争激烈的对手。年长的孩子曾经是家里的独子，父母完全属于他，他担心自己的这一特殊地位被剥夺。他看到妈妈的关爱和牵挂被转移到了第二个孩子身上，他开始感受到这个新来者正在夺取本应属于他的爱。他凭借自己的年龄所拥有的优越感受到了威胁。他看到年幼的孩子侵犯了他原有的一项又一项特权，他担心自己会被取代和超越。

在另一方面，第二个孩子则始终需要应付一个竞争对手，这个对手在所有方面都领先于自己，他会走路、会说话、会自己吃饭穿衣，甚至可能会阅读和书写。在与对手进行斗争从而坚持自己的权利时，每个孩子都会发展出优点，这些优点恰恰与对方的缺点相对应，结果就会呈现两种截然不同的个性。如果一个活泼，另一个就会安静；如果一个邋遢，另一个就会整洁有序。杂乱和整洁、慷慨和小气、沉着和敏感、温顺和野蛮、感性和理性——这是老大和老二之间一些典型的反差。

通常其中一个孩子会更像父亲，另一个孩子更像母亲。这看起来似乎证明了遗传的重要性；但是，这里同样可以表明心理因素对某一特定的发展类型的影响。努力更像母亲或者父亲，有时候是家庭权威竞赛的结果，孩子们会和父母其中一方站在一起。在某些情况下，父母其中一方被某些外表的相似之处所触动，会特别声称其中一个孩子是“他自己的”。又或者在其他情况下，孩子自己可能认为父亲（或母亲）尤为强大并且值得模仿，因此有各种各样的动机促使孩子发展出父亲或母亲那样的性格和习惯。因而，孩子和父母之间性格的相似并不能作为遗传的最终证据。我们可能永远无法确切地判断遗传对于一个人的影响程度，因为他自出生第一天起就开始了受教育的过程。当时我们还不能确定影响着他的遗传因素，无论好坏；后来我们再也无从区分哪些是遗传影响的结果，哪些是教育作用的结果。总体来说，“表型”彻底覆盖了“基因型”，以至于后者完全被排除在科学研究之外。

关于遗传和“先天”能力的信念仍然在教育者的脑海中产生着不利的影响，它引发了宿命论的悲观情绪。挫败的父母或老师并没有采用更好的训练方法，反而将先天条件差当成证据为自己的无能为力辩护。“他就像他的父亲那样！”

父母越是沮丧和无助，就越是对遗传的不可抗力深信不疑。这一设想甚至会进一步妨碍他们理解影响着孩子并决定其行为的真正力量。

社会兴趣（或社会情怀）

人性本善吗？对这一问题的回答反映了教育者的基本观点，并区分出各种不同的教育理念。有些父母或老师认为自己必须驯服孩子的本恶，有些则认为自己的首要义务是不妨碍，并且在各个方面鼓励孩子健康天然的冲动和能量得到发展，这两种父母或老师所采取的方法是截然不同的。

然而，我们无须在这一哲学争议中陷得太深。原因很简单，关于人类的本性是什么的看法似乎无关紧要。重要的事实是每个人都可以变好。然而，“好”这个词——如果我们试图给它下个定义——又会引发另一个道德方面的问题。无论如何，我们还是按照传统意义理解，遵循大众看法，即认识到没有“绝对的”价值标准，而是根据一种更加务实的观点建立行为准则。在日常用语中，“好”的概念是相对的，因为它涉及的是社会所制定的标准和规则。遵守社会规则的人即被视为是“好”的。理解和观察社会规则，这需要一项特别的品格，即我们所说的社会兴趣（social interest）。人类在几千年以来都过着集体生活，发现有必要与他人合作且适应所在集体的要求。每个人都给这个世界带来了一份社会参与感，这源自过去集体生活的传承，同时也是个体自身生存的必要基础。这是一个人从最初就需要的，进而在他出生后的第一个小集体中守住立足之地。婴儿通过哭声、手势和微笑让别人理解自己。他学得很快，而且从出生第一天起就开始让自己适应他所遭遇的条条框框。

但是，社会兴趣必须得到进一步发展，因为孩子所获得的社会兴趣的数量决定着他今后整个人生的成功和幸福，决定着这个孩子能够在多大程度上与其他人合作——他能否赢得并维持友谊；他会招致反感还是获得认可；他能否在问题出现时正确领会并采取相应的行动。社会兴趣是人类团结的体现，反映在与其他人的归属感、对其他人的兴趣以及共同利益的问题方面。一个人在感受到社会兴趣时会有与他人共处、合作并做出有益贡献的冲动。相应地，我们可以通过一个人的合作能力以及尊重人类社会规则的意愿程度来粗略衡量他的社会兴趣，即便遵守这些规则可能会涉及个人牺牲。命运或同伴强加于我们的重担持续不断地考验着我们的社会兴趣。

在成人世界，生活的复杂性经常有碍我们准确评估一个人的社会兴趣。而对孩子的评估则更为容易，因为他们行为的正确与否更为明显。一个孩子的社会兴趣决定了他是否举止得体，即是否符合家庭和学校的要求，以及是与其他孩子一起还是孤身一人。这个孩子会持续面对新的集体问题，除非他的社会兴趣能够得到自由和全然的发展，否则他无法满意地解决这些问题。由此看来，礼貌、服从、勤奋、诚实、谦虚和自立等品格具有了一种新的、更具体的重要性。

因此，教育者必须认识到能够促进社会兴趣发展的因素，并且避免那些阻碍其发展的因素。这一视点有助于我们对迄今为止所使用过的儿童训练方法进行更好的评估。

社交不安全感

孩子生来需要适应他出生后所在的集体，但是困难重重。父母和老师所犯的所有错误都构成了障碍，所有错误的训练方法——虽然可能有所不同，甚或截然相反——都会导致同样的结果。父母对孩子也许过于放纵，也许过于严苛；他们或许给了孩子过多关注，又或者毫不关注。但是，无论他们是过于慈爱还是过于严厉，无论他们是羞辱孩子还是崇拜孩子，结果几乎完全相同：他们培养的并非是一致，而是叛逆和敌对。

这种敌意——非常奇怪的是，它可能和感情交织在一起——主要针对的是父母或教育者。这个人在孩子眼中就像是整个社会的代表，因为他扮演着社会规则执行者的角色。因此最初针对父母的叛逆会持续不断地扩展到社会生活的不同方面。针对教育者的斗争一定会发展为针对所有规则和秩序的斗争。导致这一反抗的根本原因是什么，最初针对教育者或父母，随后针对整个社会？

只有当一个人确信自己被接纳而非被轻视或忽视时，他才可能感受到团结一致。新生儿最初只是在生理方面感受到愉悦或不适，但他并非只是一个生物有机体，他是一个人。所以他很快就会认识到社会关系是愉悦感或不适感的来源。因此，他会调整自己的生理需求从而使其与集体规则和谐一致，他还会把与所在环境建立社会交往的必要性看得比身体功能还重要。此后他的幸福主要取决于这些社会交往的质量。童年时期至深的苦难和痛苦都不是来自身体方面的疾病或不适，更加令人难以忍受的是被集体排斥在外的感觉。对于每个孩子而言，没有归属、漠不关心、冷漠和忽视都是最痛苦的经历。

孩子在承受痛苦的同时却无法清晰地意识到自己不幸福的原因。每个人，在被集体排斥的时候，都会感觉到自己在这样或那样的方面注定低人一等。这种自卑感不会进入到孩子的意识层面，但是会明显体现在他的行为中，就像成人一样，而且孩子也会采用同样的方法来抵抗它所带来的影响——即增强自己的自尊。小孩子对于被轻视尤为敏感。他的家庭地位让他有充足的理由认定自己能力不足且低人一等。他比自己所在圈子里的其他人更加年幼、更加笨拙，也更加依赖他人，而且只能通过比他高大和重要的人来认可自己的地位。他必须经常为了其他人而放弃自己的权利，即便在被溺爱的时候——那时或许反而更甚。孩子们多么频繁地感受到自己被完全忽视啊！为了弥补这种社交不安全感，一个孩子所做出的努力往往会导致他对权力的争夺——自卑感所带来的典型影响。任何人在感受到社交方面低人一等时都会寻求崛起。每个人都希望自己举足轻重。

孩子的反抗源自他过度的自卑感，这同时也构成了孩子发展社会兴趣的最大障碍。感到自卑的孩子不再对社会参与抱有兴趣，而是更加关心自己的崛起。他在社会团结方面的努力被转移到追求优越感上。这一倾向会引发孩子的所有失败、弱点、坏习惯和缺陷。

自卑感和气馁

孩子所遇到的困难可以追溯到他的自卑感以及弥补真

实或想象的社交缺陷和弱点的特有驱动力。孩子针对自卑感有两种主要的补偿方式——放弃或过度补偿。同样，所有遗传或器官弱点都会引发这两种可能的补偿方式：要么导致对受损功能的逃避和忽视，要么促进该功能的特别发展，导致非凡的成就。例如，有些孩子天生肌肉协调能力差，后来也会笨拙、能力差；但是另一些有同样缺陷的孩子却通过持之以恒的自我训练成功地掌握了非比寻常的运动技能。天生的畸形导致有些孩子变得不合群、发展迟缓，但是却促进另一些孩子获得了杰出的成就。眼部缺陷有可能导致视力问题，但更常见的结果是视觉质量的特别发展，比如敏锐的观察力以及艺术和视觉的敏感度。同样截然相反的可能性存在于孩子所遇到的所有困难中。孩子可以选择向困难屈服或者学习克服它。那么，是什么决定了他的选择？

决定这件事的唯一因素是孩子在解决问题时的勇气。只要不气馁，相信自己的力量，他就会持续不断地努力征服困难。由于没有被错误的训练所破坏，孩子与生俱来的勇气是非常巨大的。基于这个原因，在生命最初阶段对孩子造成挑战并且激发其能量的缺陷——比如眼部的器官弱点——更有可能导致过度补偿，而非逃避和失败，因为在这一早期阶段，孩子的勇气通常还是完好无损的。孩子在后来所经历的生理障碍更有可能成为永久的缺陷。孩子们的很多成就都是成人不可能做到的。这一显著能力通常归因于他们更有活力的大脑以及他们的敏锐和新能量；然而，其原因更可能是，相较于成年时代，他们在童年时期更加富有勇气。

如果孩子们确实天生富有勇气并且毫不犹豫地向自己面临的障碍发动进攻——即便这些困难来自他们自己的身体并且由遗传所致——那么他们为何逐渐丧失了这样的勇气？在这里，训练方法不恰当所带来的影响就趋于明显了。很多教育者、专业人士和非专业人士都没有意识到勇气的重要性，因而也忽视了孩子的这一基本需求。他们不停地贬低孩子的自信。教育中的许多（有时是多种多样的）错误都集中于这一点。

孩子之所以气馁，有可能是因为成长道路上的每个障碍都被小心翼翼地挪开了，以至于他没有机会体验自己的力量并发展个人能力。同样，如果成长道路上被放置了太多太大的障碍，结果也是如此——因为他被证明缺乏力量，最终失去自信。如果意识不到这一点，父母就会在无数的细节中挫伤孩子的自信，这些气馁不断累积，其结果就是导致孩子内心的自卑感越来越强。过度保护和忽视、娇纵以及压制，尽管它们在性质上有着根本的区别，但是同样都会击垮孩子的自信、自立和勇气。孩子的自卑感和他的实际能力之间毫无联系。在生命的最初阶段，在最无助的时刻，孩子较少受到自卑感的困扰，并且更有勇气处理他所遇到的问题；但是在后来，当他实际上更加强壮、更有能力的时候，他的困扰反而更多，勇气反而更少。一个人的自我评价并不取决于他的实际能力或缺陷，而在于他对自己在集体中的相对地位的诠释、对自己的相对优势和能力的主观判断、对自己行为成败的带有偏见的评估，以及对自己是否有能力处理问题的推测——这主要是指社交方面的问题。勇气是成功人生的先决条件，气馁和自卑感终将导致不适应和失败。

争取优越感

仅仅逃避一项困难的任务并不能让一个气馁的人感到满意。实际的任务或许被绕开了，但是自卑的感觉挥之不去，并且一直要求过度补偿。没有人满足于能力不足。在社会中拥有一席之地，这是深深植根于每个人内心的愿望。因此每个人都需要个人重要性，从而确保自己作为被认可的集体成员的地位。人类受限于自卑感。在与自然的对抗中，人类的装备极差，因而他们在生存竞争中体验到生物世界的自卑。此外，看到自己在宇宙世界中的微不足道，想象到自己的未来以及不可避免的死亡，人类还深刻地认识到他们在宇宙世界面前的自卑。

幼小的孩子身处高大的成人世界中，会更加直接地体验到自卑。生物世界和宇宙世界的自卑影响着全人类，激励人们做出补偿、征服自然，并取得精神、宗教和哲学方面的成长，但是社交世界的自卑只对孩子造成影响，将他从其他集体成员中区分开来。在与父母、亲戚以及兄弟姐妹进行比较时，孩子对自己的地位始终没有安全感。竞争的氛围加剧了孩子对于失去个人地位的持续恐惧，这种氛围是我们当今社会的典型特征，而且已经渗透进家庭，破坏了所有家庭成员之间的关系。只要孩子富有勇气，他就会努力通过有益的成就和社会贡献来证明自己的重要性。唯有在他变得气馁的时候，他的社会兴趣才会受到限制。此后，通往有益成就的道路就可能受阻，于是孩子会在“生活中无用的方面”（阿尔弗雷德·阿德勒语）寻求提升个人优越感的方法。

对优越感的渴求推动孩子形成特定的行为准则。这主要是以一种直觉的方式进行，因为孩子的理性力量还很有限。他没准会试图模仿某个看起来强大且有影响力的人。在我们的社会制度中被过分夸大的理想男子气概或许散发着强大的吸引力。孩子利用一切机会提升自己的地位。这种对于认可的追求在已经形成强烈自卑感的孩子身上尤其明显。关于优越感的想法反映了孩子的安全观。由于他不确定自己是否被接纳、是否足够好，由于他无法依靠自己的力量，因此他期望通过外在支持获得安全感。被爱、获得关注和赞美、拥有超越他人的力量并得到服务——这些是他关于安全的想法。有些孩子认为，只有当他们的行为独树一帜，或者成为所在集体的领导者，又或者成功地在其他孩子面前高人一等时，他们才是被社会所接纳的。在这样的情况下，他们对于集体的贡献，即便可能对社会有益，反映出来的也不是社会兴趣，而是对自己的兴趣；他们的行为并非为了做出贡献，而是为了自我评价，为了赢得认可和重要性。绝大多数不良行为都体现了一个气馁的孩子所追求的虚假优越感，比如寻求过度关注、借助暴力行为和发脾气支配他人，或者因为自己感受到被拒绝和不被喜欢而惩罚他人。

孩子的所有错误、过失和小缺点都是他们为了超越他人而做出的不当努力。它们针对的是父母以及社会秩序。通过逃避自己所需承担的要求和任务，孩子获得了一种战胜父母的优越感。在与孩子的所有较量中，父母和老师都处于明显的不利地位。除了虚假的胜利，他别无所获，到了最后不得不认输。孩子可以随心所欲，而教育者却要面对一个永久的难题。

因此，孩子的固执不仅是为了表示反抗，同时还是确保个人力量的工具。它能够令所有规则和父母权威土崩瓦解。两岁到四岁的孩子对家庭体系和整体结构有了更全面的理解，他有可能受到不理智的压力推动而不得不反抗，并且逐渐变得气馁。基于这一原因，他经常有固执的时候。这本应是培养一致性的阶段，但是，由于我们的小家庭体系以及当今教育方法的不足，我们很少能在没有斗争的情况下达成这一结果。

道德意识

在生命的前几年里，孩子的行为是无意识的，他的行为并非基于语言层面的有意识思维。尽管如此，他的行为却是有意图、有目的的。他的各种目的对于有经验的观察者而言非常明显，但是孩子可能对此毫无觉察，尤其当这些目的针对他所在环境的时候。他或许知道自己需要一个球、一杯水，或者去上厕所，但是他意识不到自己需要关注或者展示个人力量。这些意图同样明确，如果一个人希望了解孩子，他就必须认识到这些意图。

起初，孩子的行为是无意识的、凭经验的、机会性的，并且各个行为之间毫无关联。随着他的活动范围的扩大以及理解能力的增强，他开始理解行为背后更深层的含义和重要性。他逐渐认识到什么是正确的行为、什么是错误的行为；他洞察到社交游戏的基本规则。倘若他和家庭成员之间的关系不存在任何敌意，他就能够自然而然并且没有异议地适应这个集体的规则。但是，根据目前的普遍情况来看，孩子发现为自己的地位而战更加重要。作为对自己不稳定的社会地位的补偿，孩子努力争取优越感，而他的这些努力最终必定会与道德准则发生冲突。而后，他的发展道路只会通往两个方向。

他对父母以及其他家庭成员的反抗可能极为强烈，以至于他忽视了共同利益，并且他的集体感也荡然无存。结果便是公然的叛逆——这个孩子拒绝接受任何规则，并且故意反抗所有规定和准则。在这种情况下，孩子的道德意识始终得不到发展。他不接受道德标准和社会惯例。(参考第六章“病态人格”部分。)倘若一个家庭本身就与社会格格不入，也不认同普遍正确的行为标准，那么在这个家庭中成长的孩子同样也会缺乏道德意识。

表达敌对意图的另一种可能性更为常见，几乎成了普遍现象。一般看来，孩子会继续依附于父母，并且接受规则和秩序。他会发展出充足的道德意识，知道什么是正确的、什么是错误的，并且努力遵从。他的“共同体感觉”(common sense)体现了他的归属感，他的想法与其他人保持一致。这并不会阻止孩子想要根据自己的方式行事，并且与他“更好的判断力”以及他所接受的整体标准背道而驰。在这种情况下，他会基于自己的“私人逻辑”(private logic)采取行动，这种“私人逻辑”也可以称之为他的“私人感觉”(private sense)。他知道自己应该做什么，可是如果从中可以得到自己想要的东西，他就会决定反其道而行之。他假装接受这些规则，但每当自己追求地位和影响力的努力受到妨碍时，他就会违反这些规则。只有在自己的影响力不受威胁的情况下，他才会遵守它们。

“共同体感觉”与“私人感觉”有所冲突，这不仅是孩子的特征，在成人身上也很常见。我们只愿意承认那些符合社会惯例的意图。为了不被社会接受的意图而采取的行动似乎并非出于我们自己的意愿，就像是冲动一样，它们没有明显的预兆或理由。由于它们是反社会的，如果想要维持自己的良好意图的话，我们就不能为这些行为承担责任。其结果是，我们会寻找各种借口来解释这些令人费解的行为、冲动或情绪。

借由经验，孩子了解到好借口的价值。无论做错什么事，只要他能找到站得住脚的借口，来自父母的批评和惩罚就会少一些。父母愿意接受好的借口，因为他们自己的行为也依赖于此。没有什么能比孩子公然承认不良意图更令父母心烦了。这是他们无法容忍的反抗。然而，只要孩子寻求借口，这至少体现了他的善意。在打碎了某件物品之后，如果孩子说这是因为物品从手里滑出来了，他为此感到抱歉，而不是承认他对妈妈感到生气并且想要伤害她，其结果就会大相径庭。虽然这无疑是他的真实意图，但是孩子自己根本觉察不到他的真正目标。如果问孩子为什么行为不当，孩子无法给出一个令人满意的回答。（参考第三章“揭示”部分。）在很多时候，他会说不知道。这一答案往往会激怒训诫中的父母，但这却是正解。孩子能够给出的借口只不过是不良意图的合理化而已。他可能只是为了减轻父母的惩罚而编造出这些借口，又或者他可能确实对此信以为真。通常，这些借口是为了父母而编造出来的，但是随着孩子成长和道德意识的发展，他开始为自己寻求借口，以求心安理得。

一个五岁的女孩激烈反抗着专横且过度保护的母亲，这位母亲难以理解自己的孩子为什么如此不听话。每当去邻居女朋友家里玩时，她从来不会准时回家，母亲也无法在她应该在的地方找到她。这个孩子非常聪明、坦率。我们问她是愿意按照妈妈的要求做事还是只做自己想做的事。令人意外的是，她回答说做自己想做的事。问："如果妈妈要求你做事呢？"答："那我就不听。"问："如果妈妈要求你听呢？"答："那我也开始说话。"问："然后妈妈会做什么？"答："然后她会要求我安静下来倾听。"问："然后你会做什么？"答："然后我就会忘记她让我做的事。"这个孩子在坦承自己的意图方面毫无困难。随着她一天天长大，如果她依然渴望向母亲证明谁是"老板"，她就会到达另一个阶段，即她的道德意识开始无法容忍自己的意图。彼时，她可能会学着掩饰自己的真实意图，并且以神经过敏为借口，她已经在为此做准备。她可能会有强迫性的说话冲动，或者会真正变得健忘，而不是假装。

道德意识和自觉意志仅是整体人格的一部分。它们伴随说话能力以及用语言表达想法的能力同步发展。道德意识，或者说对于善与恶的觉察，是孩子发展所必不可少的。然而，其教育意义经常被高估。语言层面的教育只是针对孩子的道德意识和觉察。这样的教育必定认为孩子人格的所有其他方面（情绪、习性、冲动）是意志和知识所无法企及的。由于这些动机往往得不到理解，而且拒绝语言层面的纠正，它们经常被看作很多无可救药的遗传素质、毫无知觉的本能，或是内在神秘的情绪冲动。然而，孩子人格的这些表现反而是其意图的真实体现，不被承认是由于不符合他的道德意识。如果孩子确实不知道自己错了，我们或许有必要给他指出来。在大多数情况下，他对此非常清楚，因此唤醒他的道德意识显得多此一举——岂止如此，这样做其实是有害的，它会加剧孩子“共同体感觉”与“私人感觉”之间的内在冲突，这一冲突在孩子行为不当时就已经存在了。说教和讲道理会引发内疚感，这是当今被误解最深的心理机制之一。很少有人认识到，内疚感并不是懊悔的表达，相反，它是在为持续的不当行为做准备。只有那些假装为自己的所作所为感到遗憾并且打算继续这样做的人才会产生内疚感。无论一个人对自己的行为感到多么遗憾，如果他愿意即刻开始做正确的事，他就不会产生内疚感。我们必须把内疚感与积极的懊悔区分开来：它涉及的始终是过去发生的事，而非考虑将来应该如何做。孩子或许知道自己做错了，但是他意识不到自己行为背后有什么意图，他依然维持着同样的意图，致使同样的错误重复出现。因此，加深孩子的内疚感会阻碍他改进。我们必须让他意识到自己的真正意图，而不是说教。（参考第三章“揭示”部分。）

揭示孩子的直接目的，这往往会突然改变他实现目标的方法。一旦意识到自己的反社会意图，他就无法调和这些意图与已有的道德意识之间的矛盾。孩子尚未形成复杂的自我错觉，而成人则会借此通过巧妙的合理化自欺欺人，从而设法让自己的良心得到慰藉。我们很难让成人意识到他们的真正意图；他们成熟的合理化模式使其能够一直相信自己的良好意图，尽管他们的行为明显指向相反的方向。如果一个年幼的孩子被告知他在椅子上扭来扭去只是为了引起关注，在大多数情况下，他会停止扭动。（如果告诉他扭来扭去很不礼貌，通常达不到这样的效果。）一旦孩子看到实现其目标的这个策略的真正含义，该策略就不再起作用。如果他还想引起关注，他就会寻求其他引起关注的方法，同样地，他仍然看不到该方法的含义，除非有人让他意识到这一点。

我们了解到道德意识的有限价值，这并不妨碍我们认识到发展孩子道德意识的重要性。缺乏充分的道德意识，社会适应和社会生存就无从谈起，但是只有道德意识是不够的。我们有必要识别、指导，并且——如果有需要的话——激发孩子的“私人目标”和生活方式发生变化。否则，孩子所建立的人生观和他所选择的获取社会地位的方法对他的幸福以及与他人和谐相处的能力毫无裨益。倘若一个孩子行为不当，他只是借此展现了已经成形的关于自己的错误观念。道德说教、指责或者唤醒他的道德意识都是徒劳的。这些方法并不能影响他的冲动情绪。唯有当他的意图和观念不再与自己的道德意识和有意识的思维相悖，而且与社会责任一致时，这些才会发生变化。正确的社会态度本身足以带来自觉意志和情绪冲动的整合。一旦“私人目标”与“共同体感觉”相符，道德意识与情绪冲动之间的所有对立都会消失。

家庭星座

父母和老师的态度是导致孩子产生自卑感的最主要来源，但并非唯一来源。孩子在兄弟姐妹中的位置对其性格的发展起着很大作用。第一个和第二个孩子之间的关系给双方都带来了不确定性，随之而来的竞争会造成典型的人格差异。两者当中比较缺乏勇气的那个人——被娇纵的、体弱的，又或许是在某些方面被忽视的，更有可能成为失败主义者。如果父母因为其中一个孩子恰好是男孩或者更加体弱多病而对他大惊小怪，就会惹出大祸。对于年长的孩子而言，由于父母未能理解他在另一个孩子出生之后的高度敏感和敌意，他往往不得不反抗。在某些情况下，如果其中一个孩子发展超常或者能力非凡，另一个孩子会将其视为对自己地位的严重威胁。（参考本章“遗传”部分。）

因此，孩子的家庭地位会引发各种各样的尝试，并激发某些特质和品格的发展。一方面，通常第二个孩子会更加活跃，无论是在善良或邪恶的方面，他的行为似乎表明他必须把自己缺失的时间弥补回来。另一方面，老大感觉自己可能会被再次“废黜”，并因此困扰终生。

当第三个孩子出生的时候，老二就成了中间的孩子。刚开始，他以为自己终于能够享有和哥哥一样的优越地位。但是他很快发现，刚出生的小宝宝拥有他所没有的特权。结果，中间的孩子往往会深深地感受到被轻视和被虐待。他既没有老大的权利，也没有小宝宝的特权。除非他能够成功鞭策自己赶超这两个竞争对手，否则他一生都会深信人们对他不公平，他在集体中没有立足之地。

基于这个原因，第一个和第三个孩子往往会结成同盟，联手对抗这个共同的竞争对手。结成同盟的孩子通常会表现出相似的性格、气质和兴趣，而竞争关系则会导致人格的根本差异。同样地，第四个孩子往往会和第二个孩子结成同盟。但是，切记，没有放之四海而皆准的普遍规律，因为同盟和竞争的建立取决于每个家庭的孩子之间发展关系和维持稳定的方式。各个家庭之间的情形可能会大相径庭。

独生子的人生起点尤为艰难。他像是一个被巨人包围的小矮人，在整个童年时期，他的身边都是能力远超自己的人。因此，他会尝试发展各种技巧和特性，从而在不需要取得特殊成就的情况下赢得成人的兴趣和赞许。无论是通过个人魅力和美丽、温柔和可爱，还是借助弱者特有的方法：无助、害羞、胆怯，总之他很容易就掌握了吸引成人兴趣和关心的诀窍。独生子在面对集体活动时往往畏缩不前，除非他的出现本身就能令他与众不同。

最小的孩子在很多方面都和独生子相似，但是在有些情况下，他的位置相当于第二个孩子，相应地，他也会发展出脱颖而出的强烈动力。为了赶超所有其他孩子，他的努力可能会取得巨大的成功。由于必须使用大量技巧来掩饰自己作为家中老小的地位，他往往会变得非常有创造力并且机灵敏捷。

在大家庭里，孩子之间显著的年龄差异会导致他们在家庭内部自发形成小组或小团体，每个小组作为一个整体承担着老大、老二或中间孩子的地位。继前一个孩子之后很多年才出生的孩子往往会发展出独生子的一些特质。

无论一个孩子基于何种原因与众不同，对他来说发展社会情感都尤为困难。比如，在以男孩为主的家庭中的唯一女孩，或者有很多姐姐妹妹的唯一男孩，一个非常丑陋或者多病的孩子几乎也面临着同样的问题。明显的优势或优点会妨碍社会兴趣的发展。父母必须认识到，过多的赞赏也可能引发自卑感。比如，一个格外漂亮的孩子在面对具体活动时很容易变得气馁，因为对于他来说，通过外表赢得赞赏和好感要比通过实际成就容易得多。虚荣心导致他期待持续获得赞赏和表扬，对于无法轻易或无法完全得到赞赏的情形，他早就做好了放弃的准备。

每个人的人生起点都是不尽相同的，没有两个孩子的成长背景是完全一样的。因此养育问题也因不同的情形而异，即便身处同一个家庭的孩子们也是如此。父母或许认为自己养育所有孩子的方式都一样，必定是某些遗传差异导致了结果的不同。他们错了。首先，父母不会一视同仁地对待所有孩子。无论他们多么努力地确保不偏不倚，其中一个或几个孩子仍然会比其他孩子更加亲近父母。但是，即便父母真的做到一视同仁地对待所有孩子，老大和老小、强壮的和瘦弱的、男孩和女孩，即使那样，孩子们的地位仍然存在差异和冲突。每个孩子对父母和整体环境的回应方式都有所不同。每个孩子都拥有与众不同的童年，因此，他会构建出独属于自己的人生计划。相较于同一个家庭的老小和中间的孩子，两个不同家庭的老小们的生活方式很可能更为相似：家庭星座的影响力之强大可见一斑。一个孩子发展人生计划的体验多种多样。我们无法期望透视一切，但是我们可以理解孩子从他的信念中所得出的结论。理解孩子对自己的诠释，这是我们正确引导和帮助孩子调整不适以及改进明显缺陷的唯一基础。

Ⅱ.

METHODS OF TRAINING

第二部分 训练方法

THE EFFICIENT METHODS

第三章 有效方法

你必须认识到影响孩子人格发展的心理因素，否则，你在教育方面的努力会缺乏基础。通过孩子发展和表现出的社会兴趣的程度，你可以衡量自己对孩子的养育是否成功。如果你关心孩子的幸福以及他将来的身心健康，那么发展充分的社会兴趣就应当成为你的主要教育目标。若要实现这一目标，你务必遵循以下总体原则：(1) 你必须引导孩子尊重秩序并接受社会规则；(2) 必须避免和孩子发生战争和冲突；(3) 孩子需要持续的鼓励。

这些基本原则需要更详细的阐述：

a．社会兴趣的健康发展要求孩子能够与集体中的其他人建立紧密的联系。教育是促进孩子作为社会人发展的过程。通过学习尊重秩序并遵循社交游戏的规则，孩子会有意愿并且有能力与他人合作。让孩子调整并适应社会生活，这是帮助他成为一个快乐和谐的社会人的最重要的方法。

b．你和孩子之间的冲突会妨碍孩子发展必不可少的团结感，还会对你们的亲子关系造成伤害。此外，任何与孩子之间的斗争都是徒劳无益的。和谐是社会教育的唯一基础。缺少了共识，我们将一事无成。那些在混乱和高压的环境中成长的父母有时候会对这一点提出异议。他们会问，在风平浪静的环境中长大的孩子有可能经得起生存竞争吗？在他们看来，幼年时期的平静氛围不利于孩子为今后的人生做准备。

最有力的反方证据来自那些在安静平和的家庭中长大的人。总体看来，他们非但不缺乏应对生存竞争的能力，反而可以适应得很好。人际冲突并不是为战胜困难做好准备的必要条件。它体现的只不过是敌意、争吵和焦虑，并且与仇恨的情绪和冲动密不可分。它是激烈言辞和暴力行为的前奏，而且会激起分歧和仇恨。它造就的是欺凌者和受害者，这两者在其内部关系中的防御不利于他们解决任何社交问题，反而会导致新的矛盾。

诚然，孩子需要学习斗争——但对手不是你，你应该是他的朋友。他的好斗性可以有足够多的出口。这个残酷的世界为他提供了很多消耗能量、克服障碍和体验胜利的机会。之后，在他与玩伴、同学之间的关系中，类似的机会也会自然而然地出现。他必须学习与敌对势力做斗争，并且在必要的时候与好斗、狠毒和心怀恶意的对手斗智斗勇。（参考本章“家庭氛围”部分。）然而，最重要的是，他要学习如何与朋友和同伴在没有斗争的情况下达成共识并解决分歧。从对抗的性质以及坚持己见和征服他人的体验来看，尽管当今社会强调竞争，但冲突并不是孩子发展所必需的。竞争不应当被视为不可或缺的刺激。利益和观念的差异固然无法避免，但这并不导致友好或敌对的态度。

如果熟悉和平教育的技巧，父母就可以彻底避免徒劳且有害的冲突。由于他们并不熟悉这样的技巧，因此，如同其他未经培训的人一样，他们无法以相互尊重为基础并通过和平的方式解决任何差异或利益冲突。概而言之，他们要么斗争，要么屈服。这两种方法都不能达到目的：它们无法带来共识。斗争意味着不尊重对方，屈服则是不尊重自己的尊严。这两种选择必定都会导致新冲突，在冲突中战败的那些人会反抗并寻求其他机会重新确立失去的威信。当孩子的利益与父母不一致时，大多数父母会完全陷于无助。很多人甚至作战和屈服同时进行——他们要么与孩子苦苦斗争，最终投降；要么最初纵容孩子，继之则意识到后果并转向战斗。正确的教育技巧绝不包括斗争或屈服。在没有冲突和投降的情况下取得的任何结果通常都是有益的，因为达成了共识。妥协有可能是共识，但又不尽然。双方都可能感到被击败和不满意。唯有当双方找到彼此都接受的一致之处时，妥协才是共识，否则便是互相强加。

c. 鼓励是教育中所有积极影响力的媒介。孩子需要鼓励，就像植物的成长需要水。由于生命始于全然的无助，而后整个成长过程又承受了一连串令人沮丧的经历，所以孩子需要明确、刻意以及持续的鼓励，从而发展出自信、力量、社会兴趣、自立，以及成功应对人生所需要的一切技能和能力。

我们无法将某个特定的教育方法归类于这三大原则中的某一种，因为它们是一个整体。适应是目标，和平是技巧，鼓励是儿童训练的实质。因此，大多数教育过程都涉及所有三方面。即便是对于一个最简单的措施——比如，发布命令——都是如此，更不用说以“权威”这一名义所形成的各种管教力量的组合。毫无疑问，孩子需要引导，作为教育者，你必须确保尊重，并且在避免不当干涉的情况下传递你的观点，尤其是在孩子年幼、理解能力有限的时候。但是，胜利和维护权威的方式是多种多样的。你可以通过理解和善意赢得权威，或者通过暴力强加权威。它可以建立在你的个人优越感之上，或者体现在约束所有集体成员的规则中，而你自己也是这个集体中的一分子。

因此，影响儿童训练的因素纷繁多样。在接下来的内容中，我们将讨论其中最简单的一些因素。

A. 维持秩序

家庭氛围

每个社区都有各自的风俗习惯，而家庭本身也是一个社区。如果任由争吵和争论、混乱和邋遢、怀疑和自私为家庭生活定下基调，无论孩子的气质和遗传基础有多好，他也会采取同样的做法和态度。因此，教育的结果在很大程度上取决于家庭氛围。如果家庭中的主要行为规则与社会的总体要求不一致，孩子就无法为将来在学校、职业或工作、性关系以及人际交往中遇到的问题做好准备。

父母的示范至关重要。如果父母粗枝大叶、毫无章法，孩子如何能够养成有条不紊的习惯？如果家里其他人都没有努力遵循系统的工作惯例，孩子为什么必须勤奋刻苦？如果在家里每天都会听到粗俗的争吵和谩骂，孩子如何能够拥有亲切友善的举止？唯有一种情形会让孩子的发展方向与父母的示范截然相反，即当孩子对父母充满敌意时。此时，不好的榜样可能会刺激孩子形成恰当的行为模式。在道德败坏的家庭中出现诚实和有能力的男人或女人，这并不罕见，这一有利结果更容易发生在孩子对抗父母的立场得到支持的情况下。但是，我们不能寄希望于坏榜样可能带来的好处。家庭氛围越好，孩子越有可能获得令人欣慰的发展。

家庭氛围一部分取决于社会和经济因素，一部分取决于父母的总体人生观，还有一部分取决于他们的性格、教育和文雅的程度、知识和精神方面的兴趣，以及婚姻关系的质量。我们不可能改变整个家庭背景，但是可以通过深入洞察和理解来调整某些重要的因素。足智多谋的父母还会利用那些无法避免的不利条件，比如疾病、经济或社会困境，以此激发孩子积极的态度和动机。

父母甚至应该在孩子出生之前就开始为恰当的养育之道做准备。如果父母发生争吵，不和谐的精神就会渗透至整个家庭。和善、相互尊重和宽容是成功合作的必要前提。孩子从自己父母那里获得了对人类整体的第一印象，因此，父母必须密切观察自身行为，并且尽己所能不断改进。

父母还会给予孩子关于家庭以外大世界的最初概念。关于这个外部世界，你为他们呈现了什么样的画面，这一点非常重要：你如何谈论其他人；你是带着友好的关切和理解讨论邻居，还是仅仅对他们说长道短、居高临下；你是力求公正，还是吹毛求疵、易于把所有人都往最糟糕的方面想。孩子头脑中的大多数偏见源自他们的父母。

孩子透过父母的眼睛看这个世界，因此你的世界观至为重要。如果你拥有清晰、明确的人生观，这对你们大有助益；任何明确的信仰——基于道德或科学原则，无论是宗教的（特定的非物质教派）还是非宗教的信仰——都是积极的力量。你的世界观越清晰充分，你就越能够一致地遵守道德秩序，你的孩子在遵从社会规则方面也会更加容易。

你的谈话体现了你对待人生问题的态度。孩子们在家里所听到的内容，对他们的发展至关重要。你必须注意自己在孩子面前的谈话内容，永远不要低估他的理解力。他懂的比你想象的要多得多。孩子也许不能逻辑理性地理解某些词语，但是即便在很小的年纪，他也能够了解到成人之间谈话的基本含义。你在孩子面前呈现世界的方式应当能够激发其心智和精神的成长。你和周围人所表达的悲观见解无法令孩子成为快乐和满足的人。如果经常谈论人类和世界的堕落，则无法促进孩子成为对社会有用的成员。

你应当向孩子展现地球的美丽和艺术的尊严。你可以教给他自然之乐以及思维和知识之趣。如果你在晚餐时间和散步时间与孩子谈论这些话题，他就会较早对此感兴趣。且不说某种特定的教育方法，仅家庭氛围本身就可以引导孩子在精神、智力和情绪方面的发展，它会对孩子的性格、气质和心智产生持久的影响。如果你从最初就做到了平静而积极地养育孩子，那么在他后期的训练方面就可以省去很多艰辛的工作。

我们必须认识到，在这个充斥着不安、冲突和激烈竞争的时代，我们很难发现完美的家庭氛围。然而，父母必须受到警告：不要将不和谐的责任归咎于整体环境或（外）祖父母，又或者互相推诿。这不仅会使现有的紧张形势恶化，还会引发进一步的冲突。若要改变和改善环境，你只能关注自己的行为，并且尽一切办法增强你自己的贡献。经济困难、性格缺陷或父母不和、拥挤的街区、不受欢迎的邻居或亲戚，或者疾病，即破坏家庭秩序和氛围的一切因素，都要求我们更多地关注影响儿童的方法。无论多么合乎情理且可以理解，怨恨、气馁以及心怀嫉恨都只会让已有的困境雪上加霜，并且可能比最初的不利环境更加有损孩子的发展。

遵守内部的权利和义务

社会生活要求特定的行为规则。有些规则很广泛，统一适用于所有集体成员；有些是为了确定每位成员各自的权利。或许没有家庭编纂过内部规章，但是它们的有效性却由于默认的约定和习惯而牢牢确立。

父母往往以为他们已经在清洁、整齐、诚实、温和以及勤奋等行为方面制定了约束性的规则，但是，唯有当他们自己遵守这些规则时，孩子才会承认这是对所有人都适用的义务，并且理所当然地接受。其基本前提是这些规则不应有任何例外条款，否则它们在孩子看来就不是整体社会秩序的必要体现，而是不公平的强加手段。

当然，每个家庭成员都发挥着不同的作用，这就意味着他们所拥有的权利和承担的职责也有所不同。孩子们对不平等很敏感，成人也是如此，他们总是怀疑有人似乎享有超出旁人的特权。他们经常借由自己的正义感来证明他们有理由怨恨自己的职责，其实，真正驱动他们的只不过是竞争感以及他们对于现存整体秩序的反抗。这种反抗体现了孩子并不认同和接受这一事实，即爸爸妈妈和兄弟姐妹都合情合理且不可避免地承担着不同的作用。因此，伴随着各自的“权利”和特权，他们也承担着不同的责任。没有哪个社会群体中的成员可以始终拥有同样的职责和特权。至关重要的事实是，职责的不同并不意味着社会的不平等。（为了让孩子对此印象深刻，其他家庭成员必须认同这一点。）每一位家庭成员的特定作用都可以且必须得到完全的认可，作为这个集体中有意义和有价值的一员，他的重要性必须得到充分的重视。这是他的社会权利：被欣赏、被认可、被尊重，如其所是，因其所为，与别人是谁以及做了什么无关。

每一位成员的作用都需要被尊重，人们在自己的家庭里太容易忽视这一所有成员的基本权利。为家庭提供经济来源和主要支持的人，通常是父亲，他自然会享有某些特权。他的工作时间必然会影响整个家庭的日常生活，但这并不意味着其他成员的作用略为次要或者没有价值。妻子和母亲不应该被降低到次要位置。她的很多职责也会带给她特定的权利。她在训练和管教方面具有决定性的影响，并且负责管理孩子的日常生活。然而，这些职责并不能让她有权像王后或统治者一样轻视自己的丈夫。任何侵犯他人社会地位的行为都会削弱对方的作用。某个家庭成员的作用得到的认可和尊重越少，他就越不能胜任自己的职责。这是一个不言自明的事实，所有社会群体的无数经历都可以证实这一点，尤其是在家庭生活中。它对于养育孩子有着深远的影响。

孩子拥有哪些权利？你应当认真思考这一问题。你或许觉得，孩子的生命和生存都是父母的功劳，因此他只对你负有责任，而没有他自己的权利。又或者你会争辩，孩子来到这个世界完全是出于你的意愿，而非他的，因此你承担了所有责任，这一切都是你欠孩子的。这些态度非常不利于孩子最终适应社会。从出生后的第一天开始，他便是这个家庭的正式成员，享有明确的权利和义务，即便在他还没有任何身体能力的时候。如果被剥夺了应有的特权，又或者被赋予了过多特权，他就会经常试图侵占很多并不属于他的权利。

前文已经提到小婴儿休息、睡眠以及定时喂养（参考第五章“喂养”部分）的权利。随着孩子活动范围的增大，他的权利也会增加。他有权享有越来越多的自由和独立，发展主动性，体验自己的力量，并且拥有与同龄伙伴一起玩耍的合适机会。即使还很年幼，他也需要机会做出有益的贡献，比如，帮忙做家务以及服务他人。他有权为自己做出决定，并且有权拥有相当大的空间进行选择和掌握必要的实践能力。

此外，孩子需要一定数量的认可。如果你轻视孩子的活动，你就抑制了他的成长。你必须认识到，和工作对于成人一样，玩耍对于孩子而言也是严肃和重要的。玩耍是成长的必要条件，就像自觉学习能够开拓大学生的思维，玩耍拓宽了孩子的体验范围。通过玩耍，孩子得以掌握今后需要的技能和能力。他学会了使用自己的身体，了解了周围物品的形状和含义；他获得了灵活敏捷的身体和思维，发展出与他人共同生活和工作的能力。如果将孩子的玩耍看作像成人的玩耍那样的娱乐活动，你就大错特错了。孩子所做的一切都是在为他的人生进行认真的准备。

同样地，你必须在孩子初次尝试独立行为时表示认可，比如，他很早就努力自己洗澡穿衣，以及保持他的衣服和玩具的整齐。尤为重要的原则是，家庭中任何孩子的活动都不会比其他孩子更重要或更次要，这与年龄或性别无关。

每个孩子的责任都与其权利和特权直接相关。他的权利和职责都存在于他本来的作用中。比如，睡眠和休息不仅是他的职责，也是他的权利。年幼的孩子既有“职责”也有“权利”比哥哥姐姐们更早睡觉。孩子必须让自己适应家庭模式。他不能扰乱家庭秩序，他必须学习尊重其他人的权利，就像别人尊重他自己的权利一样。互惠互利是合作的基础，它要求所有家庭成员的权利达到动态平衡。

一致性

在恰当地调整自己之前，孩子首先必须清晰地意识到应该做什么。规章的适用范围越广泛，他越能迅速地领会其中的含义。孩子只能在相似经历重复出现的过程中学习，因此唯有当规则和指令普遍适用于所有时间和所有情形时，孩子才会理解这些明确的要求。你的每一次不一致都会妨碍孩子理解他应当遵循的这些行为原则。

比如，除非你尽快建立饭前洗手的习惯，并严格遵循，不允许任何例外，否则你在训练孩子这么做的时候就会遭遇极大的困难。在所有适用的情形下，命令必须得到执行。一旦孩子们认识到某一规则长期具有约束力且始终不变，他们就会自动接受并遵守这一规则。因此，在孩子第一次面对某个新责任时，你必须特别谨慎。对某个新情境的第一印象有力地影响着他随后的行为方向。你不能在一开始就沉溺于错误的信念，认为孩子将随着时间的推移学会满足必要的要求。这会导致孩子把任务看作不重要的事情。孩子只能通过既定规则的一致性养成整齐和清洁的习惯。如果他没有义务在每次学习之后都整理书本，他就会觉得不需要遵守类似这些不连贯的命令。如果偶尔在时间不够的时候，他可以没有洗澡就去上学，那么他完全有理由认为认真洗澡并不重要。某一天你坚持要求孩子对你的任何小建议都要立即做出回应；第二天当孩子多次不接你的电话时，你又毫不在意，甚至在孩子借助诡计和聪明才智逃避责任时，你还会觉得有趣。如果这是你发布命令的方式，你又如何能够指望孩子听从？

你对撒谎感到不悦；你让孩子谨记谎言的可耻——可是次日清晨你又派孩子到门口告诉收账人你不在家。孩子对于撒谎的道德准则会得出怎样的结论？又或者，孩子当着客人的面表现自己。他的活泼大胆令每个人开怀大笑，你因而自鸣得意。几天以后，当你正与朋友讨论严肃的话题时，孩子尝试了同样的滑稽行为。但是这一次，奇怪得很，你很生气，并要求他回自己的房间。孩子如何能够理解为什么同样的行为有时候会取悦你，有时候反而惹怒你？如果你无法保持要求的一致性，那么孩子很少能像你所期望的那样遵循指令。

果断

在对孩子提任何要求之前，你必须清楚地知道什么是必要的。如果不确定应当做什么，你可以和孩子商量。“你觉得明天去探望奶奶怎么样？还是你有太多功课要做？”在这种情形下，你应当避免提出明确的要求，因为有可能需要收回它。在面对年长一些的孩子时，这一点尤为重要。在任何情况下你都必须仔细判断该情形是否需要或允许一份明确的要求。

但是，一旦做出了决定，你就必须坚定地坚持执行这些命令。你的语调足以让孩子知道你是否坚定。他的观察力极其敏锐，你的面部表情和音调变化都会泄露你的想法和目标，他的敏锐程度远远超出你的想象。

然而，坚定并不通过音量高来衡量。很多父母认为，为了得到恰当的回应，他们必须大声说话，但是事实恰恰相反。很高的音量通常体现了内在的某种不确定，孩子会迅速识别并利用这一点。诚然，命令必须坚决，但是如果通过低音量来传达，它反而会更有效。正是音调的变化显示出我们的意图有多坚定。

指令或直接命令应当谨慎使用，从而保证效果。它们应当被用于真正的紧急情况，即在危险即将发生而孩子必须立刻回应的时候。在大多数情况下，你最好避免使用直接命令，因为除非直接命令屈指可数，否则你不可能通过恰当的方式监督它们的执行。而且，如果孩子觉得自己不需要立刻听从你的命令，以后你的话语就会毫无分量。

大多数命令都可以替换成友好的建议："如果……该有多好""我会很喜欢你做……"

自然后果

允许孩子体验到他的不当行为所带来的自然后果，这是维持秩序最重要的方法。任何直接干涉——以命令、说教或责骂的形式——都只是依靠外力起作用。孩子或多或少都会觉得是被迫采取某种行为方式。然而，正确的行为是由内而外产生的，孩子自愿且自发地调整自己以适应某种情形，主动发展出恰当的冲动。如果他的内在并未准备好遵守秩序，那么一切教育努力的价值都是渺小而短暂的。只有当孩子意识到尊重行为规则要比违反行为规则更令人满足时，他才能发自内心地接受。该过程不涉及个人的屈服或羞辱。这是唯一的解决之道，由此孩子才会愿意学习接受那些令人讨厌或愉快的责任，并且在必要的时候调整自己的欲望。

让孩子感受到违反规则所造成的令人不悦的结果，这样的机会在事情发生的过程中会自然出现，除非你错误地出于同情心让孩子免于承受这些经历。你对孩子的自豪感或错误的羞耻感往往会误导你。孩子没有按时起床，在穿衣打扮上浪费时间，最后上学迟到。但是你却经常心甘情愿地为他给老师写信解释，不让他体验到浪费时间的后果。又或者，为了确保不迟到，你会帮助孩子做他的分内之事。

违规行为的自然后果会让孩子自然而然地牢记恰当的行为规则，孩子会遇到足够多的自然后果，无须你特别努力地制造机会。如果你没有错误地热衷于让孩子远离任何不适，并注意不去破坏这些宝贵的机会，你就可以让孩子从体验中学习。若是没有注意脚下，他就会摔跟头。（两个房间之间的门槛为这样的经历创造了自然机会。）若是把左脚的鞋子穿在了右脚上，他就会感到夹脚。若是动作太慢，他就会错过一些乐趣或活动。唯有当家里的成人不加干涉时，自然后果才会恰当地发挥作用。这样的克制最终会为你和孩子省去大量烦恼。

然而，在有些情况下，你有必要创造一些特定的经历。你可以设计一些无害的方法让孩子看到炉子是热的、针是会扎人的，或者椅子可能向后翻。这些事实非常重要。通过不经意的方式引起孩子的关注，这比通过自作聪明和耸人听闻的警告更加令人印象深刻。此外，你需要确保特定的后果必须持续发生。如果孩子不按时吃饭，他会发现餐桌上只有其他人的饭菜，没有他的；如果孩子没有收拾玩具，他就不应该在第二天找不到玩具时感到吃惊；如果孩子在准备散步或远足时动作太慢，他会发现你已经独自出发了。

但是绝不要让孩子将违规行为所带来的这些令人不悦的结果看作是你的惩罚［卢梭和赫伯特·斯宾塞（Herbert Spencer），包括其他人，将这些自然后果描述为“自然惩罚”。如果后果是由错误所致的必然结果，那么这一说法就是不合理的。这些情形中的结果非常类似于成人在行为不当之后必须接受后续令人不悦的后果。如果一个成人拒绝工作，他就无法谋生，或者如果他很粗暴，其他人就会避免与他为伍，这些结果并非惩罚，也永远不会被看作惩罚。它们只不过是逻辑后果；同样地，孩子也应当被教导考虑自己的行为所带来的自然后果。］或恶意举动。在上述情形中，你必须保持一种完全被动但充满慈爱的态度。你可以对孩子必须承受这些痛苦的经历表示遗憾，但是千万不要替他避开这些经历。如果在这种态度背后他能够发现你和他的行为受到同样规则的约束，如果这些后果并非是通过成人的权力任意强加的，如果这些后果的逻辑是显而易见的，那么孩子就不会认为这是一种刻薄或敌对的态度。

自然后果的实施是儿童训练中最有力的方法之一。孩子从中学会尊重秩序并发展出一致性。然而这也是最难掌握的方法之一，因为父母从未接受过关于这种思维和行为方式的训练。很多人都难以理解“后果”和惩罚之间的细微区别。从表面来看，这听起来像在钻牛角尖。对孩子而言，这两种方法几乎是同样地令人不适。那么，为什么还要对它们进行区分，并且强调差别的重要性呢？从心理学的观点来看，其中存在着巨大的差异。比起理性的表述，孩子们对心理因素的反应更为灵敏。在面对惩罚和“后果”时，他们的反抗程度或许一样，也会同样努力地试图逃脱。但这只是暂时的反应，很快孩子的共同体感觉就会让他意识到你很可能是正确的。“后果”是孩子可接受的，惩罚只是孩子尽可能忍受的。

你必须认真练习使用这一教育方法。它的运用需要思考、斟酌以及想象。当你面对冲突时，如果冲动行事，你只是在持续斗争并且试图展示自己的权力，然而，你并不能利用秩序被扰乱所造成的客观后果。

有一些线索可以帮助你区分自然后果与惩罚之间细微但至关重要的分界线。其中之一在上文已经有所讨论——即后果必须具备孩子能够理解的内在逻辑。告诉孩子如果他不吃晚饭就不可以去看电影，这其中毫无逻辑；但是，如果他看完电影没有按时回家，告诉他下周不能去看电影，这是合理的。

还有一个区别极其重要，但是往往很难掌握。后果是不当行为的自然结果——但不是报复。如果你说“你刚才行为不当，现在你必须……”，这就是惩罚。后果更像是引导：“如果你行为不当，你就不能……”它较少强调已经发生的事，更多强调未来后续会发生的事。它为今后的调整打开了一扇门，而不是让问题就此结束。以下这个简单的场景很好地体现了这一基本区别：孩子在大声喧哗且不守规矩。如果你说："我再也受不了这种混乱了，现在去你的房间，一直在那儿待着！"这是惩罚。另一种极为不同的方式是你说："很遗憾，如果你打扰到我们，你就不能和我们在这里待着了。或许你更适合回到自己的房间，直到你感觉可以举止得体了再出来。"在任何一种情况下，你都需要坚持让孩子离开这个房间，但是在第一种情形中，隔离是最终结果，事情就此结束，而在第二种情形中，孩子可能觉得准备好之后就可以回来了。由孩子来决定是否改变这个场景。

让孩子来选择，这始终至关重要，特别是在孩子拒绝遵从的紧张情况下。根据逻辑学而非心理学因素采取行动的成人难以理解其中的重要性，因为他们认为一个人要承受何种可怕的后果无关紧要。但对孩子而言很关键的是，你对他说："你想要自己离开房间，还是希望我带你离开？"在我们成人看来，离开房间这件事无论在哪种情形中都同样令人不悦，可对于孩子却并非如此。如果可以自己决定，他会感觉到重要性，也不再那么勉强。即使孩子没有回答，你也可以说："如果你不愿意自己去，那我只能抱你过去啦。"在大多数情况下，如果孩子还不是过于固执和敌对，这样的方法通常可以挽救局面。等到孩子长大一些，你就无法再把他抱出去。面对这种情形，孩子或者你可以选择离开房间。如果他跟着你离开房间，那么你可以离开这所房子。如果他依然跟着你，无论他做什么，你都不要理会，这样依然可以挽救局面。不过这是一种极端情形；对于多数孩子而言，魔咒在更早的阶段就会解除。通常，如果孩子感觉到你是认真的，尤其当他凭借以往的经验知道你说话算数时，他就会对第一种选择有所回应。

区分后果和惩罚的另一个因素是你说话的语调。刺耳和愤怒的声音表明你在惩罚。友好的态度表明你强调的是必须尊重秩序，而非你的个人欲望或权力。前者你采取的是反对孩子的立场，最终他也会感到被拒绝。而后者你只是在反对孩子的行为，他的个人价值没有受到威胁。语调上的不同体现了关系上的差异。在惩罚时，你的愤怒使关系破裂；而在后者，你始终保持友好和同情心。

你在运用逻辑后果的时候可以保持同情心，但是必须注意不要让过度和错误的同情心削弱自己，此时正是孩子可以从经验中学习的时候。孩子会巧妙地试图说服你帮他摆脱困境，不恰当的同情心可能会使你屈服于孩子的这种努力。

承诺，无论是被要求给予的还是自发给予的，都是导致你削弱自己的陷阱。在这一关键时刻，他绝不应该有“第二次机会”。（下一次他始终应该拥有新的机会，因为一旦后果已经发生，就不应再拿过去的事来威胁孩子。）此时并不是说话的时候，而是行动的时候。

我将通过以下简短的事例结束这一至关重要的部分。

一个十一岁的男孩被他的父母带到我这里。他们之间的基本矛盾是权力之争，所呈现的主要症状是：这个男孩从不准时回家吃晚饭。这在他们的家庭中引发了无休止的摩擦。父母无论如何惩罚或奖励都不起作用：他永远都会迟到。我给他们建议了一个非常简单的解决方案：如果他回家晚了，就拒绝给他吃晚饭。但是男孩的父母——特别是父亲——无法理解这种“惩罚”背后的逻辑。毕竟，“一个男孩需要营养”。我用了半个多小时说服父亲相信尝试该方法的必要性，至少尝试一个星期。他在第二周回来的时候告诉我这一方法没有效果。我非常意外，于是询问细节。这位父亲向我保证，在儿子第一天、第二天和第三天没有准时回家的时候，他们没有提供晚饭。据我了解，如果孩子们确实错过了晚饭，他们通常不会这么持之以恒。为了进一步询问事情的真实过程，我问他，在这些情况下，你们是否确实没有给孩子准备任何食物。这位父亲说：“毕竟，我们不能让他饿着肚子去睡觉。”

原来如此！看到儿子饥肠辘辘地去睡觉，父亲感到心碎——但是这种软心肠并没有阻止他因为儿子的对抗而责打和惩罚他。

B. 避免冲突

观察和反思

如果不经过认真思考，父母永远无法充分利用那些对于引导孩子的发展至关重要的情况。没有反思和熟虑，就不可能养育一个孩子。如果你只是机械地、冲动地采取行动，任由自己被瞬间的念头和想法带走理智，你在面对孩子时就会始终不知所措。在设计新的有效方法以达成自己的目标时，即请求得到你的关心以及逃避令人不悦的责任，孩子们会经过思考并且坚持不懈。这里我们再次看到孩子的观察力是多么敏锐。他能够快速识别父母、老师和其他成人最薄弱的地方，然后加以利用。他很擅长操纵两个成人互相斗争。他清楚地知道在面对父母时如何变换战术从而在两边都能得偿所愿。有时候，固执地反抗就可以达到目的；有时候需要甜言蜜语和央求；还有一些时候需要含泪自怜。他根据不同情形和不同对象调整自己。

在这方面你可以从孩子身上学到很多。为了选择最适合某一特定情境的训练方法，你必须仔细观察孩子，然后决定在这种特殊情况下应遵循何种最佳步骤。通过识别坏习惯在合乎逻辑的情况下会导致哪些令人不悦的后果，并允许该后果的发生，你就能极为成功地改变这个坏习惯。但是，如果不经过思考和反思，你就做不到这一点，因为你必须让孩子明显看到其中的因果关系。你应当提前考虑到他会有什么反应。他可能不会平静地接受令人不悦的经历，而是反抗、甜言蜜语、哭闹，或者实施其他新的鬼点子。一个重要的观察原则是，你每次只能致力于孩子行为的一个方面。若是试图多方面兼顾，你将无法完成任何事情。例如，你可以在孩子挖鼻孔之后拒绝碰他的手，从而让孩子感受到后果。无论他作何回应，你必须坚持毫不动摇，否则便会破坏这一方法的效果。你不可能在纠正某个坏习惯的同时试图察看孩子不同的对抗反应，这应当被看作孩子对于压力的回应。

如果谨慎而持之以恒地加以使用，所有的儿童训练方法都会有效。干预的动机和方法必须出于理性，而非出于冲动的情绪。教育的过程中要尽可能消除那些容易干扰且经常完全主导教育者行为的情绪，这是极其必要的。担忧、恼怒和气愤——无论多么可以理解——都是脆弱感和无助感的表达。只有当我们束手无策，或者感觉自己放弃太多而必须以某种方式采取坚定立场的时候，这些情绪才会出现。然而，这种脆弱感所引发的任何行为都必定是错误的。孩子的恶意和敌对会激起你的愤怒和气恼，这是常人所能理解的。普通人发泄这些情绪或许情有可原，但是作为教育者却不行。如果有人看到一个小男孩虐待动物，这个人可能非常愤慨，以至于给了男孩一记耳光。但是，在这种情况下，必须意识到的是，打耳光并非教育者的行为，它只不过出于一个被激怒的人之手。该行为或许正义凛然，但它能否改变男孩残忍的习惯是非常值得怀疑的。

教育者必须对自己的能力和效率充满自信，否则教育便是不可能的事。“失控”意味着你缺乏自信。因此，如果你因为孩子而变得激动，或者出于其他原因而有失控的危险，明智的做法是暂且放下一切，离开房间。然后你可以重新调整并再次平静下来，直到那时你才有能力进行反思，并且决定到底应该怎么做。

不要说你没有时间思考，或者说你因为工作和担忧而不堪重负。当然，思考需要时间，但是根本比不上频繁警告、训斥和惩罚所需要的时间，后者完全是徒劳且有害的。花一点时间反思，这会帮你省去大量焦虑和混乱，其实从长远来看还会节省时间。（如果父母过于焦虑不安，以致这种情绪干扰了自己正常履行职责，他们就需要接受心理治疗，从而为自己的人生进行继续教育和重新定位。）当孩子淘气的时候，随意责打在当时看起来似乎更为简单迅速。然而，克制和深思熟虑会令你的行为更加理性和有效。

这一建议自然不适用于真正的紧急情况。在这些时刻，你不需要行使教育者的职能，而是立刻采取行动，转移迫在眉睫的危险。我们必须记住，等到紧急时刻过去之后，教导和训练的机会依然会有。在这些危险的瞬间，一切行为都没有教育的价值。训斥在更大程度上是你发泄紧张情绪的方式，而不是一种预防手段。但是，真正涉及危险的情形比你基于对孩子的焦虑所想象出来的要少得多。

克制

尽最大可能保持克制，这是影响孩子最根本的基础之一，也是很少被做到的。观察，对孩子的活动尽可能地少干涉，这一原则不仅在紧张的时刻有所助益，而且适用于所有情形。如果遵循这一方式，当你希望发挥自己的影响力时，它会更加有效。此外，你不会冒险去妨碍孩子发展自立，这对孩子而言极其重要。最佳的教育方法是能够尽快使方法本身变得多余，并且实现其目标，即让孩子从一个缺乏责任感的教育对象转变为拥有成熟的个人责任感的独立成员。

孩子很小的时候就可以承担起自己的责任并主动履行，当然这并不是暗示你应当忽视孩子。他们需要爱和温柔、鼓励和激励。你绝不能冷漠，但是，作为教育者，你的干涉程度不应超过真正的需要。有时候你必须采取积极的行动，但这样的情况应当比较少见。只要有可能，你必须允许孩子从经验中学习。唯有学会克制，你才能做到这一点。你没有责任替孩子做一切事情。这种趋势只不过来源于过度恐惧或者你想要证明自己的重要性和对权力的欲望。

灵活性

若是在行动前先观察和反思，你就不会采取某种僵化的方法。你会倾向于测试并验证方法的直接效果。缺乏考虑的父母易于遵循既定的惯例，这些惯例也许是从他们自己的父母那里吸收而来，又或者是在某些特定的场合使用过的，后来完全是出于习惯或惯性才继续使用。这些父母回应所有不当行为的方式都是老一套，哄骗、咆哮、责骂，甚至是身体暴力的威胁。通常孩子提前就知道你会如何回应特定的行为。他学会了对你的态度习以为常，并适应这种态度——结果是你的所有警告和努力都毫无作用。

这个不断改变方法的建议与我们之前一致性的建议并不矛盾。社会需求和标准必须牢牢确立，并保持稳定和明确。但你为了让孩子认识并遵守这些标准而付出的努力必须灵活而多变。

僵化的方法之所以经常不起作用，还有另一个原因。它们忽视了每一个孩子独特的要求和需要，而且即便同一个孩子也不能总用同样的方法对待。通过改变和调整方法、观察作用和结果，以及试验新方法，这样你就可以找到足以影响孩子的方法。

无论是关于教育的细节，还是在更宏观的方面，这都是非常必要。你需要根据孩子不同的发展阶段调整自己。甚至他所需要的关注程度都并非是一成不变的。在最初几个月，你应该尽可能地不去打扰他的休息。在这之后，他将需要更多关注。但是几年以后，你需要再次退出，因为那时他应该更多地与自己同龄的孩子在一起。在人生中的某些阶段，孩子很容易接受指导；另一些时候则完全拒绝听取建议。有时候他会主动寻求指导，而有时候他会坚持自己做决定。你的僵化态度无法满足每个孩子不断变化的需要。真正有效的训练方法能够灵活调整以适应每一个特定的情形，并适应孩子成长过程中的各种变化。

激发兴趣

如果你能够激发孩子的兴趣，他们会更愿意回应你。这本身就足以激励你变换多种方法。父母经常抱怨孩子对他们的话充耳不闻。可是，毫无生气且千篇一律的命令、责备和解释必然会导致无动于衷。

基于这一原因，你对孩子说话的语调有很大影响。你的表达方式越是生动自然，孩子就越能快速地注意到。暴躁的性情永远不能带给孩子乐于接受的心态。很多父母在与孩子谈话时都会使用一种沉闷、单调甚至刺耳的语调，这种语调要么导致孩子拒绝回应，要么他的回应明显意味着他想独自待着。同样地，成人经常尝试使用儿语，这只会令孩子感到厌烦；他认为这种方式荒唐可笑，也确实如此。

所有与孩子相处的人都会遇到无数看似不可能与孩子建立融洽关系的情形。孩子是如此固执，再多的谈话或建议似乎都不能影响他。在这些情形中，你很容易失控，因为你无法忍受自己的无助感。有一种行为方式适用于任何情形，即便在你完全束手无策的时候。这一技巧可以挽救很多原本看似彻底失控的局面，其中的做法是：想出下一步孩子预计你会做什么，然后反其道而行之！在所有时候，即使孩子明显完全无视你，他也仍然相信你会有所反应。他也许在等待威胁、爆发，或者体罚，又或者在很多时候只是等着责骂或说教。他已经为此做好了准备，并决定无动于衷。

通过观察自己倾向于采取何种行为，你就可以觉察到孩子在等待什么。你的反应通常完全符合孩子的预期，也正是他想要的，甚至是他所引发的。如果反其道而行之，你就会令孩子措手不及、失去平衡。如此一来，你不仅可以激发他的兴趣，还能够迫使他重新考虑自己的态度。至少你获得了一个喘息的机会，从而思考面对孩子和某种情形的新方法。在孩子等待责骂的时候给他赞扬，在他以为要被制服的时候认可他的优越性，在他等待爆发或至少厌烦的时候保持平淡，在他以为要被制止的时候允许他行动自由，这些都是缓解紧张的策略，能够让孩子乐于接受接下来的行动。这种彼此放松的方式经常可以用于友好的谈话，如此一来孩子便会愿意倾听。

以下故事可以说明激发孩子的兴趣并引发他的特定反应有多么容易。有一个男人因为村里的孩子尾随他并且取笑他红色的头发而非常恼火。后来他把这些孩子聚到一起，承诺如果他们嘲笑的热情恰当，他会每天给他们每人一便士。男孩们很吃惊，但是热情地接受了这一提议，第二天他们每个人都赚到了约定的一便士。但是到了第五天，这个男人不再给他们付钱。男孩们感到愤愤不平。“如果那个红头发不付钱，”他们声称，“我们才不会白白吆喝。”于是他们就分道扬镳了。

赢得孩子的信任

随着你成功地赢得孩子的信任，你对孩子的影响力也会越来越强。但是仅仅有爱和温柔还不能达成这一目标。孩子或许对你非常依恋，但依然可能保持敌对和执拗。唯有当他不再反对你，主动接受你的引导，并自愿遵守你的要求时，你才赢得了他。他的顺从不仅是因为他相信你的公平和一致性，还因为他信任你的善意和可靠。你任何争夺权力的迹象都会导致你们无法达成这种合作。

尤为重要的是，要知道如何在令人心烦的情形中赢得孩子。上述出人意料的技巧可以帮助你引起孩子的注意，但是要赢得他的信任还需要做更多。实现这一目标的最佳方法是友好和真正的善意。孩子们的觉察能力非常强。他们可以轻松区分空洞的夸赞和真正的善意，并且快速识别谁才是他们真正的朋友。(这一说法始终正确，尽管表面看来并非总是如此。也许你认为自己一直是孩子的朋友，而事实上你对他的态度经常不自觉地充满恶意和敌意。)

因此，你必须始终保持友好的语调。这一点在关键时刻更加必要。倘若不能在这些情形中保持友好的态度，你就很难促进孩子的发展。你的任何做法都只会令孩子的对抗加剧。基于这一原因，你有必要避免个人的谴责或惩罚，允许孩子从不当行为的后果中学习，这些后果完全符合逻辑且不含个人色彩。通过遵循这一原则，你就可以避免让自己表现得不友好。苛刻的语言必定会使孩子反感。

放纵也不足以获得孩子的信任。放纵并不会让他深刻感受到你的善意，相反他会认为这是你软弱的象征。最容易赢得孩子的方式是对他和他的事情表现出真正的兴趣——和他一起玩耍、带他去散步、和他交谈，或者给他讲故事。但是，你必须像孩子那样全心全意地投入，否则你的一切行为都不起作用。这些改变是冲突所难以影响的。它们比讨好或宠溺有效得多，后者通常带有些许占有和高人一等的色彩。如果有人对孩子表现出积极友好的兴趣，在必要的时候他就能够赢得孩子的及时关注和主动回应。

缓解局势

无数情形会引发孩子的敌意和反抗。因此你应当知道如何在不发生冲突的情况下克服孩子的抗拒。将注意力从争论的焦点中转移，这是最可靠的方法，尤其对年幼的孩子而言。如果孩子固执或者如果他生气且拒绝服从，你只需要想办法快速引起他的兴趣。然而，如果他极其叛逆、桀骜不驯，这一简单的权宜之举可能就不起作用了。尤其对大一些的孩子，你可能无法通过简单、快速的方法化解对立。然而，此时你也无须立刻采取行动。年长一些的孩子更加理性，如果遇到真正的危险，他更有能力照顾自己；在其他情况下，你可以等待机会让他体验不当行为的后果。

当小玛丽坚持走向深水区、手握尖锐的物体、身体探出窗外，或者爬上椅子时，你必定会让她立刻停止。如果她没有回应，你可以试着转移她的注意力。你可以激起她的好奇心，比如对她说："看看我这里有什么。"或者大声吹口哨、突然拍手——任何引起她注意的方法都可以。在多数时候，这些方法足以平静地化解危险。当然，如果孩子习惯性地顽固不化，这些方法可能不足以解决问题。在危险时刻，你虽然耽搁不起，但是即便面对紧急情况你也可以保持友好的态度。你只要抱起孩子——如果他还小，或者牵起他的手，带他离开。

遗憾的是，缓解局势的一个最有效的方法很少被用到，那就是幽默。很多人倾向于忽略自己的幽默感，不知何故，他们觉得自己有责任保持严肃低沉，他们认为偶尔的笑声有失尊严。但是，在与孩子沟通时，幽默是不可或缺的。拥有了幽默感，你会轻松许多。你不仅可以缓解其他人的紧张，还可以给自己减压。如果你让某个人开怀大笑，他就不可能对你怀恨在心。但是切不可将幽默与嘲笑混为一谈，风趣通常在于说话方式，而且往往更多地在于语调的变化而不在于语意。此外，幽默绝不能刻薄刺耳，否则便失去了调和的效果，只会徒增敌意。目的是让孩子和你一起开怀大笑，切不可开孩子的玩笑。

这一点很难举例说明，因为它在很大程度上取决于当时的情境、语调以及措辞。一般而言，抓住某个场景有趣的方面，感受自己的快乐，这就足够了。如果当时没有出现合适的场景，你也可以讲一个有趣的故事或一段逸闻。最简单的技巧就足以让年幼的孩子开怀大笑——一段绳子的末端挂着一个晃来晃去的东西、一个幽默的手势，或者一个滑稽的鬼脸。

无论孩子多么闷闷不乐、顽固或叛逆，你始终可以保持平静和友好。这是所有父母都必须遵循的原则。温暖的话语、表达同情和理解，这经常可以带来意想不到的效果：将孩子受压抑的反抗和愤怒转化为抽泣和眼泪。因为在很多时候，傲慢、粗鲁、反抗和固执只不过是为了掩饰受伤害、被忽视和孤独的感受而已。表现出帮助孩子的主动意愿，经常可以当即缓解紧张的敌意。但是孩子首先必须相信这份提供帮助的意愿的诚意，不幸的是，他往往对自己的父母缺乏这样的信任。请阅读下条关于“撤离”的讨论。

撤离

很多孩子的不当行为都是针对父母，要么让他们手忙脚乱，要么为了击败他们。撤离，即父母真正离开现场，往往会带来戏剧化的结果。我们在儿童指导工作方面的大量努力都是为了帮助母亲们从不必要的压力以及孩子的要求中解脱出来。如果母亲拒绝成为不知情的受害者，孩子的行为就一定会改变。所谓依赖性强的儿童通常要求很多。他们借助某些亦真亦假的弱点或者缺陷让母亲为自己服务。如果母亲拒绝扮演这一角色，孩子往往可以克服他的无力或弱点并开始履行自己的职责。一个拒绝服从的孩子通常比较专横。他已经为抵抗施加于自己的任何压力做好准备，而且非常擅长强迫父母按照他的想法行事，而不是屈服于父母的意愿。因此，强迫孩子服从的任何努力都是徒劳的；反之，如果父母能够注意到不屈服于孩子，孩子就可以学习到强迫是无用的。

发脾气将大大地扼杀为人父母者最用心良苦的努力。让孩子独自待着，这是纠正类似行为的最有效的方法之一。如果没有了观众，就没有人对此感到害怕或在意，那么再精彩的发脾气都是毫无价值的。孩子们之间的打斗通常针对的是母亲。如果母亲不再介入其中担当法官并把他们分开，他们就会学习如何共处并解决彼此之间的冲突。

从冲突中撤离，最好是进到洗手间并把自己反锁在里面，直至风平浪静，如此一来，母亲就可以有力地促进家庭的和谐。如果母亲感到无计可施，无法再控制自己或者“难以忍受”，我们尤其建议使用这一策略性的撤退。在大发雷霆并置身其中之前，她始终可以用一扇门将自己与孩子分开。在主动撤离之后，当她再次出现时，她仍然可以做自己想要成为并应当成为的那个友好而温暖的人。

C. 鼓励

称赞

正如我们在前一章所看到的，一个孩子面临的困境都是基于某种形式的气馁。也许是父母或者所在环境中的其他人令孩子感到沮丧，又或许是在完成某个任务或掌握某种能力时孩子的努力接连失败，以致他对自己的能力失去了信心。但是，无论孩子的困境出于何种原因、有何种表现形式，父母都有责任增强他的自信。孩子的发展需要鼓励，就像植物需要水，没有水便无法生长。必须让孩子看到，他并不像自己所认为的那样软弱无能。他需要赞扬，尽管他不完美，甚至正是由于他的不完美。但是赞扬应当不带个人色彩并且应当是客观的。“这件事情做得好……”“这是正确的……”“很高兴你可以做这件事……”基于孩子已经做的事情给予他称赞，而不是基于他是什么样的人，无论是听话的、可爱的、帅气的、漂亮的，还是聪明的。

如果孩子还不会完全自己穿衣服，你可以指出他多么成功地穿上了一只袜子，然后他可能会继续尝试穿鞋。你应当称赞他的努力，无论成功与否。如果他书写很差，寻遍他的所有作业，找到你可以真诚给予赞扬的一页或者一行，哪怕只是为数不多的几个字母。无论孩子在什么事情上失败了，你都可以通过鼓励来促进他的进步。个性和道德品质的发展也是如此。同样地，如果孩子没有主动采取正确的行为，他所需要的也是认可。

若要朝着正确的方向发展，孩子必须有勇气。你需要避免任何有可能挫伤孩子自信的做法。你应当尽可能多地使用以下语句：[引自艾丽斯·弗里德曼（Alice Friedmaun）博士所著的《养育指南》（Erziehungsmerkblätter）。]

如果其他人可以做这件事，你也可以。

不冒险，无所得。

每个人都会犯错。

没有人生来是完美的。

我们从错误中学习。

熟能生巧。

事情比你想象的简单。

一次撞击不足以击倒一棵橡树。

罗马不是一日建成的。

万事开头难。

不要放弃。

不要让自己泄气。

好的开始是成功的一半。

你一定会有一些失误。

无论如何都要试几次，然后你就会做得更好。

如果你足够渴望，你就可以做到。

困难注定会被征服。

任务越难，你从中的收获就越大。

有时候，提及孩子的年龄会有良好的效果，但必须谨慎行事，否则孩子会觉得他未能完成自己应当掌握的事情。注意评论的措辞。比如，“我——不需要再帮你穿衣服了。”你必须始终注意自己的话语，并观察孩子的接受情况——其效果是鼓励孩子的，还是恰恰相反。

引导和指示

给孩子介绍一项新任务或职责时，尤其需要注意避免打击孩子。最好让他通过自己的努力去学习，每一个新成就都是切切实实前进的一小步。如果你过于费心地引导，他很容易就认为这一任务对他而言太难，还会认为你怀疑他是否有能力完成。我们建议你只是帮助他开始，然后让他自己尝试直到取得预期的结果。

一个人必须注意何时可以和孩子交谈。唯有当孩子处于接受倾听的状态时，交谈才有价值。在孩子做错事之后立刻找他谈话，这样毫无用处，因为这个时候他要么叛逆，要么消沉。最佳的谈论时间是你和孩子单独聊天或散步过程中某个安静、沉思的时刻。睡前时间也是进行半小时亲密交谈的好机会。你可以充分利用这些时机。但是，记住，如果缺少了友好和善意，指示和引导将完全不起作用。

在这些交谈中，你必须避免表现出高孩子一等。无论在什么时候，也无论对他进行什么样的教导，你都必须明确，他需要学习的行为规则同样适用于其他所有人。在他眼里，你应当是希望帮助他解决问题且与他平等的一位伙伴。如果你说“来吧，我们一起做”，他就会更好地接受所有建议。但是这一合作精神不应误导你帮孩子推卸责任，它的作用仅仅在于缓和很多无法避免的令人不悦的场合。因此，每当孩子讨厌某项任务时，这一技巧都会有所帮助。

你可能经常在想，为什么孩子更愿意倾听外人，而不是你——他的父母。其原因在于，其他人在和孩子交谈时完全处于和他平等的位置。父母则倾向于突出自己比孩子更有优越性。他们越是这样做，孩子越难以接受他们的建议。但是，真正的优势并不需要借由威望和权力表达。即使你在知识、经验和判断力方面更具优势，你仍然可以平等地对待孩子；孩子越愿意认可你的优势，他对此的关注就越少，而你对这种认可的需要也就越少。

如果你决心不惜一切代价要让自己显得高人一等，当发现自己无法回答孩子的某个问题时，你就会觉得尴尬。反之，你就可以坦承自己并非无所不知。（你必须严格避免故意给孩子错误的答案，这必定会导致他对你失去尊重。）坦承自己的错误和弱点，并无害处。无论如何孩子都会发现这些方面，他的洞察力比你预期的更加敏锐。如果你试图掩饰自己的弱点，孩子恰恰会接受这件事的表面价值——将此看作你的另一弱点。

相互信任

通过坦承自己不完美，你可以发展出更为紧密的亲子关系。这种坦率将促使孩子对你更有信心。如果你承认自己在孩子这个年龄时并不比他更好或更坏，孩子并不会小看你。如果你是诚实的，而不是试图让他相信小时候的你是一个小天使，那么孩子会让你更充分地理解他的处境。纯然的伙伴关系是赢得孩子信任的最佳方法。

但是，让孩子把你当成一个人，这还不够。你必须也这样看待他。很多父母甚至忽视了孩子最基本的社会权利。他们对于违背诺言或辜负信任毫无悔意。他们不尊重孩子即使在父母面前也可以保持沉默以及选择透露或保守秘密的权利。他们偷看大孩子的信件，轻视他的情感和看法，令孩子感到屈辱。然而，等到孩子拒绝信任他们时，他们却感到意外和被冒犯。连你自己都不会信任一个如此对待你的人，孩子也是人，拥有与成人一样的感情。作为父母，你不能要求信任，也不能强取信任：信任是需要赢得的。如果孩子不把父母当成朋友，父母只能责怪自己；而且，他们应该毫不意外地发现自己带给孩子的影响纯属表象，如果有其他人把孩子当成一个人来对待，他就会向那些人寻求引导。

或许你认为，知道孩子的一切想法和行为，这对他是最有利的。但是，你越是执着于这样的坦诚，越不可能心想事成。如果你的不断询问有着打听隐私的意味，你会越来越了解不到孩子的内心世界；如果你继续给他压力，最终你可能会迫使他走向谎言和虚伪。吐露私人感情和想法的行为体现了最为亲密的信任。如果你对待孩子的方法和判断得当，他们必然愿意充分信任你。由于错误的态度和方法被频繁使用，因此很少有父母能够了解到孩子在想些什么。

记住，所有信任都必须是相互的。孩子需要看到你的信任。要体现你的信任，最宝贵的方式是认可孩子作为一个人的价值和重要性。你有许多机会展现这种信任。即使是学龄前的孩子也可以被委托（不是被命令！）承担很多有用的家庭工作，让他通过各种方式帮助其他家庭成员。你应当让他跑跑腿，给你的朋友捎信，一起去买东西。等到他长大一些，你所传递的信任就要越来越多。你可以和他讨论一些事情，在某些时候或许还可以询问他的意见和建议。这样孩子就成了你的伙伴，你们双方都将受益于相互之间的信任。

你对于孩子的明事理和可靠性的信任可以在日常生活中显现出来。这也是我们之前建议坦诚的目的所在。你可以毫不犹豫地向他透露你的某些担忧和问题，但是，你绝不可以将自己的信任作为负担强加给孩子。与孩子推心置腹，这并不意味着对他有信心。如果孩子成为你永远的诉苦对象，这将严重妨碍他的发展。在与成年人的经历、家庭争论以及婚姻难题等他所无法理解或吸收的事情相接触的过程中，他会失去自己本来的天真和自然。有些父母没有能力管理自己的生活，而且忽视了培养可以吐露心事的朋友，便会如此错误地对待孩子。这并不是信任孩子，反而体现了挫败的父母心中的迷惑和孤独，这样的父母一有机会便倾诉自己的烦恼，全然不顾这样做可能导致的伤害。

用“可以”代替“必须”

长久以来，人们普遍认为奖励和惩罚是儿童训练的标准方法，没有父母离得开它们。如今，我们充分认识到了这些策略的荒谬之处。它们只不过是父母权威的专制体现，因此都是有害的。压制手段最终也许会令孩子屈服，但与此同时也激起了孩子心中的敌意。诚然，孩子必须学习服从，但并非服从于某一个体的专制权力。我们唯一有理由期待的一致性是遵从一视同仁地约束着所有人的社会规则。自然秩序和社会秩序的普遍规律和规则都非常有力、明确，足以让一个孩子深刻地认识到其行为所带来的令人愉悦和不快的后果。前提必须是你作为父母并未介入其中保护孩子。然而，这并不意味着你应该完全处于被动和漠视状态，摆出一副“我不在乎”的态度，尤其是在有危险的时候。你可以且应当在旁边帮助孩子努力认识到特定情形的要求，并且帮助他适应。

在此过程中，你离不开“你可以”这一神奇句式，但应当将“必须”一词从你的词汇表中清除。它剥夺了孩子作为自由个体自愿采取行动并塑造自己命运的感觉。“可以”是自然秩序的表达；“必须”是个人权威的专制命令。这并非诡辩，也不是吹毛求疵。我曾经见过的两幅图画清晰地体现了其中的本质区别。画面上都有一座在森林深处的房子，一条宽阔的道路一直通往房子的大门。在第一幅画中，一群沮丧和忧郁的孩子背着一捆捆木柴；在第二幅画中，同样的孩子们背着双倍的木柴，但这次是欢乐地蹦蹦跳跳。是什么引发了这一神奇的变化？在第一幅画下方写着“你们必须去森林里取一些木柴”；而第二幅画下方写的是“你们可以去……”。

你可以对自己的孩子尝试这一方法。如果你想让小女儿摆放餐具，当你说“你必须摆放餐具”以及“如果你愿意的话可以摆放餐具”时，注意她的反应。你会发现明显不同的效果。

最好避免负面的指令。你应当强调正确的做法，而不是一味禁止错误的做法。一点点友好的鼓励就会带来非常主动的回应，尤其是，如果你能指出孩子的成就与他的实际能力之间的差距，并说“我相信你能做得更好”，以此激发孩子的自尊以及对认可的渴望，这往往被证明能够有效地引导孩子达到想要的结果。

努力

“只要你坚持尝试，我相信你一定可以做到”，每当有必要纠正孩子的行为、改掉他的坏习惯，或者给他介绍一项新任务时，你都可以运用这一方法达到教育目标。这是另一个神奇句式。它能够激发孩子的主动性，让孩子感觉自己长大了，因而激励他朝着明确的方向努力。因此，每一个错误或缺陷，其实包括受到教育影响的任何可能因素，都可以转变为切实的、可解决的问题。在必要的时候，站在一旁，但要保持友好亲切和愿意合作的态度，如此你便可以避免所有冲突。即便无法立刻取得想要的结果，你也无须采取更多的严厉措施。照目前来看，你有各种机会鼓励孩子，从而巩固你作为他的好朋友的地位。困难的本质并不重要。或许它涉及发展某些简单的技能，或是克服某些容易导致严重麻烦的性格缺陷或不好的习惯。但是，无论这一过程多么漫长、多么乏味，你始终可以认可和强调孩子哪怕涓滴的进步，从而保持自己友好的态度。你的这种态度始终有助于消除充满火药味和引发冲突的氛围。敌人变成了盟友，朝着可实现的目标共同努力。

揭示

目前我们主要讨论了儿童训练的外在技巧，但是切不可忽视更为深远的心理学方法。每位父母都需要一些实用的心理学知识，这样才能理解孩子并恰当地与他们相处。因此，我们在第二章和第五章详细讨论了心理学方面的问题。而现在的问题在于，你应当在多大程度上将你对孩子的了解告诉他？

孩子并不知道自己为什么会采取特定的行动和行事方式。一种常见的徒劳做法是问孩子："你为什么那样做？"当孩子回答"我不知道"时，父母往往会被激怒，但是多数时候确实如此。孩子跟随冲动行事，并没有清楚地意识到自己的动机。如果他诚实作答，为自己的行为解释，这些解释多是合理化和借口，并非真正的原因。不要问孩子"为什么"有这样的举动，你应该告诉他原因。关于他的目标以及行为目的等方面的信息对他有很大帮助。为了改变态度，他首先必须理解自己。任何与孩子相处的人都应当掌握必要的知识和经验，从而理解孩子面临的问题并且解读他们的行为。

务必采取预防措施，确保心理方面的探讨是有效的，避免造成严重伤害的可能性。首先要考虑的是展开这些讨论的时机和场合。切勿在某些不当行为之后立刻进行讨论，此时孩子和成人都处于情绪激动的状态。第二个基本要求是这些交谈始终应当情绪平和并基于事实。倘若过程中暗示着丝毫的批评和指责，则只会激起对抗，继而导致孩子充耳不闻。时刻谨记，心理学可以作为极有帮助的工具，但也可以成为极具破坏力的武器。将心理学应用于惩罚和羞辱，这比身体虐待更具伤害性。为了讨论心理学方面的解读，你必须保持平和、友好，并选择亲密的时刻，使双方都能接受彼此的观点。无论某种心理学的解读多么正确，一旦通过挑衅的方式或者在错误的时间提出来，它所造成的影响要比徒劳无功更加糟糕。

不要将心理学的解读与试图分析、窥探潜意识以及探究动机的深层根源混为一谈。我们不建议尚未经过系统培训且没有专业资格使用心理疗法的人进行心理分析。但是，我们必须将心理疗法（psychotherapy）与解读（interpretation）区分开来，前者是精神病医生和受过训练的心理治疗师所采用的方法，后者则是每一个与孩子相处的人都应当会的。两者的主要区别在于它们所审视和分析的心理机制与问题：只有心理疗法才能揭示儿童和成人的生活方式在过去的发展以及深层观念的形成机制，而解读仅仅涉及现在的态度和直接目的。

每位父母和每位教育者都应当具备一些心理学知识，并且对孩子大概的人格特质有所了解。情形复杂时，这方面的知识可以借助精神病医生或受过训练的儿童心理学家获得。但是，这些知识绝不应该在你和孩子之间的交谈中使用和分析，它仅可以作为你在整体儿童管理方面的指导。你必须注意到孩子的行为并努力影响它们。与孩子讨论有问题的行为，这是改变它的最有效的方法之一。然而，有效的讨论绝不应该是探讨孩子为什么采取特定的行为方式，而只需要解释他采取该行为的直接目的是什么。“为什么”和“目的是什么”之间的区别从表面看来似乎无关紧要，然而，它体现了强调过去与强调当前目标的显著差异。导致孩子形成当前某种态度的理由可能有一千个，但是他的行为目的只可能有一个。对于未经训练的人来说，寻找“为什么”只不过是猜测；认识到目的则意味着理解。

在面对关于原因的解释以及关于行为目标的解读时，孩子的回应方式有所不同。嫉妒，缺乏自信，感觉被忽视、被控制或被拒绝，感到内疚或自怜，无论它们多么准确地解释了孩子的行为，得到的回应方式充其量是不怀敌意的无动于衷。这只能告诉孩子他是什么样的人。如果孩子被告知自己想要的是什么：寻求关注、显示优越性、成为“老大”、展示权力、报复或惩罚他人，则此时他的回应方式是截然不同的。这些针对其真实意图的解读，如果正确的话，会立刻引起孩子非常明确且典型的反应。这是一种即时且自动的反应，是一种“识别反射”，体现了解读的正确性。这种反应包括淘气的微笑以及眼神里闪烁的特殊光芒，就像一只吞了金丝雀的猫所特有的样子。孩子不需要说任何话，他甚至可能会说“不”，但面部表情已经让他暴露无遗。对孩子心理态度的识别通常会导致特定行为立刻发生改变，在小孩子身上尤其如此。即便非常年幼的孩子，一旦理解了语言的含义，也就是从两岁开始，他们就能够有意识地理解自己的意图，在认识到这些意图之后，他们会倾向于改变自己的态度。（参考第二章“道德意识”部分。）虽然这并不意味着生活方式会彻底改变，但最终会引起关于人际关系的基本观念发生变化。

即使是心理学的解读也必须谨慎使用，解读一旦重复或过度，就不再是揭示了。它们绝不能导致羞辱或轻视，也不应让孩子理解成挑剔和批评。通常的明智之举是避免明确说明，“你那样做是因为你想要……”更好的说法是表达模糊的推测，“我怀疑你是不是不想要……有没有可能？”这样的讨论从来不会造成伤害。如果方向有误，你只是得不到任何回应而已。然后你可以进行另一种推测，孩子的反应会显示哪一种是正确的。

一个五岁的男孩总是威胁要打和咬其他孩子，尤其是对一个小表妹。我们的第一想法是他感到被忽视，所以想要伤害他人，进行报复。我们说出这一解读之后得到的是一张毫无表情的脸。于是我们继续探寻。也许他想要展示自己有多强大，仍然毫无反应。“是不是你妈妈对这些威胁感到心烦，你想让她对你特别操心，并且和你谈论这件事，告诉你不应该这么做？”他面露笑容，对此感到得意。同样的行为在另一个孩子那里可能具有不同的含义。对他而言，这只不过是让妈妈时刻为他担心的工具。

一个九岁的男孩总是把头发垂下来遮住右眼。我见到了他和他的母亲。当着男孩的面，我问这位母亲，她认为孩子为什么要把头发垂到眼睛上。她不知道；他也不知道。我猜测他很可能是想让母亲不停提醒他把头发拢到后面去。她难以理解：我是怎么知道她需要不断提醒儿子的？很简单——如果不能通过这种方式获得母亲的关注，他就不会愿意让头发总是扎到眼睛里。他面露笑容。谈话到此为止。第二天，这位母亲给我打了电话，她非常兴奋，男孩已经向她要钱去理发店剪头发了。

两个男孩，分别是九岁和十岁，总是利用睡觉时间在床上打架，这令他们的母亲极为恼火。这位母亲无法制止，也不知道该怎么办。我和男孩们进行了一次交谈。我问他们为什么在上床之后开始打架。我并没有指望他们会给出正确的答案，只是想听听他们会说什么。他们都解释说在床上打架太好玩了，被推倒在枕头上并不疼。这是他们的合理化解释。

我问他们是否介意我告诉他们真正的原因。他们当然不介意。于是我试探着问："也许你们这样做只是因为妈妈会多次过来提醒你们保持安静。"弟弟无所谓地说："可能吧。"哥哥什么都没说，但是面露笑容。要知道，大孩子是妈妈的最爱，也更加依赖妈妈，小一些的孩子有点感觉被排斥，他觉得在这个世界上的地位只能依靠自己。通常都是由小一些的孩子先开战，但是在这一特定情形中，大孩子明显挑起了战争，从而寻求妈妈的关注，让她一次次回到他们的房间。我们没有更多地说什么或做什么，但是继这次简短的讨论之后，晚间战争就此停止了，再没有重现过。这并不意味着哥哥突然间就变得不再依赖母亲，而是他一旦认识到自己的目的，这一特定方法便不再奏效。

揭示个人态度和目标，该方法在影响整个孩子群体时同样非常有效。小组讨论在改变个体和群体态度方面大有助益，应当经常用于班级以及其他集体工作的环境中。需要再次强调的是，小组讨论的目标在于揭示态度和目标，认识到所有人类活动的目的性。

儿童群体中的孩子

孩子很早就需要同龄人的陪伴。这对于他的发展非常关键，因为唯有与其他孩子在一起时，他才能感觉自己是集体中平等的一员，并且学习恰当地调整自己以适应社会环境。单独与成人在一起时，孩子要么权力不足，要么权力过度；无论哪种情况，他的位置都不恰当，而且有可能发展成志趣不投、性情古怪的那一类人。与某个兄弟姐妹经常在一起并不足够，因为这样的陪伴太容易变成一种尊卑关系，导致权力感或无力感的滋长。让孩子偶尔与路上或公园里偶遇的孩子们一起玩耍，这也不够。自由且自然地适应社会秩序的最佳机会存在于组织有序且管理有效的儿童群体环境中。因此，在普遍存在的小家庭环境中，明智的做法是让孩子从三岁起进入一个好的托儿所或幼儿园，从六岁起送孩子参加夏令营。

由于这里并不探讨此类儿童娱乐环境的普遍问题，我们只讨论父母密切关注的一些问题。在选择某个幼儿园或夏令营之前，你应当进行必要的咨询，了解清楚你将孩子委托给了什么样的人照顾。一旦做出了决定，你就没有权利进一步干涉这个集体的内部事务。如果与孩子沟通你的不满和担忧，你很容易干扰他的自我调整，进而妨碍他的发展。任何一个幼儿园、托儿所或者营地都自然存在不足，并且有改进的可能。但是你必须记住，孩子在其一生中不可能属于某个尽善尽美的集体，因此他应当尽早学习忍受既有的不完美。最重要的是，绝不要以你的焦虑为借口帮助孩子获取特权，因为这必定会导致你试图实现的目标受挫。

总之，当孩子与其他小朋友在一起的时候，你应当尽少地介入其中。他必须自己发现如何与他们相处，以及如何协调彼此的利益。失误会通过后果得以体现，而老师和营地辅导员也知道通过正确的方式告诉孩子如何在下次做得更好。在他的玩耍没有人监督的情况下，你应当观察着他，不过要保留你的意见直到你们单独相处时。值得注意的是，每当你与孩子讨论他的行为时，无论在何种情况下，你都必须注意避免向他灌输你自己的自负或厌世、对他人的不信任、对威望的渴求，或是你的胆怯。这些特性都无助于孩子改善性格。他必须学习将自己的玩伴看作伙伴而非敌人，他才可以全然享受他们的陪伴。

那么，你对于孩子打架应当持什么态度呢？这是一个备受争议的问题。没有人否认应该尽量防止争吵，而且绝不能允许孩子之间出现严重不好的感受，但是冲突有时在所难免。孩子们始终有互相较量的冲动，在受到攻击的时候，孩子必须做好自我保护的准备。如果禁止孩子打架，那么每当被其他孩子打的时候，他就会过来抽泣。在孩子小的时候，你尚且可以威胁并赶走他的对手，但是等到孩子渐渐长大并且你无法时刻在身边保护他的时候，该怎么办呢？孩子必须能够保护自己，这似乎是理所当然的事，所以他必须学会像其他人那样打架。当然，你应该让孩子远离粗野和不受欢迎的伙伴，并且阻止孩子粗暴的行为趋势。平和的性情并不通过惧怕打架来展现，而在于有能力发现更为温和地解决争议的其他方法。

对于生病的恐惧不应阻止你送孩子去幼儿园。在感染疾病方面，在家并不比在幼儿园更安全。在大街上、电车里以及出门拜访朋友时，他暴露于危险的程度与在教室里一样。你不应该高估这些危险因素。我们做所有事情都有一定的风险。不冒险，无所得。

对于很多父母来说，送孩子独自参加夏令营可能是一件很困难的事，但这种有价值的做法正逐年变得常见。在这一情况下，正如在很多其他情况下，需求会促进好制度的发展。如今，父母们经常支撑不起自己的悠长假期，却乐于为孩子提供几个星期的娱乐生活。夏令营的数量持续增长，因为越来越多的父母愿意接受与孩子短暂分离。这一变化对双方都有益。它缓解了普遍存在于父母与孩子之间的紧张。到了秋天，双方都会感受到更强烈的团结意识，并且再次愿意互相迁就；他们都会经历新的开始，拥有更多勇气和更少敌意。如果与此同时孩子能够有所提升，而你也有时间进行一些思考和学习，暑假就有可能成为家庭关系的转折点。

D. 家庭会议

社会赋予孩子越来越多的权利，他们也逐渐意识到自己的平等地位，因此有必要让他们作为平等的伙伴参与到家庭事务当中。这里所说的平等并不意味着职责的相同。父亲和母亲、姐妹和兄弟、年长者和年幼者，他们可以且必须履行不同的职责。但是这些差异不应暗示地位的高低，否则必然导致怨恨，孩子们也会不愿意执行那些暗示着较低社会身份的工作。

如今的民主氛围让每个家庭成员都享受到更多自由，这就意味着每个人都要为整个家庭的幸福承担起更大的责任。如果父母，尤其母亲，承担了所有责任，而孩子却享受着随心所欲的自由，则失衡就在所难免：孩子们被剥夺了发挥作用的权利，容易变得苛求和专横。自由意味着自主，它需要责任感，否则会导致混乱。

家庭会议让每位家庭成员都有机会针对所有家庭事务自由表达自己的观点。他可以反对和批评他不喜欢的任何事情，但是这些反对应当引发他提出关于解决方案的建议。享有批评的权利，也就意味着要参与贡献，这是所有人都需要为幸福的家庭生活而做出的贡献。从这层意义来看，家庭会议包含着民主教育。这种学习经历对父母和孩子来说同样重要。

传统并没有带给我们关于彼此平等共处的指导原则，我们只能在尝试和错误中建立这些原则。在平等共处这一冒险旅程中，每个家庭都是先行者。倘若孩子在儿童时期未能学会在自己的家庭中民主生活，今后学到这一点的机会就很渺茫。彼时，我们关于优越和自卑的主观衡量已经根深蒂固，我们会在实际上害怕低人一等的时候表现得高人一等。家庭会议比任何方式都能让每位成员感受到自己在权利和义务方面的平等，在这个意义上，家庭会议促进了民主原则在家庭生活中的运用。

建立和维系平等的民主关系非常困难，这往往导致家庭会议中断。在刚开始时，父母也许带着良好的意图和极高的热情，但是没过多久，或许因为孩子违反了民主流程的基本条件，会议失去了真正的意义和作用。维持家庭会议要求相当多的坚持，需要发现自我错误的意愿，也需要改变自我态度并尊重他人态度的能力。它需要你有勇气毫无恐惧和怀疑地探索并计划新方向，并且坚信其他人同样希望和谐与和平的共处，他们或许只是不知道如何达到这一目标。

如果对其他家庭成员缺乏信任和尊重，你们几乎无从讨论彼此之间的困难和冲突，也没有机会找到任何解决方案。

建议遵循以下几点原则，从而促进家庭会议的实施和持续。

a. 应当设定每周召开会议的固定时间。不建议由某个成员随心所欲地召集会议，没有什么事情会紧急到必须立刻解决的程度。“立刻”通常意味着有冲突发生，即利益冲突。此时并不适合交谈。因为在冲突发生的时候，语言并不是沟通方式，而是武器。你可以在定期的家庭会议中为紧急事件制定会议程序。

b. 所有家庭成员都会被邀请参与，但他们的参与并非强制性的。如果某个家庭成员——无论是父亲还是孩子——不愿意参与，你们可以利用他缺席的机会达成某些他可能不喜欢的决定。这一方法通常足以吸引不合作的成员参与到下次会议中，从而有机会更改之前的决定。

c. 所有成员平等地参与其中，每个人都有表决权。一方面，参与会议的年龄要求取决于每个孩子理解讨论内容的能力，即使非常年幼的孩子也能贡献并发表一些看法。另一方面，如果有任何成员扰乱会议，在其他成员达成共识的情况下，他可以被要求离开。

d. 家庭成员每周或每月轮流担任会议主席，这样每个人都可以体验到这一特权和责任。孩子经常被认为不能胜任主席的职责。确实如此，但是，我们也同样经常发现父母无法以一种民主的方式主持会议。

e. 维持会议秩序，确保每位成员都有机会自由表达自己的观点并且有义务倾听他人。如果父母利用家庭会议进行“解释”、说教、责骂，或者通过其他方式将自己的意愿强加于孩子，那么会议就不是民主的，并且失去了其应有的作用。每一位父母，和其他家庭成员一样，只能向大家提出自己的观点。家庭会议的首要目标应当是所有人都愿意真诚地倾听每个人要说的话。在能够找到任何满意的解决方案之前，必须先牢牢确立这个新惯例，即倾听并理解彼此提出的其他方法。

f. 大多数“紧急”决定并没有父母或孩子所认为的那么紧急。所有家庭成员都必须有耐心坚持履行职责，即使是在他们并不喜欢的情形下。在事情出现问题或孩子行为不当的时候，大多数父母都很难安静地站在一旁。事实上，他们可以采取的做法或者正在采取的做法通常根本无法改变局面，但似乎任何方法都比一副“等着瞧”的态度更为可取。对于家庭会议中未涉及的决定，每个人都有权采取自己认为最佳的做法，但是如果这一决定影响其他人，则不具备有效性，除非该决定是经家庭会议许可的。在有可能出现生命危险的时候，你们可以随时做出决定，基于约定好的信号，任何讨论都可以省略，必须保证家庭成员立刻服从。在其他多数冲突情形中，父母只需要撤离就足够了，让孩子在没有观众的情况下自己想办法。

g. 决定的本质要求考虑必须慎重。这些决定应当服务于所有人的利益，而不是某一个人的利益。家庭会议不应成为“批斗会”，而应是共同为问题寻找解决方案的平台。无论出现何种问题，要思考的是：“我们对此可以做些什么？”始终强调我们可以做些什么，而不是某个成员应该做什么，这一点非常重要。家庭会议不能成为向任何家庭成员强加裁决的权力工具。若要对某个人施加一些影响，那么流程需要清楚说明如果……的话，其他人做些什么。其中还需要包括一份针对某些家庭成员未能执行会议决定情况下的行动计划。换言之，无论是针对令人愉悦的还是令人反感的结果或可能性，决定或行动计划都是必需的。最好是由所有人达成共识，但若不可能，就由多数人来决定。记住，在大多数情况下，如果通过一种客观的方式讨论孩子们的问题，并且这种讨论不会立刻引发任何冲突，孩子们都会非常通情达理。

h. 父母通常害怕那些有悖自己“更好的判断力”的错误决定。这些错误决定，往往是由孩子们提出来的，其实可以得到很好的利用。不要试图阻止这样的错误，父母应当允许孩子看到即将发生的事情。这不会立刻就造成很严重的伤害。在下一次会议上，孩子们会更加慎重，并会就某个更好的解决方案达成共识。

i. 一旦做出了某个决定，任何更改都需要等到下次会议时讨论。在此期间，一方面，任何人都没有权利决定新的行动方向或者将自己的决定强加于人。另一方面，如果孩子们忽视了某个关于特定行动或职责的决定，那么父母也不受其束缚。比如，如果母亲接受了买东西和做饭的职责，与此同时孩子们承担了洗碗的任务，母亲不需要坚持要求孩子们做他们的那部分工作；当然自然而然地，如果厨房没有被清理干净，她也就无法做饭了。

j. 家庭会议是唯一的权威。一方面，没有人可以发号施令替其他人做决定。另一方面，没有人需要为整个家庭的井井有条承担所有责任。对大多数父母而言，尤其对母亲们而言，这是一门很难学会的功课。母亲们深受自己的义务感和责任感的影响，如果未能照顾到所有人的需要，她们就会觉得疏忽职守。这就导致孩子们没有机会独立承担任何责任。如果母亲愿意接受家庭会议是最高权威，她就不必在事情进展不顺利的时候感到内疚。比起让事情始终进展顺利，孩子们接受自己的职责更为重要。

k. 家庭会议的启动要求你认识到，一种全新的、从未尝试过的行动方向已经开始。要让全体家庭成员习惯其中的流程，这需要人们付出时间和努力。父母和孩子都没有做好准备，他们不信任对方，因而也不太相信任何需要合作的事情。孩子们担心这只是父母为了让他们行为规矩并且做自己不想做的事而想出的新诡计，父母害怕孩子们提出不恰当的要求和决定。基于这一原因，家庭会议经常会成为所有人的负担。有时候在一开始就很艰难，有时候则是三分钟热度。召开有效的家庭会议在开始时会令父母遭受很多困难，但是如果他们能够忍受这一困难时期并且将之坚持下去，它所带来的效果必定会对所有人都非常有益。

THE MOST COMMON MISTAKES IN CHILD TRAINING

第四章
儿童训练中最常见的错误

没有父母可以避免在儿童训练中犯错。当被告知在养育孩子的过程中你有如此多的行为是完全错误甚至有害的，你或许会质疑你的做法是否明智。以下原因有助于纾解你对于自己不足之处的担忧。

首先，人无完人。如果要求自己做到十全十美，你必然会变得愈加气馁；其结果是，你反而做得比原来更差。如果想要和我们的孩子（以及所有人类同伴）和谐相处并改善不足，我们必须接纳他们，尽管他们不可避免地有着不完美之处。对于我们自己也是如此。唯有首先接纳自己的缺点，与自己和解，然后问问自己要从这里去向何处，如此我们才能取得进步。

其次，我们在第一章讨论到当前的养育难题，几乎所有当代父母都无法为自己的教育工作找到有力的解决方案。指出父母的错误之处，这并非控诉，因此不应被看作批评，这仅仅是有用的信息而已。采取正确做法的最佳方式在于避免不正确的做法。如果你在为某个棘手的教育难题寻找正确答案，一个有帮助的做法是，先停下来想一想，你不应该做的是什么。然后你的做法就不会有问题。指出并明确一个错误，这要容易得多，因为错误总是比较具体。你可以通过很多不同的方式探寻某个问题的正确答案，而一个明确的、有建设性的建议却可能是限制性的，因为它会妨碍你寻找其他或许更好的解决方案。你可以准确采纳关于不要做什么的建议，却不可能准确接收到积极的建议，因为正确的态度在很大程度上取决于无法估量的因素，比如想象力、敏感度、情感态度、面部表情、语音语调等等。倘若了解到打孩子是不好的做法，你很容易领会这一建议，只要下定决心，你就可以准确地予以采纳。然而，某个关于正确对待孩子的特定建议即使能够被准确接收，其被采纳的方式仍然是有害的，而且也无法解决问题。

基于以上原因，一个明智的做法是透彻地认识错误方法的所有细节。你会发现，清楚地了解自己应当避免哪些行为，这很有帮助。但是注意不要气馁，因为这会导致你犯最糟糕的错误。若是以气馁和失败主义、内疚感和挫败感为基础，你的任何行为都必定是错误的，无论你多么努力地试图做得正确。“为洒了的牛奶而哭泣”毫无意义，尤其当你知道在正常养育孩子的过程中很多牛奶必然是会洒出来的。多年以来我们一直承受着来自父母的伤害，倘若人的本性没有这般强大，我们现在会变成什么模样？诚然，我们本来可以更好，我们也应该努力帮助我们的孩子成为更好、更快乐的人。然而，认识到孩子们有能力抵抗我们勉强及无意识施加在他们身上的很多坏影响，这也是帮助他们的一个要素。

本章我们将讨论儿童训练中最常见的错误。所有错误都源自以下三点：（1）孩子没有被要求遵守秩序；（2）父母允许自己陷入与孩子的冲突当中；（3）孩子感到气馁。

有些父母试图通过向孩子屈服来避免冲突，因而忽视了教育孩子遵守社会一致性。其他父母则致力于强迫孩子在任何情况下都要遵守秩序，以至于身陷更剧烈的斗争中。这两种做法都会带来失望和失败。如果与孩子发生冲突，我们就无法推动他恰当地遵守秩序；但如果很宽松且并不坚持秩序，我们就会不可避免地陷入与孩子的冲突中。我们只有两个选择——有秩序、无冲突，或者，有冲突、无秩序。

维系良好人际关系的一个基本原则是尊重彼此的尊严。教育中的一切错误都是由于违反了合作的基本原则所致。不尊重孩子的父母会令孩子受到羞辱或束缚、挫败或过度保护。相反，如果纵容孩子、让自己成为孩子的仆人，并且允许孩子发号施令，这样的父母就忽视了自己的尊严，他们并没有为自己赢得尊重。无论是忽视孩子的尊严，还是忽视父母自身的尊严，这两方面的教育误区都可以大幅减少。父母之所以在强迫和屈服之间彷徨，正是由于这种忽视尊严所致。

娇纵孩子

孩子发展过程中的最大障碍是被我们称之为娇纵的养育态度和方法。我们在此面临着一个特殊而又令人不解的问题。“娇纵”一词处处可见，却没有人知道它的确切含义。毫无疑问，我们这一代人大多数在小时候都被娇纵过，即使那些最激烈的反对娇纵的人现在仍然渴望得到一点点溺爱，因为只有被娇纵的孩子才会渴望持续的溺爱。

若要对我们所说的“娇纵”给出一个准确的定义，这实非易事。这一术语包含多种多样的行为和态度。它表达的是让孩子适应生活的错误方法。我们没有训练孩子承担生活的责任，反而“娇纵”孩子——使他无法履行这些职责。

在多数情况下，这种做法的根源在于父母希望孩子免于承受不愉快经历的良苦用心——对于非常担心或依恋孩子的焦虑型父母而言，这种想法非常普遍。正因如此，独生子女或者最小的孩子最容易暴露在这种危险当中，同样还有体弱多病的孩子、由于某种原因引起同情和怜悯的孩子——比如在很小的年纪就失去父亲或母亲、在某些方面患有残疾的孩子。一个特别漂亮的孩子很容易被溺爱，主要由（外）祖父母养育的孩子也是如此。任何令父母的担忧加剧的因素都会增加娇纵的风险——比如，前一个孩子的死亡、长时间怀不上孩子、艰难的怀孕过程等等。

如果父母试图保护孩子远离不愉快的经历，他们通常都会违反秩序和规律，而秩序和规律对于和谐生活来说却是非常重要的。这种保护可能在孩子出生之后就立刻出现了，并为他开启了错误的方向。即使是新生儿也可能被推动服从或反抗秩序和规律。明确的喂养时间表不仅符合生理功能的节奏，而且是孩子的一种必要经历，让他尽早认识到规律和秩序的益处。小婴儿对于这样的管理可能会有所抗拒：一旦饿了，他就会哭。（焦虑的父母经常误以为婴儿的很多哭泣是为了表达饥饿或疼痛，其实在很多时候这只是意味着孩子需要一些关注。）智慧和平静的父母不会倾向于打破成熟周到的喂养规律，除非孩子生病并且需要对时间表进行刻意的调整。通过这种方式，孩子很快就会意识到他无法通过哭声提前用餐。几天之后，他就会习惯于特定的喂养时间。然而，过度保护的父母急于帮助“无助的孩子”消除这些最初的烦恼。他们不能任由自己眼看着孩子“挨饿”，特别是最初的哺乳过程可能有困难，孩子在出生后的几天里体重会持续下降。“以后，等到他更为强壮的时候，他就会适应秩序了。”［现在的儿科医师倾向于建议每当婴儿饿的时候就给他哺乳，这种建议可能是基于特定的精神病学概念，即“情感受挫”是导致人类适应不良的主要因素，这个观点为父母采取这一有害的态度提供了支持。母庸置疑，有些孩子自己就会发展出对规律的渴望。很多孩子无论有没有喂养时间表都取得了令人满意的成长。当然，过于严格的时间表也有风险，它会引发母亲的焦虑，令她紧张地盯着钟表，成为“时间表”的奴隶，而不是放轻松，让自己接受这种规律。然而，若是建议父母从最初就刻意纵容孩子，这必定造成长远的不利影响。将这种刻意的不规律与古人的情况或者与过去的数百年进行比较，而当时有关孩子需要规律性的科学事实尚且属于未知，因而这种做法是不合理的。彼时，孩子对于食物的需要是母亲唯一的指引。在那样的年代，过度娇纵孩子的风险并没有这么大。如果我们仍然生活在原始文化中，秩序和规律非常严格并且对于维持社会生活必不可少，或者如果我们仍然处于大家庭环境中，孩子众多，自由成长，父母忙得没有时间加以干涉，那么最近这种不规律喂养的倒退也就不会引发很大的风险。照目前的情形来看，这种始于人生起点的纵容与过于焦虑的父母过度娇纵孩子的总体趋势不谋而合。毫无疑问，“按需喂养”消除了孩子和父母之间的一个斗争来源，因此带来一些正面的影响。但是，如果父母不对孩子的食物摄入量忧心忡忡，避免了压力和焦虑，就可以取得同样的效果。不稳定的关系和持续的敌意并非来自“挫败”的婴儿，而是起源于焦虑而迷惑的父母。平静和友好的父母所养育的婴儿不会反抗任何合理的时间表。幸福并不建立在满足模糊的“情感需要”之上，而是基于不反抗地接受秩序。] 但是，孩子越大，以往的纵容就越难弥补，而且他已经习惯了这种无规律状态，任何改变都会激起他更强烈的反抗。此外，如果孩子的健康因为这种不规律而受到影响，母亲的担忧就会成比例增长。她也许会漫不经心地试图维持某种秩序，但是孩子只会加倍地强烈抗议，因为此时他已经成功在握了。最后，母亲不得不放弃斗争，尤其是随着孩子语言表达能力的不断发展。

所有娇纵行为都遵循着同样的模式：孩子成功逃避某一必要的职责，为了息事宁人，父母越来越多地违反秩序要求。一次违反导致另一次违反。当孩子因为还不到吃饭时间就想要食物而大哭时，母亲会把他抱起来轻轻摇晃。他喜欢这样，因此，在本该安静地躺着的时候，他开始大哭，直到有人再次轻轻摇晃他；如果这个人没有出现，他就得不到安稳的休息和睡眠，而这对于他的成长和发育来说是必不可少的。

娇纵和溺爱的形式可能千变万化。一个孩子在温室环境中长大，原本规范人类行为的自然秩序在这里并不起作用。他不受那些约束着所有其他家庭成员的规则的限制。他被小心翼翼地包裹在充满温柔和爱的保护层里，不需要通过任何成就来证明自己的价值。同情和纵容让他免于为自己的行为承担任何不愉快的后果。过度保护的父母所提供的持续帮助让他不必付出任何努力。他不需要忍受麻烦。父母的过度焦虑会让他远离任何可能有危险和需要勇气的事情。在婴儿时期他被抱着摇晃中哄睡，长大一些后他还可以免于承担很多必要的事。他不需要自己洗漱穿衣或者独自写作业。他在各个方面都会得到照顾；无论是否合理，他的要求都被满足，而他也会发现自己是可以随心所欲的，哪怕是在严重影响家庭秩序的情况下。

所有这一切都会妨碍孩子发展基本的社会适应性。在今后面对那些必须将自己的需要放在其他人之后的情形时，他将承受痛苦。与父母的期望相反，大多数被娇纵的孩子都不是很快乐，甚至完全相反！生活就是这样，没有人可以实现他的所有愿望，他也不可避免地要尽力完成糟糕的工作。但是，当其他人理所当然地接受挫折时，被娇纵的孩子却会将其视作环境或者命运本身的不公平。被娇纵的孩子所特有的那些不满、缺乏耐心以及不快乐都表明，娇纵在使孩子的生活更轻松方面是多么不成功。他们的内在从不觉得自己有能力应对生活，因为缺乏自立，所以任何一点点责任或困难就足以令他们崩溃。

因此，任何形式的娇纵在逻辑上都必然导致父母与孩子之间发生冲突。孩子越大，他所要面对的责任就越多，继续溺爱，他会变得越来越难。如果父母不再让步，孩子就会将这种方向上的转变视作他们不友好和冷漠的标志。他很难理解为什么突然之间自己必须放弃惯有的纵容和帮助。当被晾在一旁自力更生以及想法被拒绝满足的时候，他会畏缩不前。相应地，父母也没什么理由对孩子的行为感到满意；他们会被激怒，进而火上浇油，冲突加剧，因为他们已经在为了自己的训练后果而惩罚孩子。其结果是，严厉和放纵、喜爱和绝望，它们混乱交织，相互影响，这一状态可能会主导错误训练的整个过程。

以上也许是娇纵的极端情形。然而，娇纵，即便是程度较轻也是有害的，尽管它难以完全避免。尤其独生子女以及最小的孩子，他们必定会受到一些娇纵。你无法谨慎到发现所有细微的违反秩序的行为、不合理的要求，以及孩子为了得到你的娇纵而要的小花招。不幸的是，这些情形通常都显得微不足道，你甚至意识不到这些小小的纵容如何破坏了你和孩子之间的关系；又或者，你感觉不值得付出一些特别的努力，以停止孩子要求不当关注、让他人为自己服务、逃避责任或者干扰家庭秩序的小花招。事实上，我们都喜欢娇纵孩子，我们让他们沉浸在爱意中，我们保护和养育他们，我们提供小小的支持，帮忙他们做他们已经力所能及的事情。正是这种情感的放纵，导致父母觉察不到有序的人际关系的需要，他们的焦虑引发了过度保护，对于自己个人优越性的渴望促使他们承担了不恰当的责任。这些父母虽然能够得到我们的理解和同情，却必须为自己的小错误付出巨大的代价，等到不愉快的后果变得明显的时候，他们就不得不非常努力地纠正这一关系。

没有爱

如今，真正不喜欢孩子的父母已经少之又少。然而，一旦有，其孩子的命运往往很不幸，甚至变成官方调查的重点对象。不被需要的孩子通常在没有爱的环境中长大。（以前，继子女往往承受着不被需要的孩子的命运。如今，爱和理解的基本态度让所有孩子都有机会拥有友好和温暖的关系，无论是继子女还是收养或寄养的孩子。）有时候一件微不足道的小事就足以引发父母的憎恨——也许是孩子的外表与某个讨厌的亲戚有相似之处，也许是性别上的意外，盼望很久希望怀上男孩最终却生了一个小女孩。

没有爱的感觉可能会彻底导致孩子无法适应社会。它剥夺了孩子的权利，并且激起孩子极强的敌意和反抗。如果没有爱，没有孩子会愿意调整自己以适应环境并接受行为准则。他或许表面上服从，但内在始终是一个旁观者。他的社会感觉是萎缩的。

出于生育控制的计划生育趋势减少了不被需要和不被喜爱的孩子的数量。但是，虽然大多数父母都喜欢自己的孩子，仍有为数众多的孩子感受到被拒绝和不被爱。我们能够理解造成这一矛盾的原因。如果父母做不到持续纵容，被娇纵的孩子就会觉得不被喜爱。一个七岁的小男孩坦率地说："你不喜欢我，因为你不按照我的想法做事。"同样地，不能随心所欲，没有人围着自己团团转或者给予赞美，得不到礼物或关注，这些理由足以导致被娇纵的孩子相信他们不再被喜欢或被爱。在随后与被娇纵的孩子之间的冲突中，父母往往会到达另一个阶段，即不再"忍受"过分的要求，他们代之以不停地责骂、唠叨和惩罚的方式加以回应。尽管这些战争场面中间穿插着爱意的表达，但是孩子对父母所展现出来的敌意印象更加深刻，他们不再相信父母所表达的喜爱之情。随着战争的愈演愈烈，尤其当有更年幼的孩子出现并得到了更多关注时，这个孩子就只有在行为不当的时候才会得到关注。在他安静乖巧的时候，妈妈会理所当然地休息一番。因此，这样的孩子只能接收到关于不满、批评和责备的表达，因而渐渐确信自己是不被爱的。必须谨记，无论被憎恨是事实，还是只是孩子相信如此而已，其结果都是一样的。童年时期缺少爱，包括真实的和想象出来的，结果导致自己感觉儿时一直被虐待，这在很多犯罪分子的生活中都有所体现。

过度喜爱

孩子的成长需要爱和温暖，但是太多喜爱有可能造成伤害。情感过于浓厚的家庭氛围不利于孩子为正常的生活条件做准备。很多人一生都在寻求曾经从妈妈那里获得的爱和温柔，他的幻想终究会在同伴那里残酷破灭。过度的喜爱将孩子与父母过于紧密地拴在一起，导致他难以适应今后在恋爱和婚姻中的角色；他在其他方面爱的能力也可能受到损害。

父母过多的喜爱甚至可能导致孩子性早熟。因此，过多亲吻孩子（尤其是亲吻他的嘴唇）以及让孩子一起睡在父母的床上——除非只在早晨或周日，这都是有害的。然而，不幸的是，有些父母允许孩子和自己睡在一起，直到孩子十岁或者更大，而且并不是由于拥挤的居住条件所迫。

确实，很好地表达喜爱之情，这能增强父母和孩子之间紧密的依恋关系。但如果仅仅通过该方法获得自信和亲密，其价值则始终令人怀疑。孩子很可能变得十分依赖，但这种依赖或身体接触并不能消除他与父母之间的冲突。相反，过度喜爱必然导致娇纵，而娇纵自然而然只能引发和激化冲突，这里的冲突会呈现出某些特别的形式。孩子也许不会公然反抗；相反，他会处处表现出善意。但是他内在的对立体现在明显的无助和能力不足上。最常见的表现形式是精神紊乱。

感受孩子的深层依恋，珍视他表达感情的身体信号，这无疑是一件令人开心的事情；但是，过度强调则导致孩子看不清自己在生活中的位置。他可能由此得出结论，认为他的人生目标就应该是仅仅借助自己的存在赢得爱和喜欢，而非通过自己切切实实的成就获得认可。当你将自己对于爱的渴望全部倾注到孩子身上时，应当铭记上述事实，而这一渴望或许在你人生的其他阶段也一直没有得到满足。

迪奇全心全意地对待自己的母亲，他深爱着她。他总是与身边的其他人剑拔弩张，但是为了母亲，他很努力地“控制自己”并改善自己的行为。然而，学习对他而言非常困难，而且他的努力似乎毫无作用。他很愿意学习，上课时慌乱不安，而且非常紧张。我们在此看到了母亲对迪奇过度喜爱的结果，随着儿子越来越难以相处，她在某些方面也变得严厉。迪奇直到七岁还经常和母亲睡在同一张床上。此后，唯有当他受到噩梦困扰时，母亲才允许他享受这一特权；但是即使到了后来，而且很多年里，他还会不时地和母亲一起睡觉。他是最深情的儿子，一有机会就会抚摸和亲吻自己的母亲。他对母亲的依恋极深，几乎没有什么办法能够让他离开母亲身边。

他四岁时开始上幼儿园，但每次去幼儿园都会遭到他的强烈反对；参加夏令营的时候反对更为激烈。他始终觉得自己周围全是敌人，从不尝试交朋友。他唯一的想法就是尽快回家。他在四岁时就开始手淫，很早就会勃起。他极其虚荣，只关注如何给别人留下深刻的印象，但是对自己的能力毫无信心，尽管他的智力和身体发育其实都高于平均水平。他只会试图通过让别人讨厌自己来赢得认可，比如装傻和不良行为（坐立不安、傻笑、喋喋不休等等）。

收回感情

你必定不希望自己被目为铁石心肠。但是，说来奇怪你有时候会试图给人留下这一印象。在孩子捣乱的时候，你会“生气”。通常这只是虚张声势，但有时候它是真实的。你或许相信（正如大多数父母那样）这是管教孩子的最佳方式——可以把他拉回正轨，并且克服他的抗拒。如今有一种传播甚广的心理学流派甚至推荐和赞赏这种所谓收回感情的做法，认为它是儿童训练中唯一有效的方法。

必须承认，这一方法可以达到特定的目标。孩子非常依恋你和关心他的人们；被拒绝以及失去你的爱和关心的感觉必然使他非常痛苦，使得他必须克制自己不守规矩的行为倾向。然而，如果认为这些趋势结果确实消失了，那就大错特错了。孩子不想失去你的爱，他会注意减少遭到你反对的那些冲动。然而，这些趋势只是受到克制而已，并没有消除。你必须使用其他方法达到这一点。

更糟糕的是，你的疏远会令孩子深刻意识到他的依赖和渺小，这会严重削弱他的勇气。你试图让孩子失去你的爱，孩子往往就会反过来试图迫使你表达这种感情。他或许会通过经常在睡前感到害怕来达到这一目的：你不得不连续几个小时坐在他的床边，甚至还要握着他的手，否则他就会一直哭闹，绝不睡觉。

但是，这种“生气”所造成的最危险的后果是，孩子最终会怀疑你是否完全可靠。如果一次次受到最好的朋友突如其来的责难，他如何能够相信人的本性并发展社会意识？你可以使用更合适的方法，从而改正孩子的错误并让他感受到坏行为所带来的后果。完全没有必要为了这一目的破坏你和孩子之间友好的关系。反之，改变你们之间关系的过程就会不可避免地在孩子心里种下争吵和冲突的种子。父母和孩子之间的伙伴关系容不得被随意破坏。孩子很容易原谅父母在不留神的时候脱口而出的某个尖锐的词语，但是很难忘记父母某次冷漠和故意收回感情——“我不再喜欢你了。”只要孩子未能发现这句话其实是谎言和圈套，它就标志着斗争的开始，只不过这次是一场感情之争。“生气”的更极端形式，比如真正的不友好、冷漠、严厉，或持续拒绝交谈，都是战争充分展现的防御措施，必然会迫使孩子采取敌对的态度。事实上，无论什么时候你都爱自己的孩子，孩子也应当知道这一点。但是，很多孩子并不知道。正如前文所述，很多孩子感觉被父母拒绝，认为没有人喜欢自己。他们在捣乱的时候才能得到关注，在举止得当的时候却很少被关注。因此，他们体验到的主要是责骂和惩罚，并且由此得出了错误的结论。如果父母围着弟弟妹妹团团转，这也会导致孩子错误地认为自己不被喜欢。

那么，你也许会问，到底应不应该表示反对？这是你无法避免的，有时候甚至需要表现出来。绝对客观和不带感情，这不仅不可能、不自然，甚至具有侮辱性。然而，你必须注意强调自己指责的是什么：是孩子，还是孩子的行为？清楚地指出你并非不喜欢孩子，你就可以表达不喜欢某个特定的行为。分辨不清某个行为和做出该行为的人，对于尚未了解到或意识到两者之间区别的当代父母来说，这成了沉重的负担。其结果是，我们容易将一个人的价值，包括我们自己，与这个人的行为的价值混为一谈；而且，倘若某一个行为不符合我们为自己设定的标准，我们就会倾向于怀疑自己的社会价值。有些父母和教师根据孩子或多或少带有偶然性的失败或成绩将其分类，这会荼毒他们的心灵，而且这种伤害往往持续终生。没有坏孩子，只有气馁和不快乐的孩子，他们还没有发现让自己融入人类社会的恰当方法。

焦虑

强烈的对抗情绪通常是由恐惧和焦虑造成的。在焦虑的时候，你只能想到你希望孩子能够远离的那些危险。你可能在想到“有些事情会发生在他身上”时就发抖，没有考虑到他必须学会照顾自己——他必须掌握识别危险和主动应对危险的能力。“一朝被蛇咬，十年怕井绳。”胆怯的父母剥夺了孩子体验宝贵经历的机会。这些孩子总是很轻率，也更容易受到伤害。他们会玩火柴、开煤气、爬柜子。与此同时，父母的焦虑也会持续增加，一旦他们放松监督，就会导致可怕的不幸结果。

五岁的汤米总是利用妈妈的焦虑，他从妈妈身边跑到大街上，让妈妈追赶他。当他的妈妈找我寻求建议时，我解释说：一个五岁的孩子应当知道，如果乱跑的话他有可能迷路；我还告诉她，她需要让孩子切身体验到这一事实。她可以选择合适的环境，比如在公园里，或者在某个没有车辆的安静的街道上。这位妈妈吓坏了：这算是什么建议！我，一个男人而已，哪能了解一个妈妈的感受？

继这场谈话之后还不到两个星期，她再次来找我，极度激动。“医生，想象一下汤米做了什么！昨天我进到他的房间——他不在那儿。然后我听到他喊‘妈咪，妈咪’。我的心跳几乎都停止了。想象一下，医生，我们住在三楼，窗户通往阳台倾斜的屋顶。汤米就在那儿，坐在屋顶上大喊！他不肯听从劝说进屋，当我试图跟在他后面爬出去时，他在屋顶上往外挪得更远了。我们不得不使用承诺和糖果作为诱惑，直到可以抓住他。”我说服她相信，这一次汤米只不过在使用他的老把戏——他不会判断风险，因此他会利用风险吓唬妈妈。妈妈终于意识到自己的焦虑只会把孩子推向更多危险。

在成长过程中，稍稍自立的孩子都不会像其父母所认为的那样粗心。在这方面，正如在其他许多方面一样，孩子的智力在很大程度上被低估了。尽管事实是在无人监督的时候，很多孩子都会在城市街道和乡村公路上玩耍，但是数据表明，被车辆撞到或碾压的成人要比孩子多。只要观察一下穿梭于繁忙的十字路口的行人，任何人都可以轻易地看到，比起自己的孩子，成人有多么粗心和轻率，至少在真正的危险发生的瞬间是这样的。被明智的方法所养育的孩子，在面对其他危险时也会表现出类似的谨慎。在生命的前两年，孩子还在慢慢熟悉不同事物的本质和功能，容易在家里遇到危险。但是，相较于用即将到来的危险和安全对话吓唬孩子——同时激起他的对抗，更为明智的做法是，仅仅指出不同的危险，并安排一些没有伤害但是令人不悦的经历。孩子很快就能学会正确评估自己所面临的风险。

确实，有些孩子到了八岁甚至更大的年龄还不能独自过马路。但是在这样的情况下，责任始终在于过度焦虑的父母，他们没有允许孩子学会照顾自己并恰当地保护自己。孩子必须学会照顾自己。而且，他们越早学会这一点，父母的内心就会越轻松。

吓唬孩子

焦虑让很多父母对孩子夸大生活中的危险。他们认为自己是在训练孩子更加谨慎地思考某些问题，比如大街上的事故率、整体人类尤其是绑匪的邪恶、病菌的流行和时刻保暖的必要性等等。倘若孩子遵循父母这些神经质和胆小的想法，他并不能为应对生活做更好的准备，只会变得焦虑。说来奇怪，但事实确实是，过度谨慎与轻率会导致同样的结果。预见危险不仅导致犹豫不决，其实还会驱使人们一头扎进他们希望避免的那些危险中。规避风险需要冷静的头脑以及清晰的情形评估。然而，高估危险无异于增加危险。

因此，过度焦虑和举止笨拙的人最容易误入车道或者在离开有轨电车时摔倒。勇气比焦虑更能够预防危险，那些吓唬孩子的父母正在故意置孩子于险境之中。试图保护孩子远离疾病也是如此。如果总是被裹得严严实实而且从不被风吹，孩子注定会感冒。

奶奶监护八岁的杰利玩耍的过程令人观之叹息。“别跑太快，你的肺会爆炸！”“不要使劲拽，你会伤到自己！”“不要跳下台阶，你会摔断腿！”如果遵照所有这些警告，孩子就只能一辈子被包裹在玻璃瓶的棉絮里了，但是，令所谓的监护人极为恼火的是，孩子会明智地固执己见忽视成人的唠叨。

另一个原因，试图强迫孩子采取良好的行为，也会导致你有时候吓唬自己的孩子，但结果同样糟糕。你可能会告诉他“妖怪”要来带走坏孩子；又或者你让他看到街角的警察会“带走淘气的男孩和女孩”。你认为这是让孩子更加顺从的办法。有时候，这一权宜之计从当时来看可能起作用，但之后的发展会证明你是错误的。孩子有可能变得胆怯，然后通过上千种可能的方式利用他的恐惧作为对抗你的武器。（参考本章“收回感情”部分。）你永远无法从吓唬中得到益处。播种恐惧的人收获的是担忧。

过度监督

忧虑的父母不信任自己，不信任孩子，也不信任将来，他们只能想到防守和预防。这种担忧导致父母过度活跃，导致他们采取过多的行动和方法，其中每一个方法或许都奏效，但是过度使用会导致无效和破坏性。焦虑促使他们倾向于过度监督孩子。他们从不让孩子独立行动。孩子的一举一动都是被规定好的。对自己不确定的父母同样也怀疑孩子的能力；一个人在处理自己的事务方面越是感到能力不足，他越容易试图管理其他人，不停地管闲事和给建议。这样的父母总是为孩子烦恼："你最好坐在这个椅子上。""把书放在这里。""用这支笔。""戴这顶帽子。""别吃太快。""身体坐直。"父母这些无穷无尽的指令连一半儿都盘点不清！只要孩子在附近，父母就命令着他的一举一动。他们无法等着看孩子能否自己应对。孩子的每一项活动都被监督，并且受到无休止的评论和禁止；每一个行动都会引发表扬或责备，但更多的是批评。没有一天缺少数不清的劝告和说教。

我的一位朋友是个非常忙碌的母亲。有一次我们谈起她的过度焦虑以及对孩子持续不断的控制。她意识不到自己的态度。我问她每天多久给孩子一次指令，无论是批评、评论或命令。"哦，不多。"她说。我让她大概估算一下。她答不上来。我再次追问："也许一天100次或200次？""哦，没有。"她愤愤地回答，"也许一天最多也就10次。"于是我给出了如下提议：我会去她家观察一小时。在我待在那儿的一小时内，她认为自己会给孩子多少指令？她说："哦，也许两到三次。"我估计的是那段时间会有30次。她笑了。"肯定没有那么多。"于是，我就去了。我只是坐在那里观察事情的发展，大声数出每次她告诉孩子要做什么或不要做什么。尽管事实上她知道我在场，并且受到我大声数数的提醒，她的指令还是在不到半小时的时间里超过了30次。她就是无法让自己停下来。

为了充分理解这种"监督"的荒谬，我们必须谨记，唯有当教育在孩子心中留下深刻的印象时，其影响才具有持久的价值。一次单独但有益的经历，虽然不能改变孩子的气质和性格，但却能够激发新的态度和方法。这里体现了教育行为的价值：它们为孩子提供了思考和反思的机会。他必须采取明确的立场并得出结论。一些不同寻常的经历会对孩子人格的发展产生深刻的影响，这些影响倾向于指向相同的方向。

因此，持续不断地努力影响孩子，这并不能引起他的注意。这些努力令孩子不再认真思考，并引发对抗。孩子对之变得麻木，而且不再加以关注，因为父母的这些多种多样的努力经常自相矛盾。孩子要么放弃独立行动的一切努力，要么变得愤懑、反应迟钝和无礼。只有难得发挥教育的影响时，你的这些教育努力才能行之有效并令人印象深刻。

说话过多

儿童训练中有害的“爱管闲事”倾向主要表现在语言上。大多数父母并不采取行动，甚至并不思考，他们只是说话。无论孩子做了什么，他们都有话可说。如果不知道该做什么——他们就说话。当然，说话并不起作用，因为他们的语言体现不出任何建设性的计划。

语言自然是有必要的。孩子需要解释和指导，就像他需要玩耍一样，而且，语言可能会带给孩子深刻持久的印象。但是，太多时候，语言并没有意义和方向。你必须谨防这样的说话方式。任何一句没有作用的话都是多余甚至有害的。它并非人际交往的表达，反而是对人际关系的干扰。语言可以是沟通方式，也可以是斗争工具。每当与孩子交谈时，你都必须想清楚，你是希望通过交谈释放自己的紧张、烦躁或愤怒，还是希望借此给孩子留下深刻的印象？如果是后者，那么除非确认孩子做好了倾听的准备，否则你决不能开口说话。此外，你必须注意自己的情绪。只有在完全平静的时候，你才能够进行建设性的交谈。否则，你的话语将产生暴力影响：它们带有攻击性并激起对抗。倘若希望是建设性地使用语言，你必须时刻注意它们的影响，如果发现孩子当时不易受到影响，你就必须停止说话。如果你或孩子在交谈中变得很激动，你应当知道是时候停止说话了。

当后者发生时，语言必须被行动所取代。最好停下来思考，而不要增加另一条意见或评论，你很可能不会得到比第一次更好的回应。最重要的是，决不要重复你已经说过的话，也不要告诉孩子他已经知道的事。（向孩子指出他的错误，这也是无用的语言，因为多数时候孩子已经知道自己犯错了。）如果你的评论在第一次不起作用，在第二次就是有害的——哪怕它起到了作用。重复令人恼火，而恼怒是不愉快的争吵的前奏。你应该少说话，多思考，并相应地付诸行动——也就是说，让自然后果发挥作用。有时候当孩子做错事时，沉默不语比言辞激烈更令孩子印象深刻，因为沉默可以非常有力地表达不赞同的态度。

你可以通过以下分类来判断语言以及某些常见说话方式的荒谬和潜在危害。［引自艾丽斯·弗里德曼（Alice Friedmaun）博士所著的《养育指南》（Erziehungsmerkblätter）。］

当孩子开始工作时：

如果这件事情你做不完，那就不要开始。

我倒是想看看你能完成多少。

你倒是容易尝试那件事！

鞋匠，做好你自己的事吧！

即使你真的完成了，你还能做些什么？

你只不过想要炫耀一番！

最好去做你的功课——那还有点儿意义。

事情没有你以为的那么容易

你以为所有事情都会那么容易？

你这是贪多嚼不烂。

我不认为你已经懂了。

你不会有坚持到底的精神。

你竟然对这么傻的事情感兴趣！

如果你能做成，别人早就做完了。

当孩子取得成功时：

那永远不会让你走得更远。

你离好学生还差得很远。

你以为自己飞得很高，但是肯定会有下滑。

那不过是初学者的运气而已。

运气多过智商。

瞎猫还能撞上死耗子呢。

当孩子不成功时：

看看浪费的钱！

你看，我当初说对了吧！

我早就告诉过你了！

在你这个年龄，我的所有衣服都是自己做的。

我比你聪明多了。

你真是笨手笨脚。

你什么时候都会出错。

只是看见你就足以令人恶心。

这些以及类似的语言会打击孩子的自信，损害他的实际能力，但还是被草率地应用于日常生活。一个人必须注意自己对孩子所说的话。语言本是为了鼓励和帮助，而非烦人和抑制。

忽视

目前为止，我们所讨论的很多错误都存在教育措施过多的问题。重要的原则是，尽少干涉，允许孩子积累自己的经历。但是，扩展这一原则并超出合理的界限，则意味着严重的危害。你必须关心自己的孩子，并且全身心地对待他们。孩子们不仅需要身体方面的照顾，还需要共鸣、理解和激励。缺少了这些关注，他们就会因为被忽视而受到伤害，其发展也会受到妨碍，孩子与他人合作以及融入整个社会的能力也会衰退。

你需要限制自己的地方主要在于训练方法的运用。倘若运用的时机得当，有限数量的方法就足以维持秩序。但是，在你和孩子纯粹的关系中，在你与他的合作中，你的参与程度以及对孩子的兴趣不应受到任何限制。随着孩子渐渐长大，他越来越需要体验到情趣相投和共同活动。你对孩子的兴趣可以让他获得持续发展的动力，其前提是这种兴趣不带有压制性或攻击性。如果你对孩子的身体发育、外表以及道德和智力的发展没什么兴趣，你伤害他的程度与另一种形式的忽视并无不同，即通过激起孩子对抗的形式和方法表现你的兴趣，进而导致孩子背道而驰。

敦促

孩子可能经常需要一些督促。在这样的时候，你必须鼓励他，非常友好地让他注意到合作的需要。但是如果孩子表现出对抗，任何说服他的尝试通常都是徒劳的。当孩子的顺从需要内在的准备时，这样做尤其有害。如果孩子出去玩之前应当穿得更暖和一些，这时候敦促或许是恰当的。这些纯粹的外在职责可能经常需要一点友好的压力。但是切勿试图劝说孩子吃饭、睡觉、压抑情绪表达（哭泣、生闷气等），或者劝其履行某种必须源自内在动力的职责。你可以通过外在刺激促使他咬一口食物并咀嚼，但是吞咽和消化则需要真正的意愿。睡觉也是如此。你可以强迫孩子上床，但是任何进一步的干涉都会干扰入睡过程。同样地，孩子的情绪也不能受到压力的影响。只有内在做好准备时，他才会停止哭泣或闷闷不乐。压力只会增加内在的对抗。所以，语言在这些时候并不起作用，甚至是有害的，因为它们会导致事与愿违。

当然，在这些情况下，孩子是可以被影响的。这完全取决于你是否能够争取到让孩子采取恰当的态度——让他内心准备好做出该有的行为举止。他的内在必须有动力去做必要的事情。即使刚开始孩子的内心是强烈反对的，可是自然后果能够相对容易地让他产生这种内在对话。

小伊芙不愿意晚饭后立刻小睡片刻。当了解到除非饭后有充足的睡眠，否则她就不许熬夜参加室内音乐会时，她的异议消失了。有一次她拒绝吃麦片，但当她发现没有其他事情发生时，她说："你知道，爸爸，麦片没有那么难吃了。"她内在的对抗消失了。劝说永远无法取得这样的结果；与之相反，压力只会妨碍孩子的睡眠和饮食。

因此，如果没有劝说和烦躁，而是交给孩子自己，即使叛逆的孩子也愿意镇静下来。当兴趣被转移到其他事情上时，孩子连哭闹都会立刻停止。然而，敦促却永远无法产生这样的效果。

索取承诺

引诱孩子给出关于以后行为会更得体的承诺，这种尝试不仅毫无作用，其后果甚至是有害的。例如，"向我保证以后再也不说那个词了。""……你下次会表现得更好。""……你再也不会对我撒谎！"通常孩子会心不在焉地许诺，但他只是想平息你的怒气或逃避惩罚。即使孩子真心想要遵守诺言，他能做到的时候也是少之又少。孩子的个性没有改变，因此，他的行为依然如故。而且，孩子在父母眼中是轻率鲁莽的，他会重复之前的过错，然后你会在他原有的缺点清单上新增一项罪状，给他冠以不守信和不可靠的罪名。为了逃避这些指责，孩子宁愿被认为是轻率和健忘的。因此，首先，索取承诺并不能纠正原有的过错；其次，它在原有基础上增加了一项新的罪名（不可靠）；最后，它促使孩子更容易躲在一个“弱点”后面坚守自己的阵地。

为了防止孩子重复犯错，你必须让他相信这个错误会带来令人不悦的后果。如果不良行为只是导致他给出某个承诺，那么孩子会欣然接受这一后果；等到下一次，无论你要求什么，他都会非常坦然地再次承诺。因此，做出承诺会成为孩子借以逃避真正的行为后果的惯用伎俩。由于为孩子感到难过，你可能希望让他免于为自己的不当行为承担不舒服的结果；而且，为了表明你这种偏离事情正常发展方向的做法没有错，你会要求孩子承诺下次他将有所进步。相应地，在将来，如果孩子漫不经心地满口应承你所要求的一切，借此逃避不愉快的情形，你也不必感到意外。

而后，孩子还会试图利用自己的承诺作为获取好处的手段。如果想让父母表达喜爱之情，或者他想去看电影，想得到某种特别的对待，他就乐于作出任何承诺。又或者，当某些愉快的事情正等着孩子时，你可能会预先说：“但是，除非……我才会这么做。”这将与前者导致同样的结果。做一些事情让孩子开心，这不应附带任何条件。如果你确实想要根据孩子完成某项任务的情况来决定他能否得到你的特别对待，那么该任务必须与你的特别优待有逻辑关联。而且，该任务必须预先出现且毫无争议，否则它很容易沦为空洞的承诺，进而导致前文提到的情形恶化。

作为父母，如果你任由自己被那些代替行动的承诺收买，那么只会致使孩子形成不可靠和大言不惭的特质。对待承诺越谨慎越好。当孩子主动给出一个友好的承诺时，你可能感到非常满足。但是，你必须确保他没有借此收买你从而逃脱某些不愉快的后果，或者获得某种不恰当的好处。不管怎样，任何人都不应该迫使孩子做出承诺，否则就是自找麻烦。

“控制好自己”

父母还会通过另一种方式努力使孩子顺从，它和索取承诺一样被频繁使用，其后果也同样有害。你会在各种各样的场合敦促孩子“控制好自己”。通常来说，你并不是暗示“因为你一定会渡过难关”。你的意思是，孩子应该运用自己的意志力；他不该如此软弱。这是孩子所理解的意思。但是孩子得出的结论却经常与你所希望的结果南辕北辙。他意识不到自己的力量，相反他只会感到更加软弱。他会尝试不同的行为，但是只在极少的情况下取得成功。他的所有努力都没有改变他的意图：他只是尝试控制自己而已，其结果是更强烈的无助感。他不仅无法改善自己的行为，甚至更加确信自己缺乏意志力。

这一诉诸孩子意志力的做法源自一个错误的心理学前提。自觉意志并非与引发孩子行为更深层次的真实意图始终一致。即使在犯错的时候，孩子也是有目的。他此刻的意图自然不友好，因为这些意图表达的是他在特定情境下的对立。但是，虽然其他人可以看出这一对立趋势，孩子自己却对此毫无觉察。要求孩子“控制好自己”，由此迫使他采取另一种态度，这种态度可能会对他今后的人生造成深远但不幸的影响。最终形成的心理机制为所谓神经官能症的产生构建了重要的基础。

在一个孩子“控制好自己”的时候，到底发生了什么？他的真正态度丝毫没有被改变；他的反抗、他的抗议、他对于认可的追求以及他逃避责任的想法，都依然如故，丝毫没有因为冷静下来而改变。然而，你没有看到他的对抗，也没有清除硝烟弥漫的氛围，反而对他的表现提出了要求，而这种表现是他在当时的情况下确实无法做到的。他或许会“尝试”不要懒惰或邋遢、好斗或无精打采。由于内在的目的计划（inner scheme of purposes）始终没有改变，因此他的努力并不能改善这些“缺点”，反而容易使他的无力感以及意志力不足的感觉加剧。孩子抱歉地指出自己的努力徒劳无功；他找出上千条借口，变得健忘，一事无成，并且与自己产生冲突，这其实只是一场虚假的冲突，并不会有什么结果。通过批评和挑剔的方式干预这场斗争，指责孩子缺少意志力，只会危害他的发展。这些看似意志薄弱的个体会屈从于自己所有的不良冲动，从表面看来，他们没有能力“控制”自己。借助自己的“软弱”和“精力不足”，他们迫使父母和身边其他人替自己做一切重要的决定，令亲戚和朋友为他们的行为承担全部责任。可是没有人能够向他们提出抗议，因为他们明显在“努力尝试”履行自己的义务。

如果不希望孩子走上神经官能症这条路，你必须避免告诫孩子“控制好自己”。在注意到某个缺点的时候，更好的做法是寻找它的起因，帮助孩子改变他的行为前提。你不应让他有机会相信自己假定的“软弱”。在孩子不受控制、轻率或缺乏主动性的时候，这些缺点绝不是因为缺少力量或精力。你必须认识到他的目的，并帮助他脱离这些困境。

报复

很多教育方法都建立在这一假定的基础上，即孩子的一举一动都应该受到奖励或惩罚。大多数父母几乎难以想象不使用奖励或惩罚训练孩子的可能性。这些方法自古以来一直被使用，并且深深根植于以旧时人际关系为特点的社会环境中。只要人类有主仆之分，就只能借助强迫或收买获取服务。当权者通过狡诈的镇压方法强制实行自己的统治。只要强大的一方手中握有更有力的方法，报复便是达到这一目的的有效工具。

在我们的文化中，人际关系观念发生了根本的变化。人类已经变得彼此平等，这不仅是在整体政治和社交关系方面，父母和孩子之间的关系也是如此。在互相报复的过程中，父母不再享受具有强大优越性的有利地位。他也许会试图维护自己的优越地位，但是，在毫无觉察的情况下，社会观念的改变也影响着他。父母尊重作为平等个体的孩子，往往会让孩子成为自己的主人。此外，公认的人类行为标准剥夺了父母随心所欲地对待孩子的权利。其结果是，孩子报复的力量超过了父母。报复的方法不再有效，尽管它们仍然一直被使用。

奖惩理论背后的谬误是显而易见的。这两种方法都是以你更有权力和更有优越性的假定为基础。如果对孩子使用这些方法，你教给他的是，唯有在面对你的压力时才要好好表现，而非出于他自己的意愿。毫无疑问，你可以借助令人愉快和讨厌的压力来取得一致，但是由此带来的好行为只是表面文章。任何通过压力达成的合作都不是以社会兴趣以及遵从的真实意愿为基础的：内心深处始终是叛逆，它必然导致反社会的态度，进而破坏合作并违反法律和秩序。这种被社交外表勉强覆盖的内在的叛逆几乎是所有当代人共有的，而且解释了他们的社交缺陷。很多人只在自己可以趋福避祸的时候才愿意遵从。他们的遵从并非发自真心，由他们的合作也并非基于对社会秩序的认同和接纳。他们认为社会是他们不得不听命的暴君，而非由他们自己创建并作为平等的个体置身其中的领地。合作以及和平秩序的价值无法通过奖励和惩罚来教授。这种做法将秩序看作强加的负担，将社会适应看作服从，从而掩盖了真正的问题。对孩子而言，只有扰乱秩序所带来的自然后果才能让他真正学会社会适应。不管其他人的行为如何，也不管当时的环境是否有利，这些后果本身就足以激发孩子认同并接纳秩序。

习惯于报复的父母可能会错误使用逻辑后果。他们会威胁孩子：“如果你这么做，就会发生那样的结果。”由此他们再次将自己的权力注入社会秩序中。他们像警察一样监视着孩子，然后诧异地看到孩子以牙还牙，针对他眼中父母对他的所作所为来惩罚父母。结果陷入无休止的拉锯战，每一方都基于对方之前的行为而加以报复——无限循环。

战争氛围是如今很多方法都具有的特点，运用这些方法的父母已经感受到被孩子击败和制服的后果。他们认识到这些方法是徒劳无益的，却意识不到自己持续使用这些方法的动机。所有父母都倾向于在儿童训练中使用奖励或惩罚。我们必须对此保持警惕，我们必须理解其中的意义并训练自己代之以更加有效的方法。

要求盲目服从

当孩子对你的要求表示反对时，如果你认为他的反对严重有损于你的威望（因而导致你在家庭内部强权政治的战场上惨遭失败），你就会觉得有必要使用强制力。但是，这种态度合理吗？

当然，一些情形都需要孩子立刻回应。这些情形包括孩子正面临迫在眉睫的危险时，或者他必须遵守必要的秩序时。然而，这样的紧急情况并不常见，而且如果仅限于这几种情形才需要立刻回应，则坚定自身就已足够。但若是要求孩子每次都服从，那就大错特错了。孩子拥有自己的想法和观点，要想让他在今后的人生中取得成功，就必须允许这些想法和观点的发展。倘若限制孩子个性的自由发展，你就抑制了他的意志力和判断力的发展。

这绝对不是说，在孩子最初表现出自主意志的迹象时，你就应该高兴得事事对他屈服。你需要深思熟虑才能判断孩子何时应当将自己的意志放在整体秩序之后，何时可以在不伤害他人的情况下自主做出决定。

但是，即使父母要求孩子必须放弃某个愿望时，他也无须每次都立刻同意。如果父母将每一个反抗的举动都看作对自己个人威望的威胁，他们当然会迫不及待地要求孩子服从。但是，如果做不到这一点，就意味着冲突的开始，而这种冲突本是应当且可以避免的。他们会恼怒和生气地做出回应，并且使用强制力。如果在渴求威望的同时可以多一点耐心，父母可能很快就会认识到，少许思考比大量暴力更加有效。他们就能够使用自然后果引导孩子自愿放弃某个不恰当的愿望和意图，抑或设计一些其他合适的方法，从而在正确的方向上影响孩子。

哈利十岁，他有一个朋友不受父母喜欢。父母禁止哈利与这个男孩来往。但是他们的命令，如同其他很多类似的禁令一样，根本不起作用。有一天，妈妈问哈利与谁一起去散步了，他撒了谎；当谎言被揭穿的时候，父母非常激动。这样的事情怎么可以不加惩罚！如果稍加反思，而不是陷入哗然、叫喊和责打，父母或许可以反躬自问，他们的儿子难道无权拥有意气相投的伙伴并选择自己的朋友吗？如果对这一特定的友谊不满意，他们唯一正确的做法是想办法让儿子放弃这段友谊。

他们可以让孩子看到这个伙伴的缺点所在，平静地和他谈论这段关系的不利影响。但是即便如此，他们也没有理由采取任何激烈的措施。最好的方法是让儿子接触到其他孩子；他们可以邀请其他男孩来家里，让哈利有机会和其中某个人交朋友。哈利之所以撒谎，是因为他想逃避痛苦的辩论和争吵。这一谎言本身就足以令父母审视自己以往的态度并思考他们解决这一问题的方法是否正确。然而，恰恰相反，他们认为这是孩子在违反他们的命令，藐视他们的权威，理应受到惩罚。你相信在这场混战之后父母的地位能够有所提升吗？或者哈利会更认真地尊重父母的想法吗？

我们必须认识到，在面对孩子时，不可能所有事情都能立刻完成。当孩子由于之前发生的摩擦或者面临更多问题及责任而处于反抗状态时，这一认识尤为重要。比如，在弟弟妹妹出生的时候，在他开始上学的时候，或者在他生病的时候，等等。在其他时候，他可能也会有叛逆的倾向——通常在三到四岁期间以及青春期。在这些关键时期，父母如果为了获取威望而斗争，其影响尤其具有破坏性。父母越缺乏自信，这场斗争就表现得越激烈，他们对于半途而废的恐惧也就越强烈。如果不能立刻完成他们认为重要的事情，他们就会害怕发生最悲惨的后果。

唠叨

强烈的不耐烦很容易就会变成唠叨。几乎没有其他养育态度能够如此令孩子恼火并产生敌意了。从早到晚，喋喋不休，吹毛求疵！更有甚者，父母在坚持这么做的同时也极度缺乏创造性的想象力，以至于他们只会单调地重复同样的话语。所有事情都会受到批评；到处都有出错的地方；没什么事情是足够好的。孩子的点滴失误都会被看作十恶不赦的错误行为。

唠叨的教育作用等于零。唠叨只会增强孩子的对抗，促使他们拒绝顺从，进一步导致失败。如果能审视唠叨所带来的直接作用，父母可能会被吓得改变策略。但是他们从不停下来思考，因为他们的态度只是基于自己——而非孩子的——需要；他们根据自己的内在需要采取行动。即使他们提出上千条不满意的理由，在内心深处他们并不知道，这种不满的根源其实是他们自己对于生活的失望以及挫败感。监督和唠叨是父母用来贬低和轻视孩子的手段之一，通常只是为了确保其自身的优越性。还有一种做法与此相关，而且也被理性地加以解释，那就是吹毛求疵，我们会将两者结合起来讨论其中的含义。

吹毛求疵

你能想象养育孩子的过程中没有吹毛求疵吗？或许不能。它自古以来就是教育者的基本工具之一。（但毋庸置疑的是，在我们的文化群体之外，曾经有过并且仍然存在一些群体，他们未曾使用过这一儿童训练技巧。）我们挑毛病是为了让孩子看到他们行为的不恰当，但是何必使用这样的方法呢？我们已经看到，（参考第三章“称赞”部分。）强调正确的事情可以激发孩子分辨是非的能力。通常孩子在被纠正之前就已经知道自己犯错了。通过小小的实验你就可以看到，在受到鼓励并被给予友好的指导时，孩子是多么易于管教；如果将这些结果与吹毛求疵的效果相比较，你就会意识到后者的作用有多么微不足道。

然而，在这一点上，我们必须附加两项保留条件。其一，我们所理解的吹毛求疵仅指轻视的言论和行动（正如这个词本身的含义)。对一个孩子说："你那样做的方式不对，你应该这样做。"这并非吹毛求疵，而是给予指导。吹毛求疵带有一种典型的指责的口吻，父母这种形式的干涉才属于我们所说的范畴。

其二，必然有孩子会对指责做出积极的反应。某些孩子在受到严厉批评时有着很好的回应——但是这些孩子不会对其他方法做出回应。友好的劝说和鼓励似乎毫无效果。换句话说，对大多数孩子极具成效的方法在他们这里却是徒劳。为什么会这样？在这种情况下，我们面对的是固执倔强的年轻人——对冲突无动于衷并且只会屈服于武力的孩子。我们将结合体罚问题更详细地讨论这些孩子的心理，因为他们特有的奇怪态度在那时更加清晰可见。

或许，在其他一些情况下，吹毛求疵偶尔也会带来好结果，尤其在面对雄心勃勃的孩子时。但是，即便如此，它也同样可能造成有害的影响。如果谨慎并有节制地加以使用，它或许能够激发孩子的雄心；但是，与此相反，频繁和激烈的吹毛求疵会严重打击孩子的自信，导致他们有时候立刻放弃努力。这里我们再次看到，父母同样的态度是如何导致不同孩子产生不同结果的。

除了上述的例外情况，吹毛求疵通常会产生一种相当一致的效果，即导致大多数孩子感到气馁，妨碍他们采取行动并取得成功。因此，假如他们习惯了父母的批评，并且不再对此加以关注，这样反而更好。但是，无论如何都会形成一个不幸的恶性循环：父母挑毛病——孩子没有改进——更多的吹毛求疵——孩子变得更加糟糕和固执，如此往复，心怀不满的父母和孩子之间的关系经常呈现出这种不言自明的发展方向。有多少家庭悲剧都来源于这种错误的关系？

针对孩子的缺点横加指责是尤为危险的错误做法。若想提醒孩子注意到他的笨拙，你必须对结果加以斟酌。如果你感到被激怒和伤心，因为你希望孩子是完美的，那么你的态度就很容易理解了。你会对他说："你一定长了两只左脚。""没有人能像你一样笨手笨脚。""你踩到的地方永远都长不出草来。""你就像瓷器店里的公牛一样毛手毛脚。""任何东西被你碰到就会被弄坏。"你的这些话至少能够保证一个效果——发泄你自己的挫败感。但是这些语言会影响到孩子吗？它们能够促使孩子更加灵巧吗？其作用可能恰恰相反，因为，毋庸置疑，孩子的笨拙在很大程度上来源于气馁。他认为自己笨手笨脚，于是就有了相应的行为。你告诉他的并不是什么新鲜事，只不过证实了他对自己的低评价而已。

反复痛斥孩子的愚笨、懒惰、邋遢或其他缺点，其结果如出一辙。倘若他还没有认定自己有这些缺点，你的评论必然会说服他相信这一点。而后，这些不足就会根深蒂固，因为这样的言论令他彻底丧失了尝试改进的勇气。他想："如果我注定是愚笨的（或者笨拙、懒惰），努力又有什么用呢？"然后他就会认为自己的缺点是理所当然的；而且，更甚的是，他会很满足地看到其他人对此烦躁不安。

因此，你这种令人气馁的态度会直接导致孩子形成某个坏习惯。透过孩子身上所谓的不诚实，我们可以清晰地观察到这一现象。孩子拥有丰富的想象力，而且容易把幻想和现实混为一谈，如果你对此有所误解，并指责他撒谎，他或许真以为自己生性不诚实，于是真就开始撒谎了。

怕什么，就来什么。你或许受烦恼的推动而告诉孩子你对他评价很差。在恼怒的时候，你很容易夸大孩子的缺点，而且你的语言听起来往往比你的真实意思更加强烈。为了缓解一个人的恼怒而制造更多新的烦恼来源，这样做值得吗？

轻视

唠叨、吹毛求疵、棍棒教育，简而言之，带有轻视并引发冲突的儿童训练方法，在实际运用中恰恰会带来事与愿违的效果。

在面对孩子的坏习惯时——咬指甲、挖鼻孔、邋遢，诸如此类，大多数父母的态度都表现为各式各样的训诫、责备、承诺和威胁；然而，如果你希望向孩子灌输这些坏习惯，倒应该让他承受这些强制力。假设有人问起教会孩子挖鼻孔的最佳方式，仅仅给他做示范还不足够，劝说也不一定有用，但是有一种方法屡试不爽：等到孩子把手指伸进鼻孔时，给他一记耳光；很快他的手指又会伸进去，这时你只需要对他大吼并禁止他碰自己的鼻子。重复这一做法，通过威胁和打耳光增强你的激烈和不耐烦的语气，不久以后，孩子就养成了挖鼻孔的习惯。这不正是父母实际在运用的方法吗？唯一的区别是，他们认为该方法是用来消除缺点的。他们完全没有意识到这种方法必然会导致相反的结果。他们的父母是如此对待他们的，他们也就不加思索地将同样的方法运用到自己的孩子身上。

如果挑衅的态度受到激发，孩子就会表现出对抗。每个人都会有同样的反应。有人或许认为，随着时间的推移，父母和教师总会观察到这一事实，并放弃使用这些无效和有害的训练方法。但是我们惊奇地发现，事实远非如此。

这很可能是因为我们没有洞悉到不同的儿童教育措施所带来的不同效果。我们只能看到直接和表面的结果。父母的处境与一百年前的外科医生相似，后者虽然意图良好，却对他们的病人造成了严重伤害，因为他们并不知道自己所使用的治疗措施有何效果。数百年来，他们一直用由旧亚麻布做成的软麻布包扎因意外事故或战争形成的伤口。没有人怀疑过这种处理方式会导致严重的甚至致命的感染。维也纳医生伊格纳茨·泽梅尔魏斯（Ignaz Semmelweiss）首先发现无菌处理的必要性，这一技术有效预防了人为造成的伤口感染。

正如外科医生先前并不知道应当对伤口进行消毒处理一样，如今的大多数父母也对这一事实懵然不知，即孩子的精神伤口——它们引发了孩子的淘气和不服从，不能完成任务，以及层出不穷的缺点——也需要得到谨慎的处理，以免恶化。如今，现代“深度”心理学让我们有可能理性地认识孩子以及整体人类的内心世界，也让我们第一次得以观察到并理解不同的儿童训练方法所带来的行动和反应。现代教育学试图帮助父母和教师进一步看到孩子及其缺点的实质，从而让他们停止使用错误且有害的训练方法。

教育革新者要完成的工作比医学领域艰辛得多。诚然，泽梅尔魏斯医生痛苦地目睹了同时代人的固执，而且，相较于他对人类的贡献，他得到的回报则是轻视、贫困和早逝；但是，他的研究结果所带来的明显改变最终不可避免地赢得了认可。然而，心理学的发现却无法如此清晰有力地展现出来；不过，某些训练方法的结果之明显，是任何客观的观察者都可以发现的。问题的关键在于，在对待孩子时，我们的态度并不是——或许也不可能是——客观的。大多数医生都不愿意治疗自己的家庭成员，但是没有人可以逃避训练自己的孩子。

在第一章，我们不断强调妨碍父母对自己的孩子采取客观态度的那些困境，还谈到很多父母出于私利使用某些对孩子毫无益处的训练方法。即使认识再清晰，如果一个人出于内在的需要而对它心怀对抗，那又有何意义？即使证据再有力，如果一个人宁愿对此视而不见，那又有何作用？通过仔细观察，你会发现自己是多么容易轻视孩子。许多父母不敢由衷地认可孩子的成就。这就是他们不愿意表扬孩子的原因，纵使突然间慷慨地表达赞赏，他们也一定继以某些轻蔑的想法。“你今天表现得真好。你为什么就不能一直这么乖呢？”好的行为被认为是理所当然的，只有失误和逃避才会引起关注。父母声称自己这样做是为了避免孩子变得自负，他们拒绝承认这种态度背后自私的兴趣，试图借此加以掩饰。

每当孩子捣乱的时候，上述自私的兴趣就会被直接激发出来。对亲子关系感到放心和自信的父母会心平气和地渡过难关，但是觉得难以胜任的父母却并非如此。也许他不知道如何正确应对这个问题，也许他在当时对孩子感到不耐烦。他的心里往往充满了恐惧，害怕孩子随后发展出不良后果。轻视的态度正是在这个时候出现的，通常还伴随着一系列激烈的批评。此时此刻所有表示轻视的方法都会派上用场——从咆哮到鞭打，在这之间有上千种不同的表现形式：责骂、训斥、嘲笑，诸如此类。这种冲动的、情绪化的轻视是很多父母惯用手段的一部分，它表现为各种形式的过度监督、唠叨，以及无休止的严厉和易怒。

有些父母刻意系统地运用轻视的方法作为儿童训练的准则，上述趋势同样出现在他们身上，尽管没有那么明显。这些父母相信，唯有使用严厉的措施、刻意的羞辱，或者故意的责打，才有可能养育孩子。他们未能认识到，这种做法显示了他们想要战胜孩子的渴望——通过使用最极端的强制措施维护他们自己的优越性。因此，贬低孩子是为了维护他们作为父母的权威。

父母的权威本是为了教孩子遵守秩序，滥用权威则必然激发孩子的抵抗。无论表面看来他有多么顺从，他内在的冲突从未停止。如果权威的维护需要动用强制力，其本质缺陷就暴露无遗。

严酷

拉利是独生子。在他三岁的时候，妈妈去世了。他的继母是一位善良、有能力的女人，但是，她和拉利的父亲都不理解这个孩子有所保留的、默不作声的敌意。因此他们试图“驯服”他，他行为不体面时都会受到严厉的惩罚，他每做一件事情都会被继母挑毛病。晚上，继母会向丈夫详细汇报拉利的行为，一旦发现不当行为，父亲就会连续好几天拒绝和拉利说话。拉利极少听到愉快友好的话语——因为他总是闷闷不乐，友善并不是他“应得”的。

拉利表面上看是一个顺从的男孩子，但是他却很少令父母满意，因为他并没有真正地参与家庭生活。他不仅寡言少语，而且不时表现得非常固执。有时候挑衅的话语会从他嘴里脱口而出；有时候他不能按时回家，或者拒绝完成分配给他的任务；即便在顺从的时候，他也明显是勉为其难。

这些措施或许在表面上“驯服”了孩子，但是如此严酷的方式会妨碍孩子发展社会兴趣和归属感，每一次都会加重孩子心里已有的无助感，令他痛苦地意识到自己的软弱和依赖。他不会将父母看作自己的朋友，他也不是他们的朋友。他的内心反抗着父母，并借助一切机会展示自己的冷漠和憎恶。如果系统实行这种严酷政策的话，孩子也许无法公然表现出任何反对的迹象，但其实双方都有隐藏的敌对行为。

羞辱

很多父母相信，他们可以借助羞辱来削弱孩子的反抗，进而让他改掉某些缺点和坏习惯。他们可能会要求孩子站在墙角或者跪在地上，有时候受到施虐欲的刺激，甚至这些手段都不能满足他们富有创造性的想象力。

每当八岁的艾伦“不乖”的时候，她就需要在父亲面前下跪，清晰且大声地说出自己的过错，重复自我谴责数次，最后请求惩罚。不难想象，这一规则实施起来很不容易；在忏悔行为之前，总是会经历漫长的喊叫、威胁和责打。

我们能够很容易地预测这些羞辱所带来的结果。孩子最多会让自己习惯这样的羞辱。他机械地按照要求行事。但是，受到这种方式对待的孩子内在的心理过程与表面大不相同。无言的讥讽和诅咒会伴随他温顺的话语和谦恭的行为。因此，父母培养了他的虚伪和伪善。表面良好行为的价值是非常值得怀疑的。

这些孩子的精神世界遭受了严重的影响，他们往往会患上神经官能症，这些经历经常引发情感生活障碍并导致受虐倾向。孩子发现他可以将原本的惩罚转化为乐趣的源泉。父母或许认为自己给孩子造成了不适，但其实孩子从中感受到的是快感。因此，很显然，正是在孩子至为悲惨地承受羞辱的时候，他成了获胜者。

体罚

作为儿童训练中被系统应用的方法，体罚正在被逐渐淘汰。这一事实令我们欣慰。但是仍然有许多人在大声为体罚辩护。他们声称，责打能够迫使孩子接受父母的权威和优越性。据他们说，尤其在生命最初的几年，孩子对讲道理无动于衷，所以打屁股是劝服他顺从的唯一手段。他们还声称，即使到了以后也需要通过责打防止直接的危险；他们觉得在某些特定的情形中，其他方法都是徒劳的。这些论据支持系统地使用责打，而有些父母只有在处于情绪压力之下，即被“神经紧张”征服的时候，才会打孩子，他们有时候能够意识到体罚的不利之处。

因此，我们首先需要考虑的是，必须通过责打的方式才能解决的情形是否确实存在。来看看小婴儿吧，语言自然无法影响到他，因为他还不能理解其中的含义。但这就足以成为打他的理由吗？毕竟，语言并非必不可少的训练手段；

恰恰相反，它们经常是多余的。因此，语言在应对小婴儿时，其无效性是无关紧要的。更为有效的训练方法，即让孩子体验到要求和指令的逻辑，则非常适用于婴儿早期以及以后的阶段。当孩子想要抓住某个可能会造成伤害的物体时，你只需要把该物体拿走并放到他够不到的地方——不管他哭闹与否。其他时候则可以这样安排：在没有切实危险的情况下，让孩子体验到某些物体可能造成的痛苦。假设孩子坚持站在自己的婴儿车上，而且身体大幅前倾，随时有可能摔下来。责骂充其量只在短时间内有效。这时候或许你认为有必要快速打他一个耳光。但是，在非常谨慎的情况下，如果你微微倾斜他的婴儿车，这样岂不是更有效？这一做法所引发的危险感可能会促使他主动坐下来。如果这一次体验还不足够，你可以让孩子多次体验到类似性质的经历；他可能很快就不再希望触发这些没有必要且令人不适的摔倒的感觉。

对于大一些的孩子而言，事实基本也是如此。有一次，在讨论到体罚的不利之处时，一位妈妈讲述了如下事例作为反驳：

她有两个年幼的儿子，大儿子经常打开厨房的煤气。妈妈向他解释了这样做的危险性，但是无济于事。妈妈给他读了一篇报纸上的文章，从中他了解到这种做法会引发多么可怕的爆炸，但他还是不为所动。终于，在他故伎重施时，妈妈痛打了他一顿。他再也没那么做过；几年以后，他告诉妈妈，他每次经过煤气灶都会想起那次惩罚，然后克制住打开阀门的欲望。（注意这种持续存在的欲望！）

在这种情况下，打屁股真的是唯一有效的解决方案吗？当然不是！只需要一点点训练，我们就可以想到这个男孩草率的行为可能带来的一系列自然后果。例如，这位妈妈可以告诉两个孩子，只有知道不应该打开煤气的人才可以随心所欲地进厨房玩耍；另一个人就只能待在外面，直到他能够做到经过煤气灶的时候不碰它。如果持续实施的话，这一措施就可以平复这场纷争，而且不会引发更多麻烦。有很多类似的方法可以教孩子不要摆弄煤气灶。

从最初的婴儿期开始，孩子就需要尊重和遵守秩序，并且基于这一规则调整自己的欲望。然而，纵使孩子认为自己罪有应得，体罚也并不是达到这一目标的必要手段。只要父母了解到孩子在挨打时的感受和想法，他们就会惊恐地退缩，而且再也不敢对孩子下手了。（正常、健康的孩子也是如此。）在承受责罚的时候，经常被打的孩子会产生关于仇恨和愤怒的可怕想法，即使产生希望折磨他的人死掉的念头也毫不稀奇。你真的相信孩子能从这样的经历中产生举止得体的冲动吗？恰恰相反，你完全有可能等到的是孩子进一步变坏，即便是最残酷的责打也无法对他的态度产生正面影响。他内在的反抗非但没有瓦解，反倒因责打而变得更加顽强。

你需要区分仅在少数时候挨打与频繁或定期挨打的孩子。以前从未挨过打的孩子会被这样的经历吓呆，以至于留下刻骨铭心的印象，因此他们会尽一切努力避免重蹈覆辙。但是，一般说来，他们都是发展非常健康的孩子，体罚纯粹是错误之举，因为即使个别的暴力体验也一定会带来深刻的精神打击，通常都会导致持久的有害影响。孩子学到的是害怕和屈服于暴力，每一次挨打都会摧毁他的一点点尊严、勇气和自立。

然而，有些孩子只有在挨打的时候才顺从。有时候他们似乎是故意招来惩罚。他们利用任性和无礼激怒父母，看起来几乎是有计划有步骤地点燃了怒火。劝说、警告和威胁毫无作用；最终，心烦意乱的父母只好通过责打来发泄自己的恼怒。在这之后，孩子像是变了一个人似的——深情、顺从，而且举止得体。这样的例子频频可见，这些显著的结果被认为是证明惩罚有效的证据。但是，这些结果真如表面看起来那么好吗？为什么孩子在受到糟糕的对待时却有如此积极的回应？

有些理论家提出了一个非常大胆的诠释，他们谈到了所谓“对惩罚的渴望”——一种被认为是渴望惩罚的负罪感。在我看来，这些问题其实要简单得多。在这些情况下，我们所面对的通常是感受到被忽视被拒绝的孩子。继弟弟或妹妹出生后，孩子经常会变得十分令人烦恼。他试图通过捣乱或淘气来吸引父母对他的关注。只要你还不是足够生气，他就会感到被轻视；直到你心烦意乱到将所有其他兴趣都抛诸脑后，他才会心满意足。而且，如果在大发雷霆之后，你对自己的行为感到后悔，并试图通过爱抚和亲吻孩子来做出弥补，那么，孩子开始为了引起关注而激起父母的责打，甚至可能因为责打之后父母所表现出的喜爱之情而感到满足，这又有什么奇怪的呢？他的行为就好像是，农夫的妻子眼泪汪汪地跑到神父那里抱怨说她的丈夫不爱她了，因为他已经整整两个星期没有打过她了。殴打体现了对被打者的高度关注，正是这一事实促使很多孩子形成了独有的古怪态度。有时候，他们甚至因为自己有能力激发父母的情绪达到足够激烈的程度而享受其中。

然而，父母在责打孩子时心里想的却不是这个目的。他们认为自己是在训练孩子，但是，令人意想不到的是，他们刻意让自己成了孩子满足渴望的工具。挨打之后的良好行为是孩子乐意为了愿望的实现而付出的代价，挑衅性质的淘气是他潜意识计划的重要部分，该计划的目的要么是引起关注，要么是惩罚并激怒父母。

针对责打，有些孩子会给出不同的回应，有时候他的回应看起来似乎恰恰相反。残暴的行为通常会激发恐惧和憎恶，但有时候却会带来依恋，甚至是全心地投入。在某种程度上，我们在这里所面对的同样也是上一节所提及的情感生活障碍，孩子将父母的暴力变成一种快感的来源。这样的孩子也经常试图激起父母的责打。

多年以后，严厉的父母往往格外受到喜爱和尊敬。长大成人的孩子不再记得小时候挨打的不愉快感觉。他还常常声称自己其实很感激曾经遭受过的责打。在这里，我们看到了孩子对于任何行使权力的人所表现出来的尊重。因此，使用棍棒教育的父亲很容易成为权力的象征，当他不再被认为是威胁的时候——但是只在那个时候——他或许能够得到孩子的爱。他的孩子甚至效仿他，因为这些孩子在长大成人之后会认为责打是无可非议的，甚至还会对此高度赞赏。我们经常听到他们这样说：“我小时候挨过打，而我现在成长得非常好，所以这种做法应该对我的孩子也有好处。”然而，责打会留下深刻的影响，对他们如此，对其他人也是如此。他们只不过未能认识到这一点。每一个在儿时挨过打的人，其性格中都会留下被责打的印记。

童年时期遭受责打，其典型结果是，孩子可能发展成奴性、怯懦的人，一方面阿谀奉承，一方面诡计多端；又或者，他可能成为自大和过度自信的人。几乎每一个儿时挨过打的人都有残暴的倾向。他也许会成为一个非常有能力的人，他的铁石心肠和冷酷令他尤其容易在商业领域或某些职业上取得成功。但是他缺乏真诚的友善、温暖，以及亲密接触的能力。他并非没有能力发展更深厚的感情，只是无法摆脱不信任感。简单来说，他始终害怕儿时所经历的羞辱和卑微再次出现，所以变得冷酷无情。

F先生在儿时经常被责打。他的父母深爱着他，而且在很多方面都对他很纵容，但是每当他们茫然不知所措时——这种情况经常发生——就会痛打他一顿。F先生是一位无比成功的商人，以沉着冷静和泰然自若而闻名。他的妻子很有魅力，并且看起来深爱着他，他的儿子们也很英俊。其实，F先生没有任何关系好或亲密的朋友。他更令人畏惧，而非受人爱戴，因为他很专横，拒绝让其他人和自己平起平坐。对于他来说，没有人足够可靠；除了他自己，也没有人了解他的生意。由于缺乏体谅，而且经常达到了没有分寸的地步，他冒犯了很多原本可以建立更紧密关系的人。

F先生冷酷且专制地统治着自己的家人。他克制自己对待孩子的方式，避免让孩子承受自己小时候所经历的那些责打，只是非常艰难。但是，虽然在这方面有所让步，他却特别强调自己要在各个方面被看作一家之主。他一挥动鞭子，每个人都必须立即响应。他嫉妒心极强，不允许妻子有任何自由，明确要求妻子可以在什么时间、什么地点与什么人联系。他很喜欢在陌生人面前令妻子难堪。任何分歧或反对的迹象都会促使他大发雷霆。他会大怒、咆哮、焦躁，或者变得尖酸刻薄。

显而易见，在他表面的优越性背后隐藏着恐惧。他保护自己不受任何与他来往的人的拒绝和象征性的打击，所以他树敌甚多，而且疏远着自己的妻子和孩子们。对于那些表面上屈服而实际上一有机会就欺骗和算计他的人，他既不理解也不愿意去理解他们。虽然有所觉察，但他不愿意对自己承认这些事实，等到必须面对它们的时候，醒悟的过程就会非常可怕。而且，如果他的生意出现逆转，他所经受的打击也会同样可怕——这是令他惧怕和辗转难眠的意外事件。因为，这将意味着他物质优越性的终结，而这种优越性是他建立威望和权力的基础。

尽管所有人都应该清晰地看到惩罚的无用、荒谬以及彻彻底底的危害，但是这种方法仍然被持续使用。这一谜团可以通过一个事实得到解释。那就是，大多数被责打的孩子，在成为父母之后，都主张责打是不可或缺的。他们认为自己在打孩子时是出于理智，实则只是出于莫名的内在冲动。他们希望向孩子生动且激烈地展示自己的优越性，否则他们就会担心自己无法制服孩子的反抗；他们意识不到的是，暴力的使用令他们的一个本质弱点暴露无遗：他们对此无计可施。他们也不愿意坦承这种做法背后暗含着多少怯懦。如果一个男孩殴打另一个比他年幼和弱小的孩子，他会被认为是不正当和懦弱的，而一个成人责打一个弱小和毫无防御能力的孩子，与上述情形有何区别？如果你觉得有必要打孩子，由于这一做法既非必要，也无法带来理想的结果，因此你应当从自己的性格中寻找导致你产生这一冲动的原因，然后你就会意识到自己具有特定的暴力倾向：你喜欢展示自己的权力和优越性，而且，最重要的是，你无法忍受承认自己的权力具有局限性。接下来，在抬手要打孩子的瞬间，或许你会认识到自己在面对孩子时所感受到的脆弱和无助。这种无力感正是你的冲动来源，它促使你不择手段地证明你们之间谁才是更强大的一方，为此你甚至借助自己的身体优势和暴力手段。这一冲动如此之强烈，你可能根本不会停下来思考自己要做的事情是否有益甚至是否公平。

为了反驳这些事实，你或许认为孩子“需要”挨打，又或者你会诉诸老方法，即所谓的“神经紧张”“失控”。即便如此，情形也并无不同。你知道自己不应该打孩子，但是，在无助的时候，尽管有负罪感，你还是会诉诸暴力，然后又通过叹息“神经紧张”来慰藉自己的良心。

社会团结感对孩子的健康发展至关重要，它与孩子对自己身处的社会秩序的内在认同密不可分；轻视绝不会促进这种社会团结感的发展，只会造成阻碍。在儿时受到羞辱和压制的人从来就不是真正的社会人：他还是一个半驯化的动物。因此，为了帮助孩子成为积极的社会成员，父母的教育方法必须避免任何有可能对孩子造成压制和羞辱的权宜之计。

SPECIFIC TRAINING SITUATIONS

第五章 特定的训练情形

儿童生活中的各种外部情形都会造成特定的问题，如果处理不当，可能对他将来的发展产生深远且有害的影响，而后续的一系列困境都发端于此。在这种情况下，隐性的冲突会突然显现，令人措手不及。

如果你以恰当的态度对待孩子并遵守基本的行为准则，那么在每一个新情形出现时你就可以很容易地决定该做什么。当然，若能掌握更多关于孩子各个成长阶段需求方面的知识，对你也很有帮助。现代母亲通过课程和实际练习提前为婴儿护理做准备，主要涉及的是身体护理。婴儿护理工作还需要对其他需求有所了解——比如孩子的活动、玩耍和兴趣，这些需求逐年在变化。详细描述这些需求则超出了本书的范围。[我们推荐以下书目供您详细阅读：阿诺德·格塞尔（Arnold Gesell）：《儿童生活的最初五年》(The First Five Years of Life)，Harper & Brothers出版社，纽约，1940年。阿诺德·格塞尔、弗兰西斯·伊格尔（Ilg Frances L.）：《五到十岁的儿童》(The Child from Five to Ten)，Harper & Brothers出版社，纽约，1946年。本杰明·斯波克（Benjamin Spock）：《婴幼儿保健常识》(亦译作《斯波克育儿经》)(The Common Sense Book of Baby and Child Care)，Duell, Sloan and Pearce出版社，纽约，1945年出版，1957年修订。]在本节中，我们会对某些重要情形下产生的问题进行心理层面的探讨。

产前调整

你（妈妈、爸爸）在期待孩子的同时，也面临着人生中的第一项教育任务。你在孩子出生之前的态度和期待就已经表明早在孩子实际出现之前你与他建立起了一种关系。在这一阶段，你可能会出现前一章节所讨论的父母常犯的所有错误。恐惧、过度焦虑、过多期望以及过度活跃都是可能出现及频繁出现的陷阱。注意这些问题！你应当有意识地利用孕期增强你的斗志、勇气和自信。通过书籍或课程来学习婴儿护理和儿童心理学是明智的做法，但是也要小心此类学习带来的影响。如果你因为过多的信息和建议而变得气馁或焦虑，则此类学习并不能令你受益。如果任由自己担心自身抚养孩子的能力，你就削弱了将来所需充分依赖的力量和智慧。

最初的经历

婴儿与周围人初次接触的经历至关重要。一旦孩子得到了错误的印象，其结果是他也会给出错误的答案，因此父母需要投入大量精力和心血来纠正孩子的行为模式。远在孩子理解语言之前，他就能够对自己所处的环境做出回应并感受到人际关系，他能明显感知其他人的情绪并做出回应。（参考第七章“哭泣”部分。）父母的焦虑、担忧会引起婴儿怯懦和紧张。父母的镇静、平和也有助于孩子的平静安宁。毫无疑问，破坏母亲和孩子之间和谐关系的恶性循环有可能是由孩子首先引起的。早产、孩子发育过程中的严重疾病或障碍都会使母亲苦恼，这一点无可厚非。但她的心情反过来又会影响孩子，并抑制孩子的调整适应，继而不断挑起母亲新的情绪波动。又或者，恶性循环是由与孩子无关的麻烦状况引起的，这些麻烦状况干扰了母亲，继而影响了孩子。日后，即使这个困境的始因已经不复存在，但母亲和孩子之间被破坏的关系仍然会对双方造成困扰。因此，父母无论多么小心地维持自己情绪的平衡都不为过，这是始终正确的，而在婴儿生命的最初几个星期或几个月尤为重要。

你理所当然应该努力保护和帮助如此脆弱、如此无助的小婴儿。然而，如果孩子从一开始就体验到无助所带来的有利后果，他就无法发展充足的勇气和自立。每当孩子遇到小小的困境时，父母都需要极大的自制力才能克制自己不去帮助他，但是，你会获得极大的回报：首先是孩子能够越来越成功地控制自己的身体并处理困难的局面；其次，他的勇气和独立会逐渐增强。怜悯和恐惧是导致错误行为的动机，这不仅妨碍孩子的发展，更重要的是，还会干扰孩子与他人的关系。父母的野心和虚荣也是导致他们虐待或压制孩子的原因。

从生命的第一天开始，婴儿就成为一个必须与所在社区社会秩序相适应的独立个体。尽管在某些方面他还需要别人的帮助和支持，但他完全有能力借助自己的智慧调整并适应生活，而且他拥有这种体验的权利。

喂养

在吮吸母乳时，婴儿就开启了第一次与他人合作的冒险之旅。用奶瓶喂养也是如此。因此，从他生命的第一天开始，必要的规律性训练就可以开始了。一旦他对此习以为常，规则就会成为一种愉快的体验。从一开始就进行规律性的喂养，这样做有两大优点：它使婴儿置身于作为社会生活主要部分的秩序和规律之中；食物摄入的规律性与生物秩序同样具有一致性，正如所有生理机能——特别是植物性机能——都特有一种明确的节奏。孩子身体功能的自然节奏建立得越快，他在身体和社交方面的发展就会越好。伴随着食物摄入量的节奏，规律性的排泄也可以及早开始，但是排泄训练必须等到孩子可以控制自己的器官活动时方能进行。另一方面，食物的摄入并不需要对器官进行控制。当孩子置身于规律之中时，他的胃无须特别的控制就能自动调整和适应。（参考第四章“娇纵孩子”部分。）

喂养时间表的建立需要考量每个孩子的需要，你应该咨询儿科医生来制定一个合适的时间表。对于一般孩子来说，人们发现每隔四小时喂食一次是最好的。然而，如果孩子特别虚弱或不舒服，他可能需要另一种时间表。随着孩子长大，这个时间表可以被修订。但是在任何时候，你都应该有一个明确的计划。

大多数的喂养错误都源自父母毫无来由的焦虑。过度焦虑的父母总是担心孩子吃不饱，他们低估了一个有机体的能力。只要父母不干涉孩子的胃口，孩子就能够照顾自己。如果他这次吃得少了，那么下次他会补回来。孩子在哺乳的时候睡着了，也没必要担心。当孩子睡醒时因为饿了而哭闹，你也不需要动摇，也不需要打破喂养规律提前给他哺乳。一旦对此做出了让步，你就妨碍了孩子从规律中受益。

然而，使用喂养时间表也会有产生新焦虑的危险。你不应该总把它看作悬在头顶的利剑，提前几分钟或者稍晚几分钟并无差异。重中之重是你在给孩子喂奶时能保持安静、平和。婴儿对于紧张和焦虑的回应非常强烈，这会破坏他的植物性机能。无论你的焦虑是源于担心奶瓶的温度、孩子进食的总量或质量，还是哺乳的精确时间，这都没有区别；比起任何在其他需求方面的轻微偏差，你的焦虑更为有害。

断奶

在儿童训练的过程中，断奶是另一大难题。如果断奶的时间到了，你同样应该按照计划执行，不要因为孩子拒绝戒掉一个舒服的习惯而动摇。你的努力具有简单而纯粹的被动性：绝不让步。坚定地面对婴儿的饥饿，不借助任何强制手段或压力。如果你能控制自己的担忧、焦虑和同情心，你就能在保持冷静和友好的同时保持坚定。如此一来，孩子就不会觉得你关心他的饮食胜过关心他本身。

由于已经习惯了纯流质食物，他可能会厌恶地推开任何他发现有固体的食物。强迫他摄入这些营养，他的厌恶感只会更强。如果他拒绝吃某一种食物，就不应该给他提供替代品。通过这样的方法，他最终会接受当初不喜欢的食物。

早期的肌动活动

孩子天生具有让自己站立的欲望。当他足够强壮的时候，他就会主动坐起来，然后自己站立。不要试图推动孩子做力所不及的事，更不要流露出自己的焦虑。在站立或行走时，孩子不仅在学习使用他的双腿并到处走动，更重要的是，通过这些锻炼，他获得了关于自立的初次体验。给予过多的帮助会阻碍他学步，也会阻碍其自立的发展。

孩子还必须学习摔倒。如果你随即安慰他或者抱起他，你鼓励的就是哭泣和自怜。但是，如果不为孩子的恸哭所动——因为毕竟他很少严重受伤，他就可以逐渐变得坚强，从而能够承受更严重的伤痛。如果父母焦虑，孩子就更容易而且更经常哭；他们会试图通过这种方式来快速获得父母对其伤痛的补偿。

当孩子独自待在婴儿围栏里的时候，他自己尝试站立并蹒跚学步，这种自立的精神是令人敬佩的。如果他总是被牵着手拽着走，这是在制造不必要的困难。在学走路的时候，孩子不需要依赖别人。否则，一旦没有人帮助，他就会对自己失去信心。

如厕训练

在孩子一岁半的时候，我们就可以视他的发展情况来训练他保持干净了。如果孩子能够长达两个小时保持尿布干燥，这表明时机已到。再次强调，秩序感来源于准时性和制度性。无论他是否需要如厕，每隔一段固定的时间就让他上厕所，这会让他学习到如厕的好处。这个过程越不经意越好。不管孩子做了什么，你都不应该动怒或责骂他。冲突和愤怒是完全多余的。不建议在夜间叫醒孩子让他如厕，这会导致他在半睡半醒的状态下进行大小便，他有可能看起来是完全清醒的，但事实通常并非如此。

上述过程需要一直持续，直到孩子主动要求或者自己去上厕所。如果他在学会如厕之后尿了裤子——偶尔的“事故”可以被忽略——你就应该重新执行原来的惯例。这是他忽视自身义务的自然后果。但是，你始终需要检查孩子尿裤子的原因，并努力改善局面。或许他是由于嫉妒刚出生的小婴儿，自己也想做回小宝宝。在这种情况下，如果他不能自己解决如厕问题，给他穿纸尿裤会有所帮助。无论你采取何种做法，不管是再次定时把他放到马桶上还是给他用纸尿裤，这种做法始终只能实施一天，第二天你还是要给他自己如厕的机会。但如果他还是继续尿裤子，那么每天每隔两个小时就要把他放到马桶上。如果还是不起作用，则需要把间隔缩短至一个小时，尤其在他非常年幼的时候。不管孩子尿不尿，你都不能让他在马桶上坐好几分钟。这一惯例必须得到保持，但要尽量少说话，避免孩子借此寻求关注。不要说你没时间执行这样的惯例！训练孩子是需要时间的。倘若不在这件事情上投入必要的时间，以后你就会被令人不悦和心烦的事情占用更多时间。

最初的独立

你的焦虑和纵容是早期训练的陷阱。娇纵婴儿是你的本能倾向，从一开始就要特别小心，避免成为这种倾向的受害者！孩子会试图获取过度关注并且让你围着他团团转，要注意并觉察到他的这些企图，坚定自己，不要就范。哭闹和夸张的无助就是他的武器。你可以学习辨别孩子不同形式的哭闹和啜泣——它们表达的是孩子真正的需求、疼痛或不适，又或者只不过是寻求关注的手段而已。我们总是倾向于低估孩子在困境中照顾自己的能力。如果他伤到了自己，他需要的并非你的同情和安慰，而是你鼓励他加油的只言片语。这一建议听起来或许残忍，但此时你的安慰反而更加残酷，因为这令他的疼痛感觉起来更加糟糕，他会了解到原来痛苦可以帮助自己获得关注和关爱。

哭是孩子的天性，他通过这种方式告诉你他想从你这里得到某些东西，但是你只能在他真正需要帮助的时候给予援手。如果你不管他们，允许他们自己寻找解决方案，你就会惊奇地发现——哪怕是在生命的第一年里——孩子能够在何种程度上学习控制肌肉，如何巧妙地克服身体障碍。他们最需要的是激励而不是保护。如果发现哭闹并不能给自己带来帮助，他们就会寻找更加合适的解决方法并学着照顾自己。最重要的是，他们将受苦更少，快乐更多。

当我看到凯伦的时候她只有八个月大，她在婴儿围栏里像打结了似的—双腿伸出了围栏，整个身体都扭曲了。她无法自己解脱。她的妈妈就坐在旁边，并没有帮助她，而是用平静的语气说："你可以自己摆脱的，加油，凯伦。"小婴儿当然无法理解语言，但是她领会了其中的含义。她停止了哭闹，不一会儿就收回了双腿，脸上还露出了胜利的表情。

接下来的一幕发生在凯伦十五个月大的时候。她喜欢爬椅子，而且刚刚学会了安全地滑下来。现在她开始练习爬上爬下。在练习的过程中，她变得特别兴奋和活跃，以至于突然从椅子上直接跳了下去，脸摔在地上。鼻子流血了，她开始放声痛哭。妈妈很平静地把她抱起来，并很快带她回到椅子旁边，她说："再试一次，凯伦。"孩子一边抽泣一边犹豫地爬到椅子上。"现在再滑下来。"尽管凯伦已经不哭了，但她很害怕，伸出手想让妈妈帮她。妈妈鼓励她说："凯伦，你自己可以做到。"于是凯伦继续尝试，小心翼翼地滑了下来。妈妈建议她再爬一次椅子，这次她很快就滑了下来，没有表现出害怕。这次意外之后，她的脸肿了几天，但却没有留下任何心理创伤——否则心理创伤会停留很长时间，不仅影响她的勇气和安全感，更会影响她和妈妈以及其他可能的帮助者之间的整体关系。

孩子越早学会依靠自己的力量和能力，他的安全感就越强，他也就越自在。

生活在成人的世界中

孩子生活在为成人设计的世界中，而在孩子的眼中成人就像巨人一样，这可能会被认为是“不合人情”的。然而事实如此，我们必须面对。蒙特梭利以及其他教育体系希望为孩子微缩一个世界，目的在于帮助孩子更有效地进行各项活动，我们可以理解这些教育体系所做出的努力。被过度保护以及感到气馁的孩子或许需要通过这样的安排来获得勇气、自立和独立，但是，我们更提倡让孩子们在大人的环境中发展出以上品格，因为他们终究需要生活在其中。同理，如果把孩子限制在自己的房间里，安排好他们的各项需求，不让他们进到别的房间搞破坏——这种做法是不明智的。他们必须学会在任何场合都要举止得当——无论是在客厅还是在厨房。

很多父母都困惑于如何达到这一目标。我们能向婴儿解释他能碰什么、不能碰什么，哪些物品是易碎的甚至是危险的吗？诚然，婴儿无法理解复杂的句子，但是他确实能够领会意思，并且记住所发生的经历。“那么，”你会问，“如果他碰了不该碰的东西，这种情况下难道不应该打他的手吗？”当然不应该。你甚至都不需要用严厉的语调威胁地说：“不行！不可以！”把孩子带到一边，如此就能平静地让他明白什么事情是不应该做的。婴儿可以毫无困难地发现自己的哪些行为是错误的。他们之所以搞破坏并非是由于缺乏知识，恰恰相反，他们这样做是因为知道这样的行为是被禁止的。尽管是无意之举，但是大多数父母都对孩子进行了系统的训练，培养他们去做错误的事情。婴儿通过打碎东西引发激动和混乱。他确实引起了“轩然大波”。既然他可以重复这种令其愉悦的经历，那么，他为什么要剥夺自己的这一权力呢？

孩子第一次扔东西的时候，就是你自我观察的时候。你可能会去捡起来。这种早期经历是危险的。你也许会以为孩子并没有注意到发生了什么。他其实注意到了，你却没有。当他把窗帘拽下来或者把抽屉倒扣时你可能认为他很“可爱”。毕竟这是他第一次证明自己有这么大的肌肉力量，你会发自内心地享受其中。孩子如何能够认识到在几个月之后你会对类似的行为勃然大怒？那么你应该怎么做呢？很简单：当他碰某些不应该碰的东西时，以及当他拽或扔东西时，你只需平静地把他放进婴儿围栏里。与此同时，柔声细语地表达你的遗憾。很快他就会发现哪些行为会令他享受不到你的陪伴。孩子们都足够聪明，总能得出正确的结论。他必须接受环境的要求，否则就会失去到处走动的自由。但是，在被带离之后，一旦他准备好了，就应该立刻得到一次新的机会。（如果他太小还不能表达自己已经准备好了，你可以在一小会儿之后给他这个新的机会。）这种训练不需要打屁股、严厉批评或者使用暴力，只需要平静地表达。受过良好训练的孩子能够调整自己面对家里的各种物品的行为，既不会伤害自己，也不会破坏物品。

在扔东西方面，我们可能需要思考更多。对于孩子来说，当他坐在餐椅里、你的大腿上，或者在婴儿床、婴儿车里时，扔东西是一件很“正常”的事。在这些情况下，你不需要把物品捡回来，你可以完全无视他的行为或者简单地把东西拿走。

孩子能够凭借观察和经验自然自动地认识到危险的存在。然而，对于某些伤害性过大的危险，我们有必要系统训练孩子使之对此有所觉察，而不能通过偶然经历让他认识其中的危险性。比如，拿尖锐的物品、跑到大街上、划火柴、碰烫的东西，以及其他需要进行特殊训练的行为，仅仅把孩子带走或把物品挪走是不够的。你可以且必须花时间和孩子一起进行试验，直到他理解其中的危险性。当话语、解释和说教表达的是禁止时，它们都不起作用，有时甚至是有害的。孩子需要实际的示范。你可以用一把水果刀或一把剪刀来演示它为什么会造成伤害。当你偶然伤到自己的时候，你可以让孩子看到你流血的手指，并表达你的疼痛。当你在密切监督的情况下引导孩子碰炽热的炉子时，他就会记住并吸取教训。同样，也可以用这种方式让他知道燃着的火柴的危险性。你可以训练孩子在大街上的正确行为方式，教会他不要自己冲到马路上。允许孩子在不必牵手的情况下和你一起散步，直至到达路缘线。然后你牵着他的手过马路，同时向他解释那才是过马路的方式。你可以花时间像做游戏一样不断重复这类经历，直到孩子能够完全接受这种方式。

玩耍

玩耍是孩子的正当工作。无论做什么、学什么，对他来说都像游戏一样。但是这种玩耍是一件严肃的事。他的整体发展、他对自己和世界的掌握，都依赖于此。在孩子玩耍的过程中，重复并不是毫无意义地追求乐趣，而是一个对自我教育而言很有必要的训练过程。如果一个孩子没有时间和机会玩耍（与其年龄相符），他的发展将受到不利影响。

孩子的玩耍首先是功能性玩耍（function play）。他开始熟悉自己的身体并使用他的四肢，很快他就学会了解身边的事物，并通过感觉器官的发展感知这个世界。再往后，他的玩耍就变成了工作性玩耍（work play）。通过积木、玩偶、彩色球或立方体，或者其他玩具，他能够创造出新的东西。通过工作性玩耍，他渐渐知道，他必须遵循一定的规则，然后才能有所创造。对于自己选择的目标他会有一种责任感。在集体游戏中，他也在学习调整自己以适应这个集体的规则。孩子早期与妈妈一起玩的简单游戏就属于后者的范畴，在这些游戏中他第一次感受到除自己以外的其他人的本质和重要性。当纯粹的活动乐趣转变为实际成就，并享受到它所带来的满足感时，真正的工作就从工作性玩耍中产生了。

必须让孩子拥有充足的机会进行不受干扰的玩耍，允许他随心所欲，真诚地认可他的成就，这是务必遵循的一条重要原则。提供给孩子的玩具要尽可能简单，这样他的想象力才能受到激发并拥有足够的发挥空间。特别是在儿童早期阶段，越是原始简单的物品越适合孩子玩耍。

极其娇惯的孩子不会玩耍，无论是独自一人还是与伙伴一起。有些孩子无法融入集体游戏，他们只能独自玩耍。因此，通过观察一个孩子的玩耍状态，你可以密切关注到他的很多发展障碍，这时候你就要立即尝试补救。

为了和孩子保持良好的关系，父母需要花时间与他一起玩耍，只是给他读故事或者带他散步是不够的。诚然，在这些时候你觉得和孩子很亲近，但是除非你真正地与孩子一起游戏，否则亲子之间就缺乏足够的共同参与，也不会有合作。不幸的是，很多父母并不愿意游戏，他们也根本不知道该怎么做。因而，他们不会为此安排时间，抑或他们意识不到这种游戏活动的重要性。确保孩子吃饱、穿好、保持干净，而且不捣乱，仅是这些事情就已经应接不暇了，等到这些都做完之后他们就只想休息了。很多父母，特别是父亲，对如何与孩子游戏并不感兴趣。如果孩子让他们一起玩，他们会觉得很无聊。如果对某个玩具感兴趣，他们就会自顾自地玩起来，而孩子却被当成了观众或者仆人，他必须站在一旁以备他们需要什么东西。任何想要孩子的父母都应该学会与孩子一起玩耍，以此作为自己为人父母时的重要准备。

[下列图书有助于你了解一些能够与孩子一起享受其中的游戏：吕特·策希林（Ruth Zechlin）所著的《如何与孩子玩耍》(How to Play with Your Child)，以及罗泽·阿尔施纳（Rose Alshuler）所著的《从二到六》(Two to Six)。位于纽约第五大道315号的国家游憩协会（National Recreation Association）出版过关于这一主题的各类宣传册，可供取阅。]

与父母一起玩耍，这对孩子来说极其重要。唯有能够与孩子一起安排有趣活动的人对孩子才有影响力。在玩耍的过程中，你与孩子建立了彼此的关系，维持了自己的影响力，而且还培养了有序的合作；在游戏时间，你可以观察孩子，引导他承担起一定的责任并为实现共同的目标做出贡献，教他积极地参与到共同奋斗的事情中，并且成为一个能够经受失败的人。尤其当你有多个孩子时，陪他们一起玩是你义不容辞的责任。在这些愉悦、有序的活动中，孩子们能够学会视彼此为朋友而不是对手。让每个家庭成员都参与进来的共同游戏活动是激发其凝聚力的最佳方式。

穿衣

孩子需要承担的职责会越来越复杂，如果你鼓励自立，较少施加压力和强制力，孩子就能更轻松地掌握这些事务。所有孩子都生性爱玩。在孩子学龄之前，你可以一直利用他这种爱玩的天性。如果以游戏的形式呈现他的职责，他就会非常喜欢自己的任务。之所以很多人认为责任令人反感，是因为在接受训练的过程中他们的工作被剥夺了一切乐趣。一个简单的“必须”往往就足以让最有趣的任务变得令人厌恶。

若是能让“自己穿衣服”这一过程看起来很有趣，孩子也会将此当作游戏来学习。将穿袜子、脱袜子、穿鞋子、系鞋带设计成好玩的游戏，孩子会热情地加入其中。（当然，这种“游戏”与孩子其他形式的玩耍一样重要。）当你在一段时间之后允许他尝试完全自己穿衣服，他将充满活力地开始这一任务，在遇到困难的时候甚至会拒绝你的帮助。当然如果你开始施加压力或者挑剔他笨手笨脚，那么这个游戏就到此结束了。倘若你特别享受替孩子穿衣服，总是把他当成一个洋娃娃来对待，那他永远也学不会自己穿衣服，即使你最终决定放手让他自己做已于事无补。而且，更糟糕的是，如果你引发了冲突，必定会打破孩子健康发展的界限。孩子通过笨拙和缓慢的动作来迫使你不停地帮助他，他自己的能力就被控制你的欲望所取代。

说话

对孩子说儿语，这是个极大的错误。你应该避免只使用孩子已经理解的词语，也不应模仿他的发音。此外，在孩子说话不清楚的时候，你不必特别费劲地去理解。如果你让孩子觉得他能很容易被理解，他也就没有理由清楚地发音了。或许你还因为只有自己能听懂孩子说话而自鸣得意，在这样的时候，你的自豪反而妨碍了孩子正常说话。

若要帮助孩子，你自己必须慢慢地、仔细地说话，这样他就能学习正确的发音。你完全可以使用较难的词语，但是不应该在孩子重复错误的时候加以纠正。当孩子说话不清楚时，你不应该批评或责备他。唯一能成功纠正他的方法就是你不愿意去理解他的意思。

洗漱

身体清洁能力的发展过程也是如此。为什么男孩比女孩更容易脏兮兮地到处跑？这并非完全因为女孩们具有精心打扮并让自己光彩照人的“女人天性”，而是因为男孩受到妈妈的更多溺爱。他们有时候认为讨厌干净整洁是男子气概的要求，而洗漱、梳头和爱干净则等同于“娘娘腔”。

因此，一方面，男孩会拒绝你让他自己洗漱的要求，从而彰显自己的优越性；另一方面，他又非常乐意将洗漱的过程转变为你必须为他完成的私人服务。所以说，脏兮兮的脖子和耳朵要么是在表达反抗，要么是在寻求关注。

洗漱也可以被安排成一种有趣的游戏。然而，强制手段则会毁掉整个游戏，并且容易把孩子推向两种极端：自我忽视或过分讲究。不爱干净的自然后果就是别人会拒绝与脏兮兮的孩子来往，无论是一起吃饭还是玩耍。

饮食习惯

进餐时间不仅仅只是吃饭而已。这是少有的全家人坐在一起进行某个共同活动的时间。餐桌上的氛围以及用餐时的有序或混乱体现了一个家庭的整体结构。只要孩子能够自己吃饭，他就应该与其他人一起用餐，从而成为这个家庭中成熟的一员。如果需要别人喂饭，他可以坐在餐桌旁边的儿童餐椅里，但应该单独用餐，因为对某个成员的任何优厚待遇或差别对待都会破坏整个家庭的关系。

作为父母，你不仅要负责用餐时间的氛围，还需要维持秩序。这正是孩子了解你的想法和感受的时候。愉快的交谈也是良好饮食习惯的一部分。

秩序感要求每个成员都遵循其所在社区习俗的用餐方式。孩子学习不挑食，这同样是恰当的饮食习惯的一部分，否则就无法保持均衡的饮食。

任何孩子都不可以抱有侥幸心理去违反秩序。如果举止不得体，他就不能和大家一起用餐。（不要威胁，而是在秩序被严重破坏的时候采取行动。）下次他可以再次参与到家庭环境中。如果他不能按时坐到餐桌旁，在其他人开始用餐之后就没有他的座位了，他就错过了这顿饭。（唯有当你注意到孩子的行为非常散漫时才需要严格遵循这些建议，一个和谐的家庭并不需要通过自然后果来维持每个成员的合作。）

然而，你应当严格遵循以下原则，否则就会遇到麻烦：一方面，不管孩子吃不吃饭，这都是他自己的事。任何人都无权哄劝、建议、训斥或威胁。另一方面，如果他不好好吃饭，玩食物，或者因为磨蹭而没有和大家一起结束用餐，那么你们无须等着他，并且应该将他的盘子收走。如果一个人感觉不太舒服，不愿意吃完盘子里的食物，那就不应该在吃饭时为他准备饭菜，这样做再自然不过了。（当然，你需要考虑到孩子们的胃口，他们可以有第二份食物或者一次小小的加餐。）在饮食方面，无须多言，无须关注用餐很慢或很少的孩子，不用提前警告或者在当时进行说教，他必须体验到自然后果。

帮忙做家务

在孩子还小的时候就应该让他们积极参与家庭生活。这不但会激发他们的社会兴趣以及合作能力，还可以提升他们的自信，为以后有所作为奠定基础。通过游戏的形式来呈现任务，这样孩子更愿意合作。此外，如果能够激发孩子的雄心和自豪感，他会更容易服从安排。当你允许孩子帮忙的时候，他会感觉到自己的重要和成长，并且为其力所能及的事情感到自豪。经常出现的简单工作、小任务和各种跑腿的差事都可以让孩子有足够的机会发挥作用。但是如果你粗暴且不耐烦地要求孩子帮忙，就会引发他对工作的反感。使用承诺或威胁、奖励或惩罚来让孩子完成某项任务，也是错误的。这只会让任务本身成为令人讨厌的附属品，获取奖励或逃避惩罚才是孩子的真正目的。

只有当孩子以合作为目标并且从任务本身中获得满足感的时候，他才拥有正确的人生观。孩子在游戏时也应该持同样的态度。只有在这种情况下，孩子才能够为自愿且欣然承担任务做好准备，即使在面对令人讨厌或艰难的任务时也是如此。发展这种准备性对孩子在今后人生中的进步、成功和幸福来说都至关重要。

“被废黜”的孩子

对于孩子和父母而言最复杂的情形之一是另一个小宝宝的到来。这一事件在很多人的生命中都具有极其重要的意义——影响了他们的整体发展并塑造了他们的性格。在此之前，孩子一直是家里的老小，或者是独生子女。现在他眼看着自己“被废黜”了。突然之间妈妈的慈爱和关心就不见了。最令他受伤的是，这一切都因一个陌生的入侵者而起。因此，孩子对新生儿的敌意往往非常明显。无数诗歌、故事和动漫都幽默地描述了大孩子的愤愤不平。

但是真实的情形远非如此有趣。大孩子会建议把小宝宝还给白鹳，（在西方有婴儿是白鹳带来的传说，英文中有个习语叫a visit from the stork，就是指“婴儿诞生”。所以，对于“孩子从哪里来”这个问题，西方传统文化中最典型的回答是“白鹳叼来的”。——译者注）或者一本正经地提出把宝宝扔出窗外甚至扔进火炉。在这方面即使他们化语言为行动也不足为奇。当大孩子企图采取暴力行为时，你可能不得不保护小宝宝。这种企图有时候被隐藏于蹩脚的借口背后；但是，当我们听到他说起让小宝宝从小推车或者桌子上摔下来的时候，我们就可以相当清晰地感受到这个“被废黜”的大孩子所感受到的敌意。

此时此刻，孩子需要特别的关心。愤慨于他野蛮粗鲁的言行举止是荒谬的。孩子没有死亡的概念，而且他对小宝宝的感觉就像是对没有生命的物品一样，恰如一个玩具。确实，他的态度体现了他倾向于自己时刻成为众人关注的焦点。这种倾向固然令人反感，但是这要归咎于父母曾经的溺爱。现在你必须意识到，每一次严厉的谴责只会增强孩子被忽视的感受，使他更加强烈地反抗。

他试图重新获取自己所害怕失去的关注，为此甚至可能会不择手段。很多孩子会故意制造麻烦、调皮捣乱，或者在某些方面表现出能力不足。因此，你必须尽力不对他们的意图做出回应。往往你被激怒乃至采取严厉的措施，而这些措施导致你和大孩子之间出现永远的疏离。

只有一种方法可以帮助孩子走出这种困境。你可以指出他比小宝宝年龄大的优势，并争取到他作为你的搭档一起照顾小宝宝。你可以强调他有价值的见解、判断和长处，从而达到以上目标。如此你就可以很有说服力地让他看到，虽然你现在关注他的时间有所减少，但这并不足以表明你对他的爱有丝毫减少。在这种情况下，父亲可以给予大孩子更多关注。母亲自然就可以忙于照顾小宝宝，但是，如果遵循允许小婴儿尽可能多休息的原则，母亲依然会有充足的时间陪伴另一个孩子。然而，任何时候都不要试图解决大孩子为了吸引你注意力而使用的那些恼人和挑衅的做法。如果在冲突的范围之外对孩子加以关注，你就可以做到宽容体贴地忽视他的上述做法。你应当特别努力地安排与“被废黜”的孩子共同参与一些愉快的经历和活动。

在你努力地对每个孩子都一视同仁的时候，你可能总是想让互相竞争的孩子们权利相等。你希望公平地对待每个孩子，但这有时候反而会导致一种特殊的竞争形式。我曾经遇到过这样的案例，一位妈妈需要通过称重的方式来给孩子们分巧克力和水果，这样每个人得到的就会一样多。其结果是，这位妈妈成了孩子们的奴隶。如果想要公平地对待每个孩子，你就无法允许孩子们发生关于谁多谁少的争吵。其实这并不重要，倘若“得到的少”并不意味着“拥有的价值低”，那么孩子们谁也不会在意这些。

两个孩子和平合作的前提条件是消除嫉妒。嫉妒导致孩子总是对偏袒的迹象保持警惕。嫉妒这一特质永远无法从任何人的个性中完全消除。但是孩子只有在感到自己被忽视的时候才会嫉妒。一部分父母有一个致命的“天赋”，他们能让所有孩子都感到被忽视。他们强调每个孩子都应受到责备，并使他们彼此针锋相对。这种做法加剧了孩子们之间的竞争。它来源于一个经常被讨论的趋势，即通过羞辱的方式教育孩子。你可以让每个孩子都感受到你是爱他的，而且，如果一个孩子恰好在某些事情上做得比其他兄弟姐妹差，这并不会贬低他的个人价值。对他的个人能力和成就给予恰当的认可，他就会发现没必要总是用别人的标准来衡量自己。

不可否认，在两个孩子之间取得平衡是有难度的。这是有两个孩子的父母需要承受的最沉重的负担。在竞争中失败的孩子，有可能出于某种原因父母对其抱有偏见，这往往是因为父母未能认识到这场斗争是因这个孩子被忽视的感受而起，又或者这个孩子得到了更多的溺爱，因此导致了他的气馁。如果一个孩子失去了勇气并放弃竞争，另一个孩子的发展也会受到不利影响。其中一个孩子显而易见的熟练和优秀通常是建立在他战胜了竞争对手的基础之上。如果在今后的生活中，这个成功的孩子未能同样轻易地战胜其他对手，又或者，那个原本失败的孩子在一些影响的刺激下最终变得更加成功，那么原本优秀的孩子的整个能力和风度就会坍塌，这场基于恐惧的冲突也会就此显露出来。即便是表面成功的人，其内心也同样秘密进行着这样的冲突。为避免引发这种情形，父母必须十分小心，不要拿两个孩子互相比较。你以为这样可以激励那个失败的孩子，这种想法大错特错；这只会引起他的无助和气馁，导致他放弃竞争，同时这对胜利者也有危害，他会因此更加确信，一旦不能领先于人，他就会陷入同样的不知所措。

竞争和追求优越性会导致频繁的斗争和争吵，只有当你注意不偏袒任何一个孩子时，这些冲突才有可能被制止。是谁引发了这场斗争，孰对孰错，这些都不重要。孩子之间的冲突在很大程度上是为了持续获得你的关注。你的态度应当是，无论谁对谁错，孩子们都需要学会和对方相处。如果他们吵吵闹闹或令人心烦，两个人都需要离开房间，直至争吵结束。介入他们的争吵和斗争中是很危险的，而且是徒劳无用的；父母的介入只会让他们的争吵更持续、更激烈。如果一个孩子来向你抱怨，你需要告诉他，不能与兄弟姐妹和平相处，这真是太可惜了。毕竟，每个故事都有两面性！今天犯错的孩子可能只是试图为昨天受到的伤害进行报复。一个孩子的任何不当行为或烦恼都应该交给所有孩子负责。他们必须学会互相照顾。

如果你安排很多有趣的共同活动，比如，和他们一起游戏，一起去远足，一起分享刺激的经历，互相竞争的孩子们之间的集体归属感和共同合作精神就能得到最大程度的激发。在这些活动中，务必小心，不要责骂任何一个孩子。如果某个孩子行为不当，你就应该从两个孩子中完全撤离。这有助于孩子们意识到，他们必须相互依靠才能享受到欢乐和乐趣。只有意识到这一点，他们才会团结起来，相互尊重，相互体谅。

孩子的第一个社会环境

为了母亲与孩子之间适时和逐渐地分离，在三岁之后，孩子必须尽早加入到有其他孩子陪伴的环境中。换言之，孩子应该进入托儿所或幼儿园。我们在第三章比较详细地讨论了这种集体活动的必要性以及与之相关的问题。在这里我们只简要提及孩子在进入幼儿园的过程中会出现的一些问题。

被娇纵和胆小的孩子对母亲有着很深的依恋，在进入到有其他孩子的社会环境时，他会表现出强烈的抵触情绪。他无法从这些孩子中找到自己一直期待的纵容和关心。他可能会通过各种各样的方法逃避上幼儿园。他会啜泣、哭闹，甚至出现神经方面的问题。他的目的显而易见。如果一个母亲任由自己受到蒙骗，她不仅会妨碍孩子适应群体生活，而且开启了一个危险的先例，因为孩子发现神经失调和抱怨会给自己带来好处——它们可以帮助自己逃避不愉快的情形。这些孩子通过产生一种焦虑反应来动摇父母的决心。他们会在晚上尖叫，突然间莫名其妙地大哭。他们害怕幼儿园里的“坏”孩子，抱怨他们的攻击性，试图使父母对那个群体产生偏见。与此同时，他们自身的古怪行为也会激发其他孩子的恶意。如果你同情孩子并为他进行调解，又或者走极端让孩子退园，那他永远也学不会如何与人相处。当孩子试图逃避其他孩子的社会环境时，你最好保持坚定立场。你必须克制住自己的焦虑和同情心。温和地坚持，不苛刻，也不激动或大惊小怪，通常这有助于你在几天之内化解孩子的反抗情绪。

开始上学

在以前，上小学的第一天是童年最重要的经历。现在，由于幼儿园和托儿所等学前教育项目的普及，而且在很多国家，最初几年级主要是学习和游戏相结合，因此这种影响在一定程度上被减轻了。尽管如此，学校对于孩子而言仍然代表着全新的环境。他只能通过自己的成就来赢得认可。他所处的社会不再是一个游戏小组，而是一个工作小组。

你应该努力帮助孩子为上学做好准备。他必须有能力工作。忽视和娇纵会阻碍孩子智力的发展。他可能还不会正确地表达，或者在其他方面还没有做好上学的准备。在孩子到达入学年龄之前教给他阅读以及简单的加法，这对他并没有好处，只会减少他在入学后对阅读和算术的兴趣。如果提前学过字母和数字，他就感受不到成长和进步所带来的满足。比这些更加重要的是有能力自己穿衣、洗漱，并且在没有他人帮助的情况下克服困难。但是，这些能力却往往被父母忽视。

此外，孩子学会自己过马路，注意来往车辆，这也是自立的一个重要部分。长时间被护送上学和放学，不利于孩子建立他在同学中的地位。他会被大家说成是“离不开妈妈的小男孩”，孩子通常会对此感到羞愧。

帮助孩子做功课，这也是一个严重的错误。这种所谓的帮助通常是对孩子的审判和威慑，因为你的焦虑会导致你非常易怒和暴躁。你甚至可能进一步挫伤孩子的自信，并激起他更强烈的反抗。你应该把孩子的学业进步交给老师，并且只在极少的情况下才伸出援手，比如当他向你询问某些信息的时候。如果你需要和孩子一起学习，则务必保持沉着冷静，否则你会将学习变成一种折磨，引起孩子的抗拒，这有可能导致他永远无法掌握正式知识。正因如此，教师们是否应该要求父母监督孩子做作业，这是值得怀疑的。如果一个孩子学习习惯不好，成绩不合格，或者拒绝做功课，这就体现了其父母的教育方式不得当。他们之前一直未能有效地教育孩子，现在又如何能指望他们帮助孩子养成更好的学习习惯呢?

总体来说，这些建议其实体现了一种推卸责任的企图，老师和父母都将孩子的抵触情绪归咎于对方。如果无法向孩子们传授知识，老师们就应当意识到自身的不足。老师都可以从推销员那里学习到许多实用心理学的知识，顾客有抵触情绪，推销员是不允许指责顾客的。父母的监管不力自然令人遗憾，但是这种监管不应该延伸至孩子需要在学校完成的工作上。

孩子到了入学年龄却一直不让他上学，这是错误的，因为学校的重要性不仅仅在于帮助孩子积累知识。一个好的家庭教师也可以同样出色地传授这些知识，但是学校真正的宝贵之处是在有其他孩子的社会环境中共同工作，这一点是任何家庭教师都无法提供的。孩子会学习调整自己，从而适应一个群体以及承担井然有序的职责。相应地，如果孩子直到二年级甚至三年级才开始上学，他就会面临更多困境；他很可能变得冷漠，成为一个“怪人”，很难交到朋友，而且处在人群中时总会感到不自在。

暂时性的疾病

所有孩子都会经历一系列的疾病，所有父母都急于保护孩子远离这些正常的意外事故。然而，与身体受到的危害相比，更为危险的是严重的或反复发作的疾病所造成的情绪方面的影响。比如，孩子可能会产生这样的想法：比起健康的时候，他在生病时能够得到妈妈更多的爱。如果形成这样的错误观念，尤其是，如果他在生病时还可以不用完成自己讨厌的任务，不用去上学，或者在家里也不用承担责任，那么他保持健康的意志就会削弱。在痊愈之后，孩子往往还会试图维持他们在生病期间所享有的特权。他们会在用餐时间制造麻烦，对于任何轻微的不适都抱怨连连，最终成为疑病症患者。众所周知，娇生惯养的孩子比那些对生病不感兴趣的孩子更易患百日咳，而且症状持续的时间也更长。

孩子在生病的时候需要特殊的照顾，但是在此期间仍然应遵循特定的秩序。孩子不能被过度迁就。他不应该得到过多的关注，或者得到超乎寻常的喜爱之情；不应该得到太多礼物，或者被满足各种突发奇想。你对孩子的同情是值得理解的，但是你肯定不希望在孩子暂时性身体不适的基础上增加更持久的心理不适。比如，倘若不再享有同等的溺爱，他就拒绝面对今后的生活。如果你让生病变得很轻松或很愉悦，孩子可能就会认为这是一种理想状态（而我们都知道，一个人想要生病是一件多么容易的事）。

逆境

当然，我们无法列出所有可能对孩子造成伤害的事情。疾病是一个方面，还有许多其他的方面也会令孩子成为被同情的特殊对象。比如，父母单亲家庭或双亲死亡、突然破产等各种家庭不幸。过度的娇纵和同情心会在很大程度上增加这些情形的危害性。当然，孩子需要帮助，但是他的朋友和亲戚们应该慎重行事，以防好心反而阻碍了孩子的发展。孩子必须学会运用自己的智慧克服困难。帮助孩子按照自己的意愿找到解决问题的方向，这比直接给他铺平道路更有价值。

外部情形的变化

另一种具有潜在危害的经历与弟弟妹妹出生的情形类似：搬家、换学校，甚至换老师。如果一个孩子感觉无力调整自己以适应环境的变动，他就会放弃尝试。无法重新适应新环境，这是孩子的信心严重受挫的体现，而他之前的行动计划已经不再适用。他此时需要的是你的帮助，而非压力。你必须努力找出他当前真正的困难所在，然后就会发现正是新的变化导致他之前的人生计划出现了某些明显缺陷。这时你应该将关注点集中在这些缺陷上，而不是集中于他现阶段的不适。不要被表面的导火索所迷惑，这其中有更深层的问题。或许孩子一直以来都是众人关注的焦点，现在他发现自己无法轻易维持原有的地位了；或许他一直被过度纵容，现在难以适应反对的态度；又或者他之前从不需要承担责任和做决定，现在突然之间却要依靠自己的智慧。因此，外部情形的重大变化是孩子是否有能力适应社会生活需要的一个试金石。所以，由此导致的困难应当被用来修正孩子前期人生准备工作中的缺陷。

特别是年龄小一些的孩子，外部环境的变化可以为他的发展创造更好的条件。适应新环境让孩子更能接受秩序和要求的变化，这一点对于孩子新习惯的养成尤为重要。因此，完全有可能从一开始就建立新的秩序，尤其是如果之前错误的训练方法或孩子的抗拒妨碍了秩序的维持。在新的环境下，你更容易纠正之前娇纵所造成的结果，或者改善孩子对你以及对其他孩子的态度。在新的环境中，孩子更加需要友谊和亲近，因此你就有机会吸引他的注意力并赢得他。如果你能够做到不娇纵、不屈服，孩子也会向你学习，并且适应你通过自己的言行举止所建立的新秩序。

不幸事故

孩子很容易因为一些小挫折而气馁，无论是在家里、在与玩伴的游戏中，还是在其他地方。他必须学会接受自己的失败。身为父母，如果你无法承受他的不幸事故，那么你的激动情绪只会进一步打击他，而不是帮助他。当你生气并对他责骂的时候，他会将挫折看作更深层、更严重的失败。如果一个人因为一次小挫折就认输，他就远远没有准备好去应对正常的人生难题。相反，他应该加倍努力，集中所有精力来作出回应。所以说，失败可以成为激发新成就的宝贵动力。你的责备、中伤或者表达绝望的话语会严重削弱孩子的抵抗力。但是，如果过度安慰孩子，或者帮助他摆脱后果，此类让他轻而易举就能应对失败的做法同样也是错误的。这是很多父母都倾向于采取的做法，比如，当孩子在幼儿园与其他孩子相处不好的时候，他们就会带孩子离开。他们甚至还会用礼物或其他特殊待遇来安慰孩子。这绝不是教孩子面对逆境的好办法。孩子必须学着自己克服困难。你需要发挥的作用是增强他的勇气和自信。表达你对他坚定的信心，有力地向他证明你真诚的兴趣和友谊，如此你就可以很轻松地达到以上目标。“下次你会做得更好！”但是，首先你必须真正相信孩子——因为孩子可以从这种信任中源源不断地汲取力量，即使在他遇到有可能削弱勇气的挫折时也是如此。

家庭纠纷

不利的环境条件可能会使儿童训练尤为困难。它们会引发父母的绝望，这些父母在其他方面做得非常好，却因为这些不利条件而没有能力给自己的孩子提供他所需要的支持和引导。

很多母亲都深有同感的经历是，丈夫、母亲、婆婆，或其他某个至亲，都会时不时地干涉你教育孩子的过程，在任何时候都会提出异议，挑剔你的一言一行。这个人或娇纵，或严厉，或唠叨，或言行不一，发挥了显而易见的负面作用。尽管如此，他却对道理完全无动于衷。你不应该做的是任由自己被他人的行为所误导，你不能寄希望于通过反其道而行的方式来平衡或者消除他人的错误。这只会错上加错，加剧已经造成的伤害。至少，你可以成为孩子生命中的一个永恒因素——一个完全可靠的人。如果你能够维持这样的地位，孩子甚至可以学会在承受这些外来影响的同时不受伤害。当然，如果其他人试图通过强烈的娇纵和多种多样的贿赂来疏远你和孩子之间的关系，那么你要维持这样的地位实非易事。负面影响考验着你的勇气和可靠性。如果能避免因此而气馁，你仍然可以找到更好的方法赢回孩子，比如，保持友好，一起游戏和聊天，讲故事，激发他的能力，认可他的成就，等等。从长远来看，对待孩子的正确态度始终都会战胜通过娇纵或贿赂取得的虚假成功。

你很容易利用孩子作为对抗其他成人的同盟，尤其当其他人也试图同样利用孩子的时候。一旦玩起这种游戏，你在面对孩子时就会丧失客观性，而且很快会成为任由孩子操纵的工具。最严重的是，你会不分青红皂白地对孩子加以批评或表扬，在期望和情绪方面失去正确的立场，你和孩子之间的关系会明显失衡。你和其他家庭成员之间可能存在冲突和争吵、竞争和怨恨，但是你对待孩子的态度应当始终保持不变。唯其如此，你才能正确地养育孩子，并对他的发展带去有利的影响。不论其他人可能施加多少危险和伤害，你都可以做到这一点。

这同样适用于在孩子所处环境中出现的其他不利条件——生活条件差、贫困、父母没有时间陪伴、疾病或其他不幸遭遇。你的职责可以仅限于此：在既定的条件下，尽你所能对孩子做到最好。情形越糟糕，你越需要有充足的能力。如果你自己变得灰心丧气、怨天尤人，孩子就无法得到你的帮助。你有所不满，反抗，怨恨，寻找替罪羊，这都可以理解；但是，对孩子而言，这些则意味着外部环境的恶化——负担的加重，毕竟他本可以不用遭受这些。如果你支持孩子——当然，你不能通过娇纵来给予这种支持，这些外部的不幸和压制或许就可以成为他取得非凡成就和凝聚所有力量的动力。通过你的理解以及建立勇气和自信的能力，你可以帮助孩子走向更美好的未来。

我们难以要求所有的家庭成员、亲属和保姆都具有教育能力，但是也不应该低估他们作为教育者所带来的影响。他们可以且应当被期待做到保持安静友好的态度，避免使用粗俗或下流的语言，举止得当。孩子在自己家里有了最初的社会生活经历，因此他与不同家庭成员之间的关系会成为影响其发展的重要因素。然而，当孩子身边的其他人举止不得当时，你需要关注于尽自己所能做到最好，而不是试图改变他们。

“隐秘搭档”

很多人（除了上文已经提及的）都会对孩子的行为产生一定的影响，我们可以称其为教育中的“隐秘搭档”。他们当中有家人的朋友、偶尔的访客、杂货商和快递员、邻居和孩子的玩伴，后来还有通过书籍、剧院、收音机和电影等媒介带给孩子持续影响的作家和演员。要做到完全杜绝这些影响是不可能且没有必要的。你无法阻止孩子看到或听到对他没有好处的事情。唯一有效防止伤害的方法是增强孩子对于负面影响的抵抗力。在观察孩子的过程中，你可以识别他所受到的影响。你可以降低那些不利影响，促进那些有利影响。仅仅通过禁止是做不到这一点的。经验表明，越是禁果越甜，越遮掩越好奇。你只能争取让孩子接受你的观点，从而维持你自己的影响力。如果你通过智慧和通情达理的方式与孩子一起讨论问题，孩子就会愿意且渴望倾听你的见解。和所有人一样，孩子讨厌被告知什么对他有益、什么对他有害。说教和讲道理会令他充耳不闻。

父母最重要的职责之一，就是帮助孩子树立正确的道德观并学习明辨是非，这样他就可以在这个善与恶并存的世界里生活。邻居家的孩子、收音机里的恐怖故事、某些漫画书，以及其他劣质内容，父母大可不必为这些方面的负面影响心烦意乱、临渊履薄；相反，他们可以利用这个好机会与孩子进行一些有趣、友好的讨论，并借此传递一种健康的见解。如果你没有在恐怖故事开始的时候关掉收音机，而是和孩子一起聆听，解释不同的声音是如何产生的，以及为什么不加思考的人们会被引发恐惧和激动。如此一来，孩子就会学习像一个智者那样发现这些节目的愚蠢之处。如果邻居家的孩子骂了脏话，然后你的孩子回到家骄傲地向你展示他学到的这些新“知识”，你可以和他一起讨论那些孩子为什么会骂脏话。仅仅厌恶地指出那些脏话“不好”是远远不够的。孩子总会知道这一点，这正是他使用这些语言的原因。但是，孩子可以发现他并不需要借助这些方式来给别人留下印象，或者让自己感觉良好。他甚至可以获得一种新的力量，拒绝模仿街上那些不幸的男孩，那些男孩除此以外或许没有更多得到关注和认可的机会了。如果孩子因为父母的庇护而始终远离这些挑战和危险，则他在面对现实生活时很可能就会茫然不知所措。

性启蒙

当孩子开始对性感兴趣的时候，你可能会感到尴尬和无助。这也就体现出你自己对于性问题的担忧，其中一部分原因是你的父母在性启蒙方面的禁忌。在这里，我们再次看到代代相传的错误的教育态度和方法。

我们并不会在此分析人们对于性话题羞于启齿这一现象背后更深层的社会原因。我们反对过分拘谨，但这并不意味着我们推崇没有羞耻之心。然而，必须注意的是，父母在谈及这些自然过程时错误的遮掩态度往往会对孩子的情感发展造成不利影响，甚至还会妨碍他以后的感情生活。此外，这必然会导致孩子对父母失去信心。如果你不能简单自然地回答孩子这些天真自然的问题，性就会变成神秘、被禁止和令人害怕的秘密。更有甚者，为满足自己的好奇心，求助于其他信息来源，而这些来源往往是不可靠的。无论如何，他都会向你隐瞒自己对于这个话题的想法和思考，而你再也无法重新获得他的信心以及无条件的信任。

然而，性启蒙绝对没有你想象的那么困难和尴尬。你或许担心两种可能性：一是孩子会问一些他无法理解的问题；二是你可能不得不回答一些超出自己心理界线的问题。但是，如果态度正确，这两点担忧都不会出现。确实，孩子可能在三到五岁之间就开始问性方面的问题，这年纪还有点儿小。但是只要遵循一些基本原则，你就可以很容易恰当地回答他的所有问题。孩子期待的是一个字面上的、简单直接的答案。仅仅只是回答他问到的问题，这样你就可以确保这些答案是孩子有能力理解的。同时，你也可以避免尴尬。父母之所以害怕直接回答这些问题，通常是因为他们担心紧接着会出现更多问题——他们是如此想象的。

事实并非如此。一个简单和准确的回应就足以令孩子心满意足，在一段时间以后，或许是几年以后，他才会追问下一个问题。同样地，这一过程仍然与他的智力发展水平相一致，你的解释也需要同样简洁、明确。通过植物界和动物界的繁殖来进行暗示，这一做法的价值被高估了。在大多数情况下，这些信息都超过了幼儿的理解能力，它们将幼儿的注意力引到了他尚未感兴趣的过程上。

孩子自己观察动物的过程就完全不同了。让孩子有机会进行这些观察（比如去农场），这对他非常有益。我们知道，一个人只会在他的理解能力范围之内对自己观察到的内容加以吸收；同样地，孩子只会从这些观察中了解到他能够理解的内容。因此，他们能够自动调节性启蒙的进展。在这些方面，孩子在进入青春期之后才会要求更加详细的解释。在那个年龄段，他需要透彻地了解性方面的问题。不过，如果你感到过于羞怯，又或者你在这方面过于无知，那么这项工作不一定必须由你来完成。

总体来看，孩子的好奇心是沿着这一路线发展的：在很小的时候，他或许会问："小宝宝是从哪儿来的？"这时你可以毫不犹豫地回答："从妈妈这里。"暂时，他就不会有进一步的问题了。不久之后，孩子可能想要知道小婴儿待在母亲身体的哪个部位，答案同样非常简单："在母亲的心脏下面。"再后来，孩子就会想知道小婴儿最开始是怎么进到母亲身体里的——"从爸爸那里来。"最后，你终于要面对那个最令你害怕的问题了："小宝宝是怎么从爸爸那儿进入到妈妈身体里的呢？"但其实他希望知道的比你想到的要简单得多。在那个年龄，孩子并没有详细了解这一过程的欲望；具体解释这件事不仅为时过早，而且完全不合时宜。一个真诚的回应就会令他满足："这个过程发生在爸爸和妈妈相爱的时候。"在大多数情况下，孩子在青春期之前就不会进一步探究更多问题了。

必须补充的是，上述好奇心发展的阶段仅仅是那些受到保护、没有接触过其他信息来源的孩子所特有的。唯有在这种情况下，过于成熟的解释才与孩子的发展需要不相符合，甚或妨碍其情感生活的发展。如果一个孩子已经受到外部经历或影响的“启蒙”，这时倘若你还试图把他当成一个一无所知的人来对待，只会让他觉得荒唐可笑，而且还可能导致他变得虚伪。以下这则趣事言简意赅地描述了在我们的生活中很常见的一种情形：

奶奶带着约翰尼和玛丽去动物园。他们站在白鹳的笼子前，奶奶正在向孩子们解释正是这种鸟把他们带到了父母身边。突然间，约翰尼转身对玛丽说：“你觉得呢？我们应不应该告诉奶奶真相，还是让奶奶到死都不知道这是怎么一回事？”

对于孩子来说，每一个不诚实的回答都会危及他对你的信任。这个关于白鹳的传说毫无根据可言。同样错误的回答是：“这不关你的事，说了你也不懂。”这样的回应——更不用说真正的指责——会给孩子造成误导。它导致孩子过度重视自己提出的问题，被过度激发的好奇心也会使他很容易受到一些不利的影响。

你应当如实回答孩子的问题，但有一种例外情况除外，即你必须确保孩子并不是通过提问来引起你的关注。如果他的动机是寻求关注，你就无须理性地回答他的问题。否则，你会灌输给孩子很多他还吸收不了的新想法，尤其当他正好问到与性有关的话题时。稍后我们会讨论到真诚的提问与寻求关注的提问之间的区别。你必须仔细甄别孩子提问的目的，特别是当这些问题与性有关的时候。

父母最大的挑战来自那些心智成熟但身体还未成熟的孩子。如果你觉得自己无法坦率地和孩子无所不谈，则可以把他交给儿童心理学家或者医生；又或者，你可以给孩子一本关于儿童性启蒙的好书。[我们可以推荐以下图书，针对孩子：《成长》(Growing Up)，卡尔·德·施魏尼茨（Karl De Schweinitz）；《出生》(Being Born)，弗朗西丝·布鲁斯·斯特兰（Frances Bruce Strain）；《新生儿》(The New Baby)，伊夫琳·贝尔（Evelyn S. Bell）、伊丽莎白·法拉戈（Elizabeth Faragoh）。针对青少年：《生命和成长》(Life and Growth)，爱丽丝·克礼尔（Alice Keliher）；《我的身体是如何工作的》(My Body and How It Works)，多萝西·巴鲁克（Dorothy Baruch）、奥斯卡·瑞斯（Oscar Reiss）；《逐步进行性教育》(Step by Step in Sex Education)，伊迪丝·斯威夫特（Edith H. Swift）。] 这在任何时候都不失为一个明智之举。但是，如果你能够克服自己的羞怯，并且在你的知识范围内亲自参与到孩子的整个性教育中，必定有助于增进你和孩子之间的友谊。如有必要，你可以坦承自己对某些问题的答案还不太确定，这样做不会造成任何伤害。

比身体功能的启蒙更加重要的是探索不同性别之间的社会差异。孩子首先通过着装，然后是头发、身高、皮肤和声音，一步步学习区分男孩和女孩；但是，他很快就意识到不同的性别在生活中承担不同角色。孩子在早期对这些区别的认识非常重要。如果一个孩子认为自己的性别处于劣势，那么他，或者她，在将来融入社会时就会遇到困难。这个孩子可能会很叛逆——既然性别无法改变，所以也就毫无成功可言。"男尊女卑"的想法不仅引起了女孩的抗议，也会使男孩担心自己不能成为"真正的男子汉"。"男性钦羡"（masculine protest）导致男孩和女孩逃避各自的"自然"功能，要么使之退化，要么行之困难重重，又或者对其片面夸大，从而试图体现自己的优越性。女孩会反抗女性气质，逃避作为女性的职责，并模仿男孩；与此同时，男孩又试图通过一些毫无意义且往往是自私的行为举止来展示自己被赋予的优越性。两性之间的冲突由于当今社会竞争的激烈而不断加剧，它开始于童年时期，而后，随着每个孩子在自己的性别角色和异性所带来的威胁方面获得了越来越多的观念和偏见，这种冲突也就愈演愈烈。［我在《婚姻：挑战》（The Challenge of

Marriage）一书中对这些问题进行了更详细的阐述。]

因此，对孩子进行恰当的引导，越早开始越好。唯有经过慎重的早期启蒙，才可能避免孩子今后在性、爱情、婚姻、责任和身体功能方面的恐惧。在这里，过度焦虑的父母同样可能激化冲突。如果你对女儿说："你就像个假小子！"或者对儿子说："你表现得像个小女生！"这会导致孩子对自己的性别产生不满。母亲绝不应该让自己的女儿有理由相信她自己更希望成为一个男人。如果意识到父母原本希望生一个男孩，而不是女孩，这对孩子来说是致命的，反之亦然。尽管社会和法律赋予了男性更多特权（这在当今时代已经没有那么显著，但还远远没有被消除），但事实上，每种性别都有各自明显的优势和不足。重要的事实是，每一个人，无论男女，都可以基于自己的性别发掘通往幸福和成功的可行之道。

通过适龄的方式对待孩子

你必须通过适合孩子年龄的方式来对待他。这一要求的必要性不言而喻，但是父母却经常难以做到。倘若背离了这一原则，你的错误可能会趋向于两种极端。你对待孩子的方式要么落后于他的年龄，要么超前于他的年龄。在任一种情况下，父母的错误都会束缚孩子成长，妨碍他发展必要的技能，加深他的自卑感，并削弱他的社会适应能力。

造成这种错误的原因是父母没有对孩子进行细致的观察，也未能正确地理解他的处境。孩子的存在绝不仅仅是为了满足父母的愿望和期待，他是一个独立完整的人。他要满足自己的需要和要求，而这在很大程度上是由他的年龄所决定的。在很多时候，父母没有考虑到孩子连续的发展阶段。自负的、过于深情的父母总是希望延长孩子最初一两年的婴儿期。他们希望孩子一直是个小婴儿，因为他在那个年龄段非常可爱、讨人喜欢。所以，他们会试着模仿孩子的咿呀学语，用一种不自然的、孩子气的语气对他说话，他们以为这是与孩子交谈的唯一正确的方式。他们没有意识到这在多大程度上妨碍了孩子的语言发展。在之后的几年里，他们依然使用着那些“可爱”的语言，比如“吃饭饭”“睡觉觉”“关灯灯”，一直持续到孩子上学后很长一段时间，他们非常迷恋孩子最早期所特有的语言发音方式。由于语言习惯和其他特性的保持，有些四岁或五岁的孩子依然停留在两岁或三岁孩子的生活状态中。

此外，孩子还经常不需要承担符合其年龄阶段的责任。有些学龄孩子每天都由父母帮忙洗漱和穿衣，有时甚至不需要去上学。等到孩子八九岁时，妈妈和其他家人还在像对待小婴儿一样无微不至地照顾着他。直到过了青春期，这些孩子才被赋予自己做决定的权利。

许多父母发现他们很难认识到自己的孩子已经长大了。他们眼中的孩子永远都只是他们的“小宝宝”，他们无法想象孩子已经成为与父母一样的成熟个体。这有时候会引发一些荒唐的情形。我曾经认识两个女人，分别是六十岁和四十岁——她们是母女关系。这个女儿对妈妈百依百顺。当她要出门购物时，妈妈会告诫她：“你不要在外面待得太久。”还有“注意路上安全”。这个四十岁的女儿总是礼貌地回答：“好的，妈妈。”庆幸的是，现在的孩子很少能够忍受如此荒唐的事情，但是，如果父母一直坚持己见，这种现象就会比现实情况更加普遍。

因此，进入成熟期的这一阶段对孩子来说尤为关键。不幸的是，在青春期，男孩和女孩都需要克服发生在自己身上的许多难题，如果父母不愿意承认自己的孩子发生了变化并且眨眼间已经长大成人，那就会导致孩子面临更加严重的困难。这些年轻人在外表和智力方面都已经长大——当然还没有完全稳定和成熟，但是父母还在把他们当成短短一两年前的孩子那样对待。令人痛苦的训斥，限制个人自由，忽视，不尊重——这些都是由于父母不理解孩子的发展而导致的典型结果。从尽责的父母转变为友好的伙伴，这需要你从孩子上学时就开始做起，一步一步地完成。但是大多数父母都难以实现这一转变。

奇怪的是，截然相反的态度也经常会对孩子的发展造成类似的阻碍。这里我们再次看到，父母由于追求个人利益而对孩子的教育缺少计划性，他们没有考虑到孩子的需要。因此，父母经常要求非常年幼的孩子取得他完全不可能达到的成就。这些成就通常对孩子的发展没有多少助益，更多是为了满足父母的虚荣和野心，并让他们从中获得慰藉。很多孩子在上学前就开始学习阅读和写字，因为这些提前发展并且显得超乎寻常的能力令父母感到兴奋。然而，这些孩子有可能还不会自己穿衣服或者上厕所。如果孩子没有任何足以令父母夸耀的能力，父母就会愤愤不平，怀疑自己的孩子发育迟缓。许多父母还试图让孩子成为神童，为此他们会人为地培养一些虚假的成就，其实孩子在那方面并没有天赋。这种行为也无法真正鼓励孩子。他会变得怀疑自己——这一点完全可以理解——最终导致一败涂地，彻底崩溃。过度高估孩子的天资就如同贬低其能力一样会阻碍孩子成长，而把小孩子当作成年人来对待更会造成灾难性的后果。

七岁的马克参与父母的所有谈话。每当家里有客人的时候，他都被允许和大家坐在一起吃晚餐。他晚上入睡的时间和父母一样晚。吃饭的时候，他——像他的父亲一样——必须要在自己的面前摆一份报纸。马克的父母因为自己的孩子如此“成熟”和“聪明”而引以为豪。但是，在另一方面，马克给他们制造了很多麻烦，因为他完全拒绝服从。每当要求不被立刻满足的时候，他就变得暴力，有时甚至伸手打自己的母亲。他从来不吃父母为他备好的饭菜，也没有朋友，而且，因为行事鲁莽好斗，他无法与任何人和睦相处。他的缺点与（表面的）优点之间的联系显而易见。在这两方面他的父母难辞其咎。

此外，如果孩子对某些事情缺少必要的深入了解，父母就不能期待他们在这些事情上自己做决定。在这里，同样地，如果父母对孩子的发展理解有误，他们就会在这一时刻认为孩子愚蠢和不可理喻——事实并非如此，下一时刻又会期待孩子具有与他的年龄不相符的智慧和洞察力。有时候，孩子甚至会被卷入他根本不可能理解的人际冲突或商业问题中。

孩子敏锐的洞察力和判断力经常令我们大吃一惊。在很多方面，他的思维过程要比我们更加自然；他的推理更加直接、客观，不像成年人的看法总会被特定的社会模式所影响。然而，仍然有许多联系是孩子所难以理解但必须逐渐掌握的。因此，谈论和分析某些情形和问题的方式应当符合孩子的理解能力。绝对不要低估孩子的智力水平，不要拒绝提供他所需要的解释，但也不应该把自己的焦虑强加给孩子，令他不堪重负。你应该仔细研究孩子在面对人生难题时的反应，不要把符合孩子心智水平的典型表达误解为他的迟钝、不机智，或残酷。在面对某些几乎每个孩子都不可能理解的问题时——死亡和临终、商业利益、社会或政治问题，父母很容易对幼儿的理解力有所误解。正确地评估孩子智力发展各个阶段的水平，这并不容易，但非常必要。

青春期

这一性成熟时期充满了很多潜在的危险。整个世界突然变得和以前不一样了。这不仅是因为孩子身材更加高大，还因为其腺体功能的变化。这两个因素都使孩子开始怀疑自己。他必须重新学习使用自己的身体并适应一个全新的环境。他体验到一些令自己兴奋的身体感觉。他试图融入整个社会，在一个混乱和令人困惑的世界中找到自己的位置。在这个年纪，成长中的少男少女们需要并急切地寻找帮助和指导，但是他们很少能从父母那里得到这一切，因为父母始终把他们当成小孩子那般对待。两代人之间随后出现的暴力冲突摧毁了同伴关系和合作精神的萌芽。这一时期对父母来说非常艰难——孩子迅速成长，拥有了成年人的外表，但在未来几年里他其实还是孩子。很多孩子在十二岁到十四岁之间就显得完全长大成人了，所以陌生人会把他们当作成人对待。自然而然地，如果父母还把他们看成孩子，他们就会反抗。青少年的社会成熟和身体发育在时间上并不一致，这就要求你具有很强的理解力和洞察力。借助于父母权威对你并没有帮助，你的影响力取决于你能否赢得并维持孩子的友谊和信任。如果你由于缺乏同情心和善意而未能做到这一点，或者由于强调自己的权威而破坏了最初与孩子之间建立的伙伴关系，那么，当孩子开始独立生活并准备作为一个成年人与你进行友好的合作时，他就会惨遭疏远。

女孩的发育更早、更明显。女性的腺体变化使她们在外表上产生了比男性更明显和更令人愉悦的变化，这种转变令她们更容易获得社会认可。这也是为什么女孩看起来比男孩更早"成熟"的原因。然而，女孩应当提前为发育成熟的过程做好准备，否则她在初次体验性功能时可能会觉得厌恶和痛苦，这将导致她以为整个性生活都是令人尴尬、厌恶和可鄙的。性成熟在哪个年龄发生并不重要，你不必担心这一过程是否开始得过早或过晚。唯有在异常延迟的情况下（直到十五岁或十六岁以后），你才需要咨询医生。一个女孩青春期发育延迟，由于她希望自己“表现”得像个成年人，为此她感到痛苦，而且还可能嫉妒那些在她之前发育成熟的朋友们。这时候，你应该让她看到，女子成年期的外部特征相对来说意义不大，而且无关紧要。在从儿童期向成熟期过渡的过程中，青少年很容易过度在意外表。他们希望自己被当作某个重要人物，但他们并不确定自己到底是不是那类人。你越是强调他的幼稚，这个年轻人就越倾向于故作姿态地模仿成年人的行为举止。如此一来，你就会逐渐削弱他作为一个准成年人的自信，从而阻碍孩子的内在成熟。

由于父母未能理解并认识到青春期孩子的身体感觉与重重困难，因此，叛逆成为青少年非常典型的特征——不仅反抗父母和教育者，更是针对整个世界。男孩和女孩都具有这种叛逆的特征，而且，他们会试图用傲慢的态度来掩饰自己渺小和脆弱的感觉。因此，在感到怀疑和微不足道的时候，这些“年轻女子”就会过度反应，青春期少年则会走向极端。然而，你的轻视和贬低并不会缓解这种自以为是和夸张的趋势。他们会因此产生更强烈的自卑感，进而采取更多不恰当的补偿行为。青少年渴望成为重要和有意义的人，与通过社会认可的活动相比，反社会的行为反而更容易让他们的这一渴望得到满足。他们的野心没有得到父母、学校的认同以及恰当引导，往往也正是这种野心推动着男孩和女孩走向了犯错和犯罪的道路。对于一个有野心的女孩来说，性关系要比学习成绩更容易帮助她赢得认可和称赞。如果经常受到父母和老师的责骂与批评，那么，当某个迷恋她的男性对她表示倾慕和赞美时，她可能感受到这是唯一被需要和被接纳的机会。对于一个有野心的男孩来说，如果在与优秀学生竞争的过程中总是落后于人，那么，他可能通过旷课、赌博、酗酒以及带女孩出去等方式来感受自己的重要和英勇，也有可能他通过砸窗户、偷东西甚或更糟糕的暴力行为来成为一个英雄。

在心理治疗的过程中，一位咨询者抱怨她十六岁的女儿已经变得完全无法管理。她和男孩们到处游玩，很晚才回家，从不帮忙做家务，邋遢，而且没有礼貌。似乎没有什么语言、承诺或惩罚能对她起作用。在我的请求下，她的女儿来找我。她非常漂亮、聪明、沉着。我问她有什么感受，与妈妈相处得如何，她是否快乐。她很高兴地告诉我一切都很好。问：“你有时候不会和妈妈吵架吗？”答：“哦，妈妈有时候比较易怒，但她说的话并非出自本意，所以很快就风平浪静了。”问：“这些责骂和唠叨不会折磨到你吗？”答：“哦，不会，这不会给我造成困扰。”

于是我变得非常认真。我坦诚地告诉她，我非常了解她的妈妈，而且理解她是一个很难相处的人。这个女孩无比惊讶地看着我。她开始满眼含泪，继而泪水夺眶而出。起初她哭得很伤心，根本说不出话来。接着她开始慢慢地、吞吞吐吐地说：“所有人都认为我是个坏女孩，而妈妈是个天使。她对我没有一句好话，我做什么都是错的，只有我弟弟才是好的。我永远都是坏孩子。我想让妈妈高兴，但是她甚至根本看不到这一点。我得到的只有责骂，没有一句好话；没有表扬，没有欣赏。”

这就是她的故事。第一次有成人听她讲述这个故事。她的反抗只不过是出于自我保护和天生的骄傲。当我将这件事告诉女孩的妈妈时，她觉得难以置信。从来没有人见过这个女孩哭泣，也没有人能够打破她那逍遥自在背后的冷若冰霜。

若要帮助这些青少年，则必须透过他们的狂妄自大进而认识到他们内在根本的气馁。但是，在未成年孩子的父母中，能够认识到这一点的人凤毛麟角！在青春期这一人生阶段，孩子对自己尤为不确定，最深刻地认识到自己缺乏社会地位，也最渴望感受到重要性。如果成人的世界能够给予他接纳和平等，他就愿意在其中发挥作用。他们渴望得到指导和支持，但是鲜有成人能够让他们敞开心扉，因为他们感受不到理解和欣赏。只有在极少数情况下，父母才会对孩子表现出足够的尊重和理解，进而穿透那层狂妄自负的面具。因此，孩子几乎被迫走向了那些或多或少有问题的朋友或领导者，那些人让他觉得自己得到了理解，仅仅因为他们视其为平等的一员。

放松父母的束缚

训练的目的是让训练本身变得多余。放松孩子和父母之间的束缚是一个自然而然、循序渐进的过程，它其实早在小婴儿断奶时就已经开始了。当孩子进入幼儿园和学校的新集体时，这一分离的过程就会通往更重要的阶段，直至他步入青春期以及上大学、创业或开始职场生活。如果父母自己没有疏远孩子，他们就可以一直与孩子保持最亲密的关系。然而，作为教育者，他们的作用仅只于此。这并不意味着孩子可以不尊重他们的意愿和看法，好朋友之间始终需要保有这份尊重。如果父母继续保留自己作为教育者的作用并且超出了本来的限度，孩子的发展就会因此受到干扰或者出现真正的缺陷。父母总是试图一直掌控孩子，努力避免让自己变得多余；同样地，孩子害怕承担个人责任，尽管表面上追求独立，但是他们甚至在结婚之后还保留着孩子特有的无助感。

只有这样的父母才会认为放松束缚这一必要过程困难重重：他们未能认识到孩子全新的人格以及孩子的权利和需要，他们期望孩子满足他们自己的欲望；相应地，在他们眼里，孩子不是一个自由、独立的个体，而是他们的私有财产。他们无法想象孩子是独立的。这并不仅仅是在青春期才会出现的新问题，而是贯穿于整个儿童时代。孩子并不会在某个指定的日期“长大”，如果父母不知道如何与孩子建立并保持友谊，孩子就会从最早的婴儿期开始疏远父母。如果在孩子还小的时候没有做到这一点，等到孩子长大了，父母就要自食其果。倘若孩子就像生活在同一屋檐下的陌生人，而且离家以后不再与父母有任何亲密的联系，彼时父母就不应该抱怨孩子不体贴、冷酷无情。

恰当地与孩子进行分离，这是你作为教育者的最高工作成就。你与孩子之间真诚的关系不会随时间的流逝而消散，无论是距离远近、职业差异或社会差异，还是孩子另外安家立业，都不会破坏这种关系。但是属于你的时代终将会过去，你必须为新一代让路。今天看起来弱小无力的人，明天就会成为社会的中流砥柱。唯有深厚的人类情感纽带可以超越时间的流逝，保持永恒不变。在你退场之后，孩子必须坚定地面对生活。即使在孩子很小的时候，也没有必要考虑这个毫无意义的问题："万一我不在了，他该怎么办？"相反，你应该在自己还在场的时候就学着后退一步。现在就让孩子变得独立！今天你必须有勇气让他面对生活，面对其他人，面对整个人类社会。他必须从现在起就开始建立一种人与人之间互相平等的关系，因为，今后他能否在这种关系中取得成功，将证明你一直以来是不是好父母，以及有没有按照正确的方式养育自己的孩子。

Ⅲ.

第三部分 困难儿童

THE DIFFICULT CHILD

UNDERSTANDING THE CHILD

第六章 理解孩子

如果孩子从出生起就得到恰当的养育，如果父母完美无缺，并且孩子的成长环境幸福和谐，那么，极端的不当行为、违反秩序或社会不良适应等情况可能就不会出现。但是，由于这些有利的条件极少存在，孩子会制造出各种各样的困难。讨论最初本应该做些什么来避免此种困境是于事无补的，必须引导父母和孩子找到针对他们现有问题的解决方案。

我们已经尝试向你展示了有效训练孩子的方法，并指出了大多数父母难免都会犯的错误。这可能让你有机会学习避免以往的错误，并且采用迄今为止尚未尝试过的方法。然而，你不能指望取得立竿见影的效果。孩子绝不会立刻放弃他的敌意。你甚至可以预料到孩子会变得更加糟糕，这是你改变做法时他的第一反应。孩子仍然只适应冲突模式，如果你突然停止斗争，他可能会加倍努力地迫使你回到以前的状态，因为以前的关系是他所适应并且随时准备应对的。孩子通过挑衅行为迫使你重蹈覆辙，为了帮助他摆脱那种冲突情境，你必须保持坚定立场。

放弃以前的方法仅仅是第一步。如果不了解自己的孩子，你永远无法帮助他。当代亲子关系的悲剧之一，就是父母对孩子完全缺乏了解。大多数父母全然不知孩子为何行为不当，他们对孩子行为的原因和目的一无所知。在下列情形中，我们将尝试展现孩子行为背后的原因和目的。你将会理解他的基本生存概念。这有助于你识别引导孩子行为的人生计划，然后你就会了解他所面临的困境。到目前为止，你可能只是深刻地意识到了你自己在面对孩子时所遇到的难题。然而，只有对孩子的冲突有所了解时，你才能真正地帮助他解决这些问题。

为了给孩子施加积极的影响，你必须学会客观地观察他。只有避免把他的不当行为看得太重，你才能做到这一点。切勿再把他的缺点看成道德问题。行为不当的孩子并不是“坏”孩子。他只是不开心，受到了误导，而且十分气馁，他还没有为自己眼前的问题找到正确答案。孩子在努力寻找自己的家庭地位，也在努力应对并满足他所承受的要求和压力，每个不当行为都体现了他在这个过程中的一个判断错误。

父母很少能理解孩子的概念和判断，所以他们对孩子尝试解决问题的方式感到不解。通常，一位母亲会非常困惑且义愤填膺地列举孩子各种各样的恶行、缺点和过失。“他怎么能那样做？看他又做了什么好事！”按照表面意思对她的叙述进行明智的解释是不行的；唯有了解到父母或其他主要人物在孩子的环境中所扮演的角色时，我们才能够理解孩子的行为。作用力和反作用力对双方来说都是合乎逻辑的，而从心理学角度看，它们又都是错误的。真正的问题无关乎道德层面，而在于人与人之间的相互关系。父母之所以提出道德问题，只不过是为了借助这一工具来维护自己被击败的权威（这是整个社会都容易出现的误解）。如此一来，内在被扰乱的关系就被蒙上了一层面纱，焦点变成了判断是否客观的问题。这种态度使教育问题停滞不前、难以解决。

孩子的每一种行为都有其目的性，这种目的性与其融入社会的努力是一致的。一个表现良好、适应社会的孩子会遵守对其所处社会群体有约束力的规则，从而找到被社会接纳的方式。他察觉到了群体的要求，并按照这些要求行动。他会在情形许可的情况下保持活跃，也会在情形需要的时候保持被动；他在合适的时候说话，也知道何时应该保持安静；他可以成为领导者，也可以成为追随者。一个完美适应社会的孩子——如果真有这样一个孩子的话——很少彰显个性，他只会反映所处环境的社会需要。只有当孩子稍微偏离完美适应社会的方向，并且使用自己所找到并形成的独特方法时，他的个性才会显现出来。

从这一角度来看，所有个体活动都意味着对绝对一致性的轻微偏离。我们不能把这种偏离看作不适应环境，因为没有任何社会群体的需要是一成不变的。社会群体本身需要进步、成长和进化。个人利用自己的观点对群体施加影响，这正是群体发展的动力。如果他的观点对群体有利，并且他的方法具有建设性，那么，他仍然——只有在那种情况下——非常适应社会，即使他没有完全与社会保持一致。因此，纯粹的一致性会成为社会发展的障碍，因而也可能成为社会适应不良的一种表现。

适应不良可以被界定为扰乱社会群体运行与发展的行为。成人适应不良的背后所潜在的心理机制非常复杂。揭开意识之外的各种作用因素以及成人世界的面纱，需要投入大量时间和精力。成人的基本态度与儿时并无不同，但是在青春期阶段，他们表面上学会了掩饰并接受社会既定的模式，成功地掩饰了一个人的意图和动机，这就是当时所谓的成熟。然而，孩子尚未发展到这一阶段；虽然他也没有意识到自己的目标和意图，但是他公开展示了自己的态度。因此，仅仅通过观察就可以识别孩子的行为目标。

孩子的所有不当行为都指向了四种可能的目标之一。这四种目标反映了他如何看待自己与群体其他成员之间的关系。他试图：(1) 寻求关注；(2) 证明自己的权力；(3) 惩罚或报复；(4) 证明自己能力不足。

孩子的目标有时候会随环境而变化，他在这一时刻或许是为了引起关注，而在另一时刻则是为了维护自己的权力或者寻求报复。通常，我们可以通过孩子的行为来判断他的首要目标是关注、权力、报复，还是试图向外界展示并向自己证明他的能力不足，进而逃避所有行动和责任。孩子会诉诸不同的技巧以达到他的目的，同一种行为模式也可以用于实现不同的目的。

寻求关注机制（attention-getting mechanism，缩写为A. G. M.）对大多数幼儿都起作用。这是我们文化中的儿童养育方式所导致的结果。年幼的孩子极少有机会通过有益的贡献来确立自己的社会地位。他们几乎没有机会为家庭的幸福和需要做贡献。哥哥、姐姐和成人承担了一切必须完成的工作。一个年幼的孩子只有通过年长的家庭成员才能获得被接纳的感觉，才能感受到自己是家庭群体的一部分。他们的贡献赋予了他价值和社会地位。因此，孩子会持续寻求证据以证明自己是被接纳的，比如礼物、爱意的表达，或者至少是关注。由于这一切都不能帮助他感受更多的力量、自立和自信，因此他需要源源不断的新证据，否则就会感到迷失或被排斥。孩子会竭尽全力地通过社会认同的方式来得到自己想要的东西。然而，当他不相信自己能够有效地使用对社会有益的方法时，他将通过一切可能的方法让别人为自己服务或者引起关注。只要主要目的达到了，令人不愉快的结果，比如羞辱、惩罚甚至身体的疼痛，就都无所谓。与被忽视相比，孩子宁愿挨打。如果一个孩子被忽视、被冷漠对待，他会感觉自己完全被孤立、被排斥，而且在群体中没有任何地位。

获得关注的渴望可以通过建设性的方法来满足。只要感觉自己能够成功，孩子自然倾向于有建设性。但是，如果他要求过多或者环境拒绝满足他的要求，他就会发现，令人心烦的行为可以让他获得更多关注。随后，斗争就开始了。一段时间内，父母可能屈服于孩子的挑衅，并没有太生气或恼怒。愉快的和不愉快的插曲保持着平衡：孩子获得父母关注的愿望得到了满足，一种可行的平衡得以维持。但是，可能在某个时候，父母终于决定制服孩子，停止其令人心烦和恼火的行为。于是孩子改变了目标，他和父母在权力和优越性的斗争中陷入僵局。孩子试图让父母深刻地认识到，他可以随心所欲，父母无力阻止他；又或者，他通过消极的方法证明父母不能强迫自己按照他们的想法行事。如果侥幸逃脱，他就赢得了胜利，如果父母强加他们的意志，他就输了。但是下一次他会带着更强大的方法重返战场。这种斗争比孩子寻求关注的战争更激烈。他的适应不良更为明显，行为更具敌意，而伴随其中的情感也更加激烈。

父母与孩子之间争夺权力与控制的战争可能会达到一个程度，那就是父母诉诸所有可能的手段制服“罪魁祸首”。他们之间的敌意和憎恨变得无比强烈，以致没有任何愉快的经历能够继续支撑彼此的归属感、友好或合作。于是，孩子转向第三个目标：他不再期待关注，他寻求权力的努力看起来也毫无希望，他感觉自己被完全孤立，没有人喜欢他，他唯一的满足感来自伤害别人以及为自己承受的痛苦进行报复。这似乎是他唯一的选择。“至少，我可以让他们恨我。”这是他绝望的座右铭。他在某些群体中丧失了所有地位，相较而言，如果他在另一些群体中仍然可以获得个人优越性和权力时，他会表现得没那么暴力和残酷。这种类型的孩子是最暴力、最邪恶的；他们知道对手什么地方最易受伤，善于利用对手的弱点。任何权力和强制力都不能对他们起作用。他们目中无人，具有破坏性。他们从一开始就坚信没有人喜欢自己，所以故意激怒所有与自己有接触的人，直至对方开始排斥他们。当别人厌恶他们的时候，他们将其视为一种胜利，这是他们唯一可以获得的胜利，也是他们唯一追求的胜利。

消极的孩子不会转向公开战斗。如果他的对抗被成功击溃，他可能会非常气馁，以致任何时候他都不再期待重要性。同样，如果一个孩子认为寻求关注或权力是必需的，但又发现自己无法得到，这时也会出现类似的结果。之后，他会很挫败地放弃，拒绝参与和发挥作用。如果结果注定只有挫败和失败，那么做任何事情似乎都毫无意义。然后，这种挫败感就会成为笼罩着孩子的最大危险，他通过向自己和他人证明自己能力不足来尽力逃避它。他利用自己的无能作为掩护，这样就不会有人要求或期待他做些什么。他试图通过这种方式来避免更多令人羞辱或尴尬的经历。

适应不良的孩子可能积极，也可能消极。无论在哪种情况下，他们都可能采取建设性的或者破坏性的方法。方法的选择取决于孩子被群体接纳或排斥的感受：他总是通过破坏性的行为表达自己的敌意。归属感的有无是建设性方法向破坏性方法转换的决定性因素。积极或消极的行为体现了孩子拥有多少勇气。消极往往基于个人的气馁。上述两组因素结合起来就形成了四种行为模式：

a. 积极—建设性；

b. 积极—破坏性；

c. 消极—建设性；

d. 消极—破坏性。

以上顺序的排列是以适应不良的实际发展过程为基础

的。很多父母和教育者倾向于认为积极—破坏性的孩子比消极—建设性的孩子更糟糕。然而，这并不一定正确。例如，在寻求关注的情形中，如果孩子反社会的态度还没有发展太严重，成人就可以通过相对轻松的方式引导他从破坏性的方法转向建设性的方法。但是，让一个消极的孩子变得积极却极其困难。消极—建设性的孩子没有那么令人讨厌，但他们需要更多帮助来发展自信和勇气。

寻求关注（目标1）是唯一可以通过全部四种行为模式达到的目标。（因此，寻求关注的各种行为模式需要进行相应的区分，其他只出现在目标2、3和4中的行为模式则不需要区分积极和消极的方法。）积极—破坏性和消极—破坏性的方法可以被用来寻求优越性（目标2）或报复（目标3），而证明能力不足（目标4）自然而然只能使用消极—破坏性的方法。

为了让这一观点更加清晰，我们来简短地讨论一下寻求关注机制的四种类型。积极—建设性的寻求关注机制与合作的一致性行为相似。其区别在于，在这一情形中，孩子的良好行为只是为了寻求关注和认可，如果他没有得到想要的关注，良好行为就会变成不良行为。然后，他会尝试积极—破坏性的方法。这种行为类型可能与追求第二种或第三种目标的模式类似，唯一的区别是前者没有暴力和敌意。孩子仍然只是在寻求关注，一旦达成这个目标，斗争就会停止。然而，想要证明个人权力的孩子不会仅仅满足于获得关注：他要让事情按照自己的方式来进行。

使用消极—建设性方法寻求关注的群体非常有趣。很多父母和老师都没有发现这个群体中的孩子采取的是不当行为。孩子的愉悦、魅力和顺从导致观察者忽视了他们在消极性和依赖性背后的气馁。在男权文化中，消极—建设性的行为模式基本都是女性的要求。因此，女孩比男孩更多地采用消极—建设性的寻求关注机制。成人容易忽视消极—建设性孩子比积极—破坏性孩子更为气馁，我们已经指出这一错误倾向。虽然消极—建设性的孩子没那么令人讨厌，但是他们需要更多帮助来发展自信和勇气。通过消极—破坏性方法寻求关注的孩子最后很可能成为第四种行为目标中彻底气馁的孩子。

本章主要关注于理解孩子的问题，对待不同群体和不同类型的孩子，有几个总体原则可循。寻求关注的孩子必须认识到贡献而非索取才是获取社会地位的有效途径，进而学会独立。在这四组寻求关注机制中，我们应当努力帮助所有孩子变得积极，将破坏性方法转化为建设性方法，直至孩子可以克服任何关于特殊关注的需要。寻求权力和优越性的孩子不应接触到他们已经成功反抗以及正在反抗的权力和压力。认可他们的个人价值乃至他们个人的权力，这对提升他们的自信非常重要，如此一来，他们可能就不再需要权力作为驱动力。他们必须了解到，发挥作用比掌握权力重要。想要惩罚别人或报复别人的孩子通常认为没有人喜欢自己，甚至以后也不会有人喜欢自己。这是一个需要长期帮助的过程，向他们证明有人喜欢他们或有人愿意喜欢他们。对于在气馁中放弃的孩子，我们必须慢慢地让他们重新认识到自己的能力和潜力。

孩子所表现出来的各种行为困难未必表明他们所追求的是同一个目标。例如，懒惰可以很好地实现全部四种目标。孩子借助懒惰寻求关注和帮助；借此拒绝做必须完成的事情，从而建立优越性；利用懒惰来报复野心过大的父母，让父母因此受伤；当努力似乎无望得到任何收获时，将懒惰作为借口。

在接下来的讨论中，我们根据最常用的某个行为目标来尽可能准确地列举不同的行为问题。但是，如果一个特定的问题出现在某个行为目标中，这一事实并不意味着该问题不能出现在其他情形或者其他行为目标中。

本节内容的重点在于阐述孩子与父母、孩子与兄弟姐妹之间的关系，以此作为理解孩子行为的基础。为了便于查阅，某些信息会重复出现，尤其在讨论到可能适用于每个问题的应对技巧时，但只会被简单提及；这些简短的建议与类似心理机制中的问题必然具有相似之处。

A. 寻求关注机制

积极—建设性方法

“模范”孩子

很多给父母和老师带来全然快乐的孩子其实并没有表面看起来那么完美，孩子只是在非常努力地展示自己的“优秀”，以求获得表扬和认可。在某些特定的情形下，他们并不完美的真相就会暴露出来。他们与同龄群体之间的人际关系往往很糟糕，如果不能光彩照人，他们就会感到迷失。他们追求完美、正确和优越性，往往源自野心过大和完美主义的父母的刺激，父母激发了这些特质，有时还让孩子与兄弟姐妹互相竞争。与某个兄弟姐妹之间的竞争往往导致孩子越来越渴望掌声。为了在弟弟妹妹面前保持自己的优越性，为了与哥哥姐姐并驾齐驱或者超越他们，孩子努力变得优秀、可靠、体贴、合作，并且勤勉刻苦，他会寻求并承担一切可能的责任。孩子和父母都不会意识到，正是他的优秀影响了其他兄弟姐妹，导致后者走向气馁和适应不良。一个拥有美德的模范孩子往往是以问题孩子为代价的。

九岁的比利是一个优秀的小男孩。他的父亲在四年前去世了，之后他便成为母亲莫大的安慰和有力的助手。他很早就开始帮助母亲做家务，而且还照顾六岁的玛丽莲。虽然他尚且年幼，但母亲已经可以和他讨论各种问题，他其实承担了“家里的男子汉”的角色。比利唯一表现不太好的时候是在学校时。他几乎没有朋友，对家庭作业也不是特别感兴趣。当我们考虑到比利在学校不能获得在家里的那种优越地位时，这种情况也就不足为奇了。

玛丽莲是什么类型的孩子，这不难想象。她特别难于管教，母亲已经对她束手无策，于是过来求助。玛丽莲邋遢、不可靠、聒噪、令人心烦和恼火，是个十足的“小顽童”。母亲不能理解为什么这两个孩子之间差别如此之大！她很难意识到比利的优秀与玛丽莲的缺点之间的联系。

我们与两个孩子一起进行了如下交谈。首先，我们问玛丽莲，她觉得母亲是否喜欢她。正如所料，她的回应是摇头。然后我们向她解释，母亲其实非常爱她。但是，因为她不相信这一点，所以她的行为举止总是表现得让母亲很生气。也许她认为自己只有在行为不当的时候才会引起母亲的注意。如果她尝试不同的行为表现，就会明白母亲也同样爱她。

然后，我们问比利是否希望玛丽莲成为一个优秀的好女孩。他脱口而出："不！"我们问他为什么，他开始尴尬起来，几番思索，最后回答道："她无论怎样都不会变好。"于是，我们对他解释说，我们可以帮助玛丽莲，他也可以帮助她。我们一起努力，也许可以把玛丽莲变成一个优秀的女孩。他希望这样吗？他有些犹豫地说，是的，他希望那样。我坦诚地告诉他，我认为他的回答不是真心的；我确定他第一次回答的"不"更出自真心、更准确。但是，他为什么不希望玛丽莲变得优秀呢？也许他可以告诉我。他沉思了一会儿，然后揭晓了答案——"因为我想成为更优秀的那个人。"

如果不能比别人更出色，这些孩子就无法为自己的优秀而开心。正如在学校里的比利一样，如果不能更优秀，他就不再为优秀而努力。如果我们成功地帮助了另一个困难的孩子，这个所谓的好孩子通常就会成为麻烦，有时甚至是在其人生中第一次成为麻烦。基于这一原因，仅仅帮助困难的孩子适应还不够，整个关系都必须改善。比利和玛丽莲一样需要鼓励。他也不能确定自己的地位，害怕失去它。他渴望成为一个非常优秀的孩子，这只不过是对其根本的自我怀疑的补偿。

通常，年龄小的孩子会将自己的优点作为博取父母兴趣和宠爱的工具，赢得优越感，进而弥补自己在年龄和力量上的不足。有时候，针对兄弟们享有的各种特权，女孩会变得极其体贴和负责任，并以此作为补偿。这对男性竞争者们非常不利，他们无法与姐妹的优秀相媲美，因而变得更加自私和不可靠。女孩的这种“优秀”可能会危及自身的幸福，并且影响她与别人相处的能力，因为在不知不觉中，她让别人都显得很不可靠；她可能会逆来顺受，成为人人都愿意踩踏的门垫。这给予她一种道德优越感，是她独特的荣耀。通过这种方式，她可能会成为一个假圣人，总是把自己的痛苦归咎于其他人的不足。她的适应不良很难被及时识别，因此没有人会为帮助这样一个“好”女孩而付诸努力。

夸张的责任心

过度尽责经常被当作一种技巧，孩子借此赢得认可，并展示自己凌驾于其他孩子之上的道德优越感。夸张的责任心背后，隐藏的是争夺特殊关注的冲突——通常所有人都无法察觉，甚至连孩子自己也意识不到。只要孩子获得了关注和认可，只要父母满足了孩子对于持续不断的认可和安慰的要求，其一致性就得以维持下来。但是，孩子的方法迟早会受到挑战，比如当父母拒绝屈服于他的过分要求时、当兄弟姐妹或玩伴开始反感他所获得的特别照顾时。

这时，过度的责任心就可能被用于积极—破坏性的方法中，其目的是获得更多的权力和优越性，甚至凌驾于父母之上。不同寻常的野心以及合理解释的超强能力，促使孩子利用过度尽责来掩饰其对于优越性和权力的渴求。他听从一切要求，但他所采用的方式总是令他适得其反，其结果是，父母——冲突可能指向的对象——陷入绝望的愤怒中。但是，一切都会被爱意和善意所掩盖。孩子以一种过度和强迫性的方式努力把一切都做得无比出色，这令父母非常苦恼。他没有不讲卫生——完全没有！他一天洗三十次手，也因此浪费了时间。基于同样的原因，他吃饭不准时，妨碍了学习，上学迟到。对秩序的过度推崇掩盖了反抗秩序的斗争。他并不懒惰，恰恰相反，他会学习一整天，所以必须有人让他停下来或者让他上床睡觉。如果你让他停止学习并带他上床睡觉，第二天自然而然他会因为准备不充分而测试不及格。正如所有隐藏的敌意一样，这种态度导致了神经官能症的形成。

你不应该被孩子行为的敌对本质所欺骗，也不应该试图强制干涉他的事情进而卷入到与他的冲突之中。敦促或告诫——更不用说威胁——结果是要么毫无作用，要么只会使权力之争激化。有必要识别孩子的敌对态度和叛逆的起因。在大多数情况下，这些问题都起源于父母的过度溺爱或高压。孩子对自己没有信心，对周围的人也没有信心。因此，他一方面强调自己的善意，一方面又为自己的缺点找借口。

十一岁的玛丽是一个过度尽责的孩子。她的父母非常有爱心，同时又十分焦虑，总是为他们的独生女而烦恼。他们研究她的情绪，预测她的每一个愿望，跟踪她的行踪，无微不至地照顾她，不让她学习过度劳累。出于健康的本能，她自然应该奋起反抗父母的这种极度焦虑。然而，由于她极度崇拜父母，因此无法公开表达自己的反抗。但是，她看待所有事情都极其认真，对自己的每一个疏漏和错误都会深深懊悔，因而给父母带来了巨大的痛苦。结果，她所犯的错误远比可以用愚笨解释的错误还要多得多。父母要求她做的任何事都成了问题；很快，他们在对她提任何要求时都会小心翼翼。

父母在反对孩子夸张的道德观时，会变得易怒，甚至可能变得非常残酷。在这种情况下，孩子既不会屈从于父母的压力，也不会放弃他的道德信念和善意，恰恰相反，他内心的反抗会进一步加剧，直至内在彻底孤立。在此之后，从行为上看，他可能表现得像一个特别固执己见、目中无人的孩子，仅仅通过“善意”的维持而与其他公开叛逆的孩子不一样。

聪明的言辞

很多孩子特别引人注目，因为他们有能力通过引人注意和令人发笑的方式表达自己。他们无论说什么都非常可爱。父母很容易向熟人夸耀自己的孩子“聪明”又“可爱”的言辞，但是，他们在吹嘘孩子的时候往往没有考虑到孩子是否在场。孩子自然而然会为自己出色的能力沾沾自喜，并开始大规模地语出惊人。在孩子年幼的时候，仅仅从他机智的说话方式和表现出来的天生的观察能力来看，他的语言可能会具有一定的吸引力。但是，慢慢地，这种机智可能会成为麻烦，而乐趣也会变成失望。此时，当父母因为自己的难堪而使孩子陷入困境时，他们并没有帮助孩子走出困境，或者通过一种友好的方式去改变他的想法，引导他发现其他可接受的获得认可的方式；相反，他们开始训斥和责骂孩子。最具灾难性的做法是给孩子贴上“絮絮叨叨”或“喋喋不休”的标签。如此一来，他必然会朝着这个方向发展。

说话的冲动源自对认可的渴求。它是焦虑的体现。自然而然地，对于难以建设性地坚持个人权利的孩子来说，这种倾向在他们身上表现得最明显。女性更健谈很可能就是这个原因。泄露秘密——同一个问题的另一种特殊形式——也是为了让自己感受到更多的个人影响力。我们很难阻止年幼的孩子将秘密脱口而出，因为如果恰好说出不该说的话，就会引起小轰动，他们对此了然于胸。你必须理解这种倾向，不要过于严厉地指责孩子的越界行为。但是，你可以让孩子看到，慎言是一项高超的技能，证明他已经长大了，如此就可以轻松地训练他掌握这一能力。通过这种方法，孩子可能会发现沉默比说话更可取。然而，仅仅进行劝告，尤其是责备，永远不能触及爱说话的根本原因。

积极—破坏性方法

炫耀

有野心的孩子如果在实际、有益的成就方面受到打击的话，就有可能使用最匪夷所思的方式凸显自己，吸引注意。

八岁的欧文有一个长他三岁的姐姐。姐姐有活力，能力强，学习轻松，十一岁的她看起来已经像个大人了。欧文纤弱瘦小，但是很好强。他总是有决定权，而且不停地炫耀自己。在学校，他非常浮躁，注意力不集中，还用滑稽的动作和手势扰乱课堂秩序。

针对欧文这种吸引注意力的倾向，父母有何反应呢？他们认为他爱慕虚荣、难以取悦，经常试图压制他明显的寻求认可的行为。这样的努力自然是徒劳的，因为孩子非常气馁，轻视只能强化他对自己的负面评价。他表面上装作没有野心，因为他学习不用功，在学校接受惩罚或批评时表现得满不在乎。而事实上他的野心很大，但是他的野心并没有指向有益的成就。他的这条路已经被姐姐堵住了。她把欧文挤到了不起眼的地方。

欧文必须意识到，他不必一直成为众人关注的焦点，并以此作为对姐姐优势的补偿。欧文夸大了姐姐的重要性以及对自己地位的怀疑，他在错误认识的误导下试图坚持自己的权利，这些行为引起了他人的不满，而这种不满让他进一步确认了已经被自己夸大的认识。因此，必须让他看到，人们不仅因为他可以有何作为而重视他，而且还非常爱他。迄今为止，他只有在成功震惊到别人时，才能感受到自己的重要性，现在这种做法可以停止了。他不仅需要偶尔在行为不当时体验到秩序的不可动摇，同样也需要在表现良好时得到关心和注意。

鲁莽冒失

孩子试图给他人留下深刻印象的花招层出不穷。他们想出来的鬼点子常常惊人又搞笑。不明就里的父母对这种行为背后的原因没有任何概念，并常常感到迷惑不解。比如，当四岁的儿子（家中最小的孩子）打算用刀把汤切成两半时，孩子常常通过使成年人苦恼的方式来寻求关注。通过这种方式，他就可以让别人感受到他的存在，让家庭成员紧张不安。他打断父母的谈话；不允许母亲和熟人聊天。

八岁的格特鲁德是家中的老二，一个被宠坏的孩子，只要她在场，就不允许妈妈关注其他人。如果妈妈想和别人聊天，格特鲁德就把手放在妈妈的嘴上，或者大喊大叫令交谈无法继续。在尖叫和抗议的间隙，她紧紧缠着妈妈的脖子，使劲亲吻。她的野蛮和折腾让保姆们都很怕她。但是，在学校，格特鲁德学习特别用功，她的勤奋似乎让大家理所当然地忽视了她的缺点。她是“老师的宠儿”，是班里最优秀的学生。她知道自己的那些花招在学校行不通。

“十万个为什么”

孩子会不停地、没来由地表达自己的感情，这令父母心烦；不仅如此，他还可能通过提问来吸引注意。你很容易就可以判断出他到底是为了询问信息，还是仅仅为了引起注意而已。你应当诚实地回答一个真实的问题，但是讨论假装的问题则完全没有必要。后者明显的特征在于孩子提问的方式。他心不在焉，有时候甚至不等待你的回答就又问新的问题。父母往往注意不到这种游戏。即使不断出现同样的问题，他们还是领悟不到。等到耐心消耗殆尽时，他们粗鲁地斥责孩子，孩子被谈话过程中这一突如其来的变化吓到，真切地受到伤害。

有一次，我在一个朋友家里观察到如下场景。妈妈抱着三岁小女儿让其坐到自己的腿上，然后开始读绘本。每读一页，小女孩都打断妈妈，问："这些人在干什么？""这只小狗为什么在这儿？"每一次妈妈都耐心回答。读了几页之后，我打断她们，问："这些人在干什么？"小女孩回答得非常正确！我保持安静，等到读完下一页的时候，孩子又问了一两个问题，妈妈再次耐心地回答了她。后来的情形是：当她们读完一页的时候，我提问，孩子回答；等到读完下一页的时候，孩子提问，妈妈回答，如此循环往复。在这位妈妈读完整本书之后，我说我很享受这个游戏。她惊讶地问道："什么游戏？"她完全没有察觉到刚才所发生的一切。

这个故事与其说有趣，不如说令人惋惜。它表明，很少有父母能够意识到孩子的小把戏，因而助长了错误的寻求关注机制。这个小女孩在上床睡觉之后喊了三四次妈妈，要喝水，要上厕所，流了鼻涕，以及忘了某个物品，父母一直顺从她，直到他们开始恼怒。这就是这种游戏通常都会出现的悲惨结局。

你不应该让孩子借助轻率的问题侥幸得逞。仔细聆听，便不难发现这些问题与认真的询问之间的区别。但是，你必须认识到，孩子有时候会通过令人目瞪口呆的鲁莽方式增长见识，而后他们其实有很多真诚的问题。然而，我们仍然可以区分有思想深度的问题和纯粹机械地冒出来的问题：后者的特点通常表现为形式千篇一律，或是提问普遍漫无目的。孩子永远在问“为什么”，有可能确实是源自对知识的渴望；但是，大多数情况下，提问仅仅表明孩子有着吸引注意力的欲望。即使你已经判断出孩子的情况属于后者，也不应该训斥他。你可以提醒孩子，他不可能对这些问题那么感兴趣。

这完全可以通过友好的方式实现。一旦不能实现预期的效果，孩子很快就会停止这些令人乏味的提问。如果你确实要回答这些问题，则不应该给出合乎逻辑的答案——因为孩子已经知道答案了。你可以和他玩一个小游戏。通常有效的做法是，你同意轮流提问，孩子先提问，然后你再提问；

或者，你可以照着孩子的方法向他提出一连串问题；又或者，你可以编一个奇妙的故事来回答他简单的问题。但是，你需要恰当地引入所有这些游戏，向孩子解释他为什么会问这些问题，并且告诉他，如果他需要你的关注，你很乐意给予。如果你在那个时刻正好没有时间，则可以告诉孩子，你稍后会回答他。如果为了让他安静下来而回答得有条有理，或者说“我不知道”——其实是谎话，又或者，对他大吼并试图制止他，这些做法都不能帮助你节省时间。所有这些回应都只能刺激他用更多问题来进一步打扰你。

我们必须再次强调，你不能忽视或嘲笑孩子基于增长知识的需要而提出的问题。父母的轻视会导致孩子丧失信心，迫使他寻找其他信息来源。或者，这种做法可能会妨碍孩子的智力发展。客观认真地提问的孩子通常有能力理解简单的答案。你绝不能告诉他，他太小还不能理解。你必须不怕麻烦，看清问题真正的要点；如果答案严格限制在问题之内，就不会超越孩子的理解范围。成人之所以觉得孩子的问题无法回答，并相信这一问题已经超越了孩子的理解能力，仅仅是因为成人自己立刻想到了一个具体的回答可能引发的其他问题。然而，孩子提问的深度不会超过他所能思考的程度。（这当然只适用于孩子认真提出来的问题。）

除了客观的问题和轻率的问题以外，还有所谓的反问：“对吗？”“你真是这么想的？”“此话当真？”“你是这样认为的吗？”针对这些疑问的任何回答，说得再好也只是多此一举，在任何时候都毫无必要。然而，总是挑剔和责骂孩子的父母，经常使用这种反问作为刻薄或至少是不友好的回应。

“可怕的小顽童”

“可怕的小顽童”的主要特征是，专门在错误的时间有一些不合时宜的言行举止。在任何情况下，他的目的都是为了吸引别人的注意，而且通过最简单的方法得偿所愿：只要有机会就会打破未成文的法规或习俗。这些孩子往往格外引人注目，因为他们聪明机智，而且拥有的个人魅力足以凸显自已。他们的策略是不做任何明令禁止的事，但绝对要把可以做的事做到极致。

八岁的弗朗西斯是一个“可怕的小顽童”。他无父无母，两个哥哥和一个姐姐将他抚养长大，在抚养过程中，感性要多于理智。他们由于同情而娇纵，又由于无助而严苛，弗朗西斯在其中被拉过来扯过去。但是，他知道如何吸引所有人的注意。有一次，哥哥因为他撒了谎而严厉地斥责了他，并即兴进行了一场关于诚实的必要性的训诫，结果却令人吃惊。第二天，一个远房亲戚前来拜访，弗朗西斯立即告诉亲戚，全家人都不欣赏他。在面对哥哥姐姐随后的指责时，他坦然地回答说，毕竟人总是要讲实话的。从那以后，再也没有人能够让他放下这种高度诚实。每当有客人拜访时，他的家人就会心惊胆战，因为他们知道弗朗西斯有一种可怕的能力，会揭露出一些令人尴尬但确实存在的事情。

当然，一个名副其实的“可怕的小顽童”不会仅限于发表令人尴尬的评论。他利用自己不同寻常的创造力玩着各种各样的把戏。

有一次，在我们的儿童指导中心，我因为自己的容易受骗而吃了亏。在咨询时间，有一个大约五岁的小女孩第一次来到我们中心。她的母亲向我们讲述孩子的恶作剧，以及她自己如何试图通过乞求影响孩子，结果当然是徒劳的。与此同时，这个小女孩坐在凳子上，惊险地玩着墨水台。母亲警告了她并把她的手拉到一边，但不起作用。这时候我迫切想要展示该如何应对这种情况，于是我说：“继续玩吧，把你的手伸到墨水里。你的手指立刻就会变脏，很不好看。但是，继续玩吧，如果你想试就试试吧。”

正如我所料，这个孩子被我的话劝住了，不再玩墨水台。但是，大概十分钟之后，我突然听到她母亲一声尖叫。小女孩把两只手都伸进了墨水台，然后洋洋得意地举起了她那滴着墨水的小拳头。

显而易见，“可怕的小顽童”很难改变，原因很简单，这样的孩子既聪明又狡猾。但是，在今后的人生中，他们的行为所造成的后果并不像心烦意乱的父母所担心的那样糟糕，因为这些孩子足够精明，他们知道可以在什么时间、在多大范围内搞恶作剧。不过，我们还是应该努力与他们相处。当然，除非父母停止与孩子之间的冲突，并赢得他们的理解与同情，否则就无法做到这一点，因为这些孩子非常聪明，他们能够识别自己行为的目的。让他们体验自然后果并非易事，正如我们刚才在弗朗西斯的案例中所看到的，这些孩子自己就能巧妙地利用其行为所造成的令人不悦的后果来达到目的。但是，父母依然可以找到使用逻辑后果的合适机会。

首先，孩子的策略太容易取得成功。父母责备孩子，但又嘲笑他的把戏，这当然会激发他在同样的事情上实现更大更好的成就。哪怕是临时在场的访客或其他旁观者，以及被这种场景逗乐的目击者，都发挥着特殊的破坏作用。因此，一个好方法是，不让孩子有机会在客人面前炫耀。你只需要对孩子说：“今天 × 阿姨来的时候，你可以举止得体吗？我们要不要试一下？”如果他的行为不得体，在接下来的两三次，当有客人来访时，你可以不让他在场。在这之后，你可以给他另一次机会。但同时，你必须努力赢得孩子的支持。最重要的是，你必须了解整个局面，因为这还可能涉及孩子与哥哥姐姐之间的竞争。此外，你必须避免给予孩子过度关注，也不要激发孩子的野心从而满足你自己的虚荣心。

不安定

这一特点同样具有特定的目的。

十四岁的莉儿一直焦躁不安，她反复不断地更换衣服、朋友、活动，以及兴趣爱好，她很快就对所有事情产生了厌倦。在很短的一段时间内，她很擅长数学；然后，她又转向了历史，如饥似渴地啃着一本又一本厚书，后来又把它们扔在一边。她不停地炫耀自己多么有天赋——如果，她可以的话——如果她可以在一段时间内坚持做一件事。这就是她的行为原则。

莉儿活在哥哥的阴影里，哥哥有能力而且认真负责。从表面上看，两个孩子相比，莉儿比较有天赋。但是哥哥取得的成就更多，而且值得信任。因此，莉儿努力显示自己有潜力完成很多事情。她不相信自己有能力实现承诺。她害怕失望，而事实上正是她自己引起了这些失望。她把失望安排在生活的方方面面——在人际关系中、在学习中、在兴趣爱好中。她并没有意识到，幻灭感并非来自外界，而是源于她自己的内心。

不安定的孩子不相信坚持不懈的价值。即便他相信或者愿意相信自己可以成功，他的野心也同样没有定位在成就上。由于勇气有限，他很容易放弃，然后转向另外一件事。刚开始夸张的热情显露出他的悲观情绪。他无法安定从容，因为他确信，时间只能证明他的不足。

我们没有理由认为他的不安定感是先天原因所致。这种假设是孩子自己编造出来的借口，家人和同伴不恰当的斥责有可能是诱因。只有深入了解孩子的策略以及其人生计划的变化，我们才能帮助到他。你可以和大孩子随意谈论这一问题，但是对年龄较小的孩子而言，他的改变取决于你对情形的理解。你必须赋予他新的勇气，并且帮助他改变目标。这样的孩子对行动并不感兴趣，他只关心如何以最少的努力索取更多。他不能再一心只求超越他人，或者只想轻松快速地获得成功，他必须感受到学习和努力所带来的满足，无论结果如何。

消极—建设性方法

过度依赖

孩子会发现很多令人愉悦的方法，毫不费力地获得关注，在年幼时尤其如此。他们只需要一个眼神，所有人就向他们伸出双手。他们表现出喜爱或崇拜，大家就都落入了他们的圈套。他们利用自己的弱小和无助让别人为自己服务，但是，他们把事情做得很具吸引力，人们想尽办法为他们做所有事情也不会觉得厌烦。他们从不打搅或惹恼别人，因为这会导致他们失去权力。他们可能很容易变得诡计多端，而且完全只在乎自己，但他们表现得只对别人感兴趣。

依赖他人的倾向迟早会导致关系的混乱。当孩子能取悦别人时，则一切相安无事；但是，当情形不允许孩子取悦别人时，他们的良好举止则就此消失。一开始，他们会为了寻求关注而变得具有破坏性。如若失败，他们很容易发展成第三种孩子，而后，由于过度渴望被喜爱，这一夸张的欲望导致他们认为根本没有人喜欢自己。在发现自己的魅力不再起作用时，比如，当他们被新出生的弟弟妹妹推下王位的时候，很多依赖型的孩子会变得怀有敌意甚至特别残忍。

虚荣

如果仅仅赞美孩子是什么样的人，而不是赞美他可以做的事，这会导致孩子成为爱慕虚荣的人。虚荣源自不必做任何有价值的事而获得赞赏的能力。如果成人表扬孩子的外表，则会助长虚荣之心。如果一个孩子将这种认可看作他在家庭群体中社会地位的基础，那么，他的虚荣就会变得根深蒂固。对于漂亮的孩子而言，不依靠自己所取得的成就和努力，而是依靠外表以及在别人心中留下的好印象，这是很危险的事情。对自己的能力逐渐丧失信心，只会让他们更加依赖于别人的认可，并且更加虚荣。反过来，这最终将导致冲突产生，因为他们的要求越来越多，贡献越来越少。

消除过度虚荣是一项异常困难的工作。过度追求声望，其根源是强烈的自卑感，如果不知道这一点，人们就只会通过轻视来拒绝表面上虚荣又自负的孩子。然而，这只会令孩子更加觉得无能，同时增加他们狂妄或通过其他形式自我表现的冲动。虚荣的孩子不能忍受将优先地位输给其他人，所以他们逃避所有自己不擅长的情形。因此，在明显受到打击的情况下，虚荣的孩子可能会回避在其他人面前参与任何活动。一旦不能胜券在握，每一个虚荣的孩子都会变得胆怯。你必须学会看穿自负的面具——就像看穿冷漠一样。一个男孩也许在学校一事无成，但他依旧野心勃勃。同样地，完全无视穿着和个人外表并不意味着毫不虚荣。这种孩子只是停止努力给别人留下好印象。他们不想和其他任何人都一样，看起来只是干干净净的。如果不能凭个人魅力给别人留下印象，他们并不在意，他们甚至会努力通过邋遢令人印象深刻。这种“漫不经心”只是虚荣所致。如果孩子不担心给别人留下何种印象，他就会尊重外表的传统标准。

我们如何克服虚荣呢？首要的一点是，不要培养虚荣心。大多数父母由于太过强调“别人会怎么说”而刺激了孩子的虚荣心。很多父母希望孩子靠自己的吸引力或魅力而闪闪发光。他们打扮孩子，对他的穿着小题大做，为他的“成功”而欢喜。但是，孩子得到的赞赏并没有受到其内在价值感的有力支持。通过炫耀，他过度强化了别人的看法，却放弃了自我评价。如果没能令人印象深刻，他就会感觉自己的重要性受到了质疑。但是，即使成功也不能带给他真正的自信。通过外表就能轻松赢得认可，这往往导致他轻视实实在在的成就。他不需要学习，不需要勤奋，也不需要任何特殊的能力。即使虚荣与有益且有价值的活动结合在一起，它依然清晰地暴露了孩子能力不足的感觉。没有人想要声名狼藉，除非他认定自己在其他方面没有任何价值。追求第一的人始终被这样的想法所折磨，即有时候他可能不会成功，别人可能会超越他。要求孩子出类拔萃的父母，在孩子心中灌输了对失败的恐惧。虚荣的孩子之所以下定决心要给别人留下好印象，只是因为他始终生活在害怕自己做不到这一点的恐惧之中。

这种恐惧，即一个人只能通过其他人证明自己的重要性，既存在于羞怯的孩子心中，也同样存在于自负的孩子心中。这两种孩子都害怕被嘲笑，在他们看来，嘲笑是所有不幸中最悲惨的；但是，虚荣的孩子仍然有勇气通过建设性的方法对抗这一危险，而羞怯的孩子只想逃避，他们只会利用自己的弱点和不足寻求认可。鉴于以上两种情况，我们必须教育孩子不要太在乎别人的看法，从自身以及成就中发现自己真正的价值。他必须认识到，与外在的印象相比，有益的贡献更具价值。他被人类错误的价值观所蒙蔽，我们不应该压制他的雄心壮志，但要将其引向正确的方向。

消极—破坏性方法

羞怯

十岁的苔丝是个羞怯的孩子，与比她小三岁的弟弟正好相反。弟弟充满活力，做事果断，时刻准备着处理任何事情；苔丝特别容易局促不安、沉默寡言。每次被提问时，她都哑口无言。她最喜欢和妈妈待在家里，没有妈妈陪着，她从来不出门。在学校也一样，她很孤僻，只有一个好朋友。当任何人跟苔丝说话的时候，母亲的典型态度就是：“你为什么不回答医生？别盯着地板看！站直了！”当苔丝被提问时，母亲替她回答，她根本就等不及让孩子自己回应。苔丝已经长大了，但她总是躲在母亲身后。这种行为意味着什么呢？

苔丝与弟弟之间竞争非常激烈。她觉得自己是因为弟弟才被忽视，不仅因为他是个男孩。他反应灵敏，比苔丝更有活力、更聪明、更有能力。父母一直鼓励弟弟超越姐姐。在弟弟还小的时候，父母要求苔丝让着弟弟。弟弟做的一切都是“好的”“可爱的”。以前，苔丝作为独生女深受父母的溺爱，但现在变得郁郁寡欢、倔强固执。她很快学会了利用自己的依赖和笨拙，不仅为了逃避作为姐姐照顾弟弟的责任，还为了强迫母亲对她多加关注。这样做的确存在不足之处，因为她不得不忍受母亲不停地对她的笨拙和无能进行说教。但是，毕竟，她成功地让母亲把注意力集中在了自己身上。

很多胆小的孩子都会使用同样的策略。（但是，我们必须把他们和那些被威胁或者可以说被恐吓的孩子区分开来。）他们通过自己的行为迫使别人关心他们、帮助他们。若想让他们有所回应，需要耗费时间和精力。他们的行为令人不快甚至恼火，但是，我们不能对他们漠不关心。毋庸置疑，他们只是通过无所事事让自己引人注目。他们的气馁或许与野心结合在一起，否则就不会想方设法吸引别人的注意，而是彻底放弃，陷入完全暗淡的消极中。羞怯的孩子害怕被嘲笑。借助自己的胆怯，他们竭力逃避任何需要发挥积极作用的情形。但是，他们仍然需要并期望所有人都关注自己。这一技巧有时候会导致严重的神经官能症，比如害怕脸红（红脸恐惧症）。患有这种神经症的人会逃避一切社会责任，然而，利用脸红，他们仍然设法让自己成为别人关注的中心。

苔丝母亲的例子体现了我们不应该以怎样的方式对待一个羞怯的孩子。苔丝固然得到了持续的监督和保护——这正是羞怯的目的，但是我们承担不起这样做的后果。只有通过系统的鼓励，才能克服孩子对社交活动和责任的恐惧。有些孩子为了逃避面对生存的必要条件而藏身于假装的能力不足背后，对他们而言，上述过程相当复杂。如果受到别人的表扬，他们要么拒绝相信，要么受宠若惊，但同时更加惧怕未来的失败。这样的孩子需要花费很长时间才能找回自信，这一过程需要系统的努力。即使是鼓励和赞赏的语言也是不够的，孩子需要更多实质性的证据来证明别人对他的信任和认可。

依赖与懒散

依赖型的孩子——往往也是懒散的孩子，会惹来很多麻烦。他们总是需要有人告诉并提醒他们要做什么，最终，让别人替他们做了所有事。

如果孩子被强制剥夺了天生的独立欲望，就会变得依赖别人。对孩子的能力缺乏信任，帮助孩子摆脱困境的欲望，或者是父母通过保护孩子获得个人价值的需要，都可能导致孩子放弃所有追求自立的渴望。母亲越有能力，她就越容易把所有家庭义务和责任揽在自己身上，她的孩子就越有可能变得依赖。

你不应该替孩子做任何他力所能及的事情。如果他习惯了别人迁就他、等待他，那么必须停止这种做法。当然，你需要有耐心。如果孩子由于缺少实践而显得笨拙，那么，他需要时间来发展技能。同时，你可以鼓励他，为他加油，但是，无论是由于失去耐心还是出于错误的同情心，你都不能帮助他推卸责任。

有时候父母并不是唯一导致孩子缺乏自立的人。

八岁的特鲁迪自己做不了任何事，或者说，如果她确实设法完成了一件事，也完成得特别差劲。她着手做每件事的方法都不正确，因而吸引到了持续的帮助。家人外出散步时，她会掉队，所以家人不得不喊她，最后不得不去接她。她可以自己穿衣服，但是每次都穿不整齐。就连食物也是家人给她切好的。她在倒水的时候总是把水洒到杯子外面。她不负责任、懒散、懒惰。简而言之，她需要有人照顾她、服侍她。真有这样一个人！她的母亲是位商务人士，没有时间照顾她；但是特鲁迪有一个大她四岁的姐姐，经常无微不至地照顾她。十二岁的安妮热情、聪明，其能力远远超过了她的年龄。她不但设法完成自己的事——反正也没有任何成人会注意这些孩子们——她还设法做了妹妹的事。而且，她拒绝放下这一额外的负担。有一次，姐妹两个人一起参加夏令营，没有人能制止安妮使用自己的方法教育妹妹。她希望陪在妹妹身边，整天都唠唠叨叨，因为她在家里习惯了这样。所以，这个勤奋的、有教养的女孩扰乱了营地的整体氛围，其糟糕程度至少不亚于她那顽劣笨拙的妹妹。

你可以看到特鲁迪何以发展成现在这样。姐妹之间的竞争导致双方拿起了防御和攻击两种不同的武器。安妮比妹妹更有能力，可能占了上风，但是，特鲁迪势必会得到更多关注。一个孩子想方设法通过有益的成就积极地赢得认可；另一个则通过愚笨的表现消极地获得认可。仅仅鼓励特鲁迪是不够的。但是，如果期望她取得更好的成就，则必须做到这一点。然而，她会逃避成就，因为成就会使她失去与更有能力的姐姐相匹敌的手段。只有影响姐妹双方，才能改善现状。她们之间激烈的竞争必须缓和下来，只有如此才有可能削弱双方的寻求关注机制。她们必须学会合作，而不是相互为敌。她们都缺少社会兴趣。（安妮在其他的人际关系中也不成功。她没有真正的朋友，因为人们拒绝给予她所期望的优越地位。这样的例子很典型，也不难理解。）因此，姐妹双方都必须学会在生活中扮演适合自己的角色。

然而，为了改掉孩子的某个缺点，我们不一定始终需要改变他的整个人生计划。任何孩子都可以被灌输某种程度的秩序意识。唯一的必要条件是，我们不能允许漫不经心。人类有机体生来就适应规律性和系统性。懒散的习惯刚开始出现时只是一种把戏或工具。孩子意识到了某些行为的好处，比如，不按时起床、不自己洗漱穿衣、不按时吃饭、拒绝收好自己的玩具、不在规定时间上床睡觉。通过这些办法，他在与父母的斗争中取得了胜利，确保了得到自己所期望的关注。为了帮助孩子戒除这些不良习惯，我们必须避免冲突，让自然后果发挥作用。（参考第三章“自然后果”部分。）但是，父母自身必须遵守秩序，否则，父母的错误很快就会被孩子用来与他们对抗。

缺乏注意力和毅力

如果一个孩子没有能力完成工作，通常会被归咎于某种所谓的精神或身体缺陷，正是该缺陷导致孩子不能在一定时间内将注意力集中在某个任务上。尽管焦虑的父母以及胆怯的个人似乎通过自身经历证实了“精力不足”和“神经能量损失”，但这种看法纯属谬论。这些人倾向于将自己或孩子的失败归咎于神经衰弱或其他身体缺陷，这正如将每一例表面的愚钝都看作先天低能一样，这样的看法反而导致了情形的恶化。

十五岁的弗兰是个焦虑、“脆弱”的孩子。虽然很聪明，但是读高中的她却有许多问题。她非常容易疲劳，放学后常常在床上躺着打发一天中剩下的时间。在课堂上集中注意力对她来说更是难上加难。每当面临一些比较特殊的作业或者考试的时候，她都会彻底崩溃。在交作业或考试的前一晚，她寝食难安。有时本该参加考试，她因为生病而在家休息。她甚至在上小学时就无法安静地坐着并把双手好好放在一起。几年前她留过一级，因此刚开始父母决定不送她去高中。但是因为她的朋友们都去了，在她的哭闹和说服下，她还是如愿以偿进了高中。然而，她非常费劲才能勉强跟上学业，而且需要持续的帮助。

父母和医生都认为这是身体虚弱的问题。但真正的原因到底是什么？弗兰在四岁之前发育情况都非常好，精力充沛，很有活力。但四岁时她彻底变了。她是家里的独生女。她的妈妈与爸爸关系非常不好，也很少花时间陪她，把她交给保姆照顾；但同时妈妈对弗兰的期望又很高，女儿在她眼里永远都不够可爱。她给弗兰买最漂亮的衣服，把她打扮得像个小公主。弗兰很重视自己的外表。小时候，如果没有得到喜欢的鞋，她可以哭闹一整天。因为她的爸爸对她和妈妈不好，并且最终抛弃了她们，因此每个人都会可怜她。无论她想要什么，亲戚们都会给她买。如果在路过商店橱窗时看到了想要的东西，她会马上停下来哭闹，直到达成心愿为止。

但是，大体看来她举止非常得体，从来不直接将自己的意愿强加于人。她有各种各样可以得偿所愿的手段。直到她十岁时，还需要保姆为她穿衣脱衣。她表现得非常顺从，并且适应与每一个人相处，正是这样，她巧妙地把每一个人都变成了她的仆人。直到现在她仍然扮演着“可爱小女孩”的角色，穿着漂亮袜子、戴着可爱发饰跑来跑去。没有人可以狠心到拒绝她的任何要求。她总是选择比她大一些或者小很多的孩子作为玩伴。即使比她小的女孩也会立刻对她照顾有加，而她对此也乐此不疲。但她更喜欢和大人一起玩。妈妈劝她不要亲近其他女孩，她们只会让她养成坏习惯，所以她最喜欢独自玩耍。

从四岁起，她就开始刻意利用自己的弱点作为获取服务的手段。她连吃饭都要人劝，因此体重迅速下降。步行的距离长一些，她就觉得筋疲力尽。有一次在乡下，因为她已经太大了，亲戚们抱不动她，不得不雇了一个人把她运送回家！她不能做家务，所有事情对她来说都很难，她也从不踏进厨房半步。手工对她来说从来都是个难题，没做一会儿她就累了。她总想给妈妈做点什么东西，但从来没完成过。

妈妈从不关注弗兰，除非在她生病的时候。最近几年弗兰病得非常频繁。就像上文所提到的，一场即将到来的考试都能让弗兰卧病在床。她的良好表现只是一场表演，是给他人留下好印象的手段，至于她表演到何种程度，我们可以通过以下细节看出来：她房间的书桌和书架上到处都是课本，以及一堆其他书籍。她从不读这些书，除非有人进到她的房间；这时候她会表现得像在全神贯注地学习某门功课，或者在完成自己设定的某项任务，但实际上从来没有完成过。

透过这个事例，我们清晰地看到一个很难通过实际成就赢得认可却又充满野心的孩子所运用的技巧。弗兰实际上

野心勃勃，但身边的人从未意识到这一点，因为她从不试图在学校或其他地方取得任何真正的成就；相反，她一直在尽力逃避。表面的“身体虚弱”成了她最有效的借口，此外，这还可以帮助她索取更多的关心和照顾。

和弗兰一样，很多孩子都试图以“身体虚弱”为借口，他们借助于这一手段成功地将父母变成自己的奴隶。之后，出于对这种“虚弱”的考虑，他们被免除了很多责任。但是，如果你强迫他们顺从，就会发现他们的“虚弱”比你的力量更加强大。无论是暴力还是压力，都没有办法促使孩子合作。他的野心、他的所有努力，都必须被转移到新的方向上。之前的纵容必须被系统的共同工作所取代。一直以来孩子都是担心的对象，而他也充分地利用了这一事实。现在他必须变成共同工作的伙伴。

自我放纵和轻浮

十五岁的乔治是个心浮气躁、不受束缚、活在当下的男孩。他是独生子，在他一岁的时候，父母由于没有时间照看他，把他交由一个阿姨照顾。阿姨有一个比乔治大三岁的女儿，但她更偏爱乔治，因为希望他能像待在自己家里一样，他总是能得到更大份的布丁以及额外的糖果。长大后他有更多的零花钱，还可以比阿姨自己的女儿更晚起床。阿姨女儿的午餐是黄油和面包，而乔治的午餐总是加肉的三明治。只有乔治才可以在做家庭作业时得到帮助。直到他八岁时，阿姨还帮他洗澡，而阿姨的女儿很小就开始自己洗澡了。

尽管存在这种特殊待遇，两个孩子之间却没有明显的冲突。女孩自我调整并适应了这一情形，她的独立和能力弥补了她所经历的忽视。她还会努力照顾乔治，因为乔治现在已经形成了一种独特的能力。他是一个很吸引人的孩子，知道如何讨人喜欢（消极—建设性寻求关注机制）。没有人可以抗拒他。他将自己接触过的每一个人都利用到极致，还会用一种有魅力的方式“剥削”亲戚朋友的金钱，然后立刻用这笔钱买糖果。在学校，他深得老师的欢心，并成为公认的“老师的宠儿”。他经常调皮捣乱，但谁也不会一直生他的气，他的恶作剧永远都会得到原谅。进入高中后他遭遇了人生的第一次大逆转。他常用的方法不再起作用。学校要求老老实实用功学习，而他对此完全没有准备。小学时他门门功课都是A，到了高一他勉勉强强才考试及格。这时的他已经从消极—建设性的方法转变为消极—破坏性的行为模式。

显然，乔治的整体人格是由他的童年境遇以及他的应对方式所决定的。把他的轻浮和贪婪单独挑出来并加以改

造，这毫无价值。他非常有野心，但他的志向仅在于从其他人身上得到越多越好。只有成功地做到这一点，他才觉得自己重要。学习对他来说是一种负担。他并不打算控制自己，因为这意味着他必须放弃自己对他人和对生活的要求。他还没有发现积极的成就所带来的快乐。通过实际成就取得成功，需要长时间的努力，这是乔治从未尝试过的。他对未来没有任何计划，他想要立刻得偿所愿，因此他无法忍受紧张或等待；相反，他会利用紧张和等待来获得眼前更大的好处。每当家里发生了任何令他不悦的事，他就会离家出走；如果家人拒绝给他钱，他就会向朋友们借钱。通过这种狡猾的无助，他迫使别人为他种下的恶果承担责任。他缺乏自制力或自律，只是强求自己想要的东西。

阻碍乔治改变行为方向的最大障碍是他的亲戚们。他能否重新调整取决于他们能否采取一种更加合理的态度。当乔治从寄养家庭离家出走之后，这个家庭立刻又重新接纳了他。随即他令每个人的生活都痛苦不堪：当乔治肆无忌惮地无视既定的秩序时，没有人要求他承担后果。然而，这是唯一能够让乔治清醒的方式。通过周围人的态度，乔治必然认定自己找到了坚持权利的正确方式。如果家人不能下定决心停止屈服于他的愿望，他们将不得不利用威胁、辱骂、贬低和强迫等手段开始一场绝望的斗争，而这些手段反过来只会令乔治的反抗和叛逆愈演愈烈。他已经不再只是寻求关注而已了。家人的坚定，以及对乔治的持续鼓励（参考第三章“鼓励”部分）——这些方式或许能够开启乔治的人生计划改变之旅。

贪婪的人只看重眼前唾手可得的成功，因为他们对未来几乎没有信心。任何眼前得不到的东西对他们来说似乎都具有极高的不确定性。对未来缺乏信心，这在贪婪的孩子身上很常见。他们做不到节约。他们有什么必要节约呢？即使今天没有挥霍一空，明天还是一样糟糕。因此，他们并不在乎今天的享受会带来明天的不适。他们认为这是顺理成章的事。这些孩子感受到了来自更成功的兄弟姐妹的威胁，或者受到了前后矛盾的家长的溺爱。自然而然地，他们反抗所有规则并试图得到“特殊待遇”，这多少有些挑衅的意味。偷着买糖果，从餐厅偷拿果酱，一次吃完一周的巧克力——它们不仅尝起来很美味，更象征着在与成人的斗争中毫不费力就取得的胜利。贪婪和气馁总是如影随形。因此，一个孩子贪婪意味着他的心理状态是不平衡的，他需要帮助。但要再次强调的是：帮助不是娇纵的同义词。

焦虑和恐惧

在上文关于过度尽责的讨论中，我们提到了神经官能症的问题。所有神经问题的核心都是恐惧，然而，成人的深度恐惧被认为是病态的，儿童的则被认为是自然的。每个儿童都会不时地经历恐惧，只有发展到严重阶段时才会被认为不正常。

恐惧是无助的表达。每一个感到无力的人不仅惧怕真实的、迫在眉睫的危险，他还因为焦虑而感受到模糊的、未知的恐惧。对于人类乃至所有生物而言，恐惧反应都是与生俱来的关于更为原始的生活方式的回忆。原始人生活在持续不断的威胁之中，其中一部分是未知的，另一部分则是他们的大脑所无法理解的。文明人正常情况下都在各自的社区中居有其屋。但是，孩子仍然会感到无助，这一感受源自他对恐惧的敏感。我们能够感受到孩子的无助，因此我们会回应他的恐惧。

这就是问题的关键所在。孩子学会了利用自己本能的恐惧反应去实现个人目标。父母受孩子焦虑的影响越强烈（无论是出于过度的爱、同情，还是因为他们承受着自己的恐惧），他们就越容易屈服于孩子的行动计划。利用恐惧，孩子可以不受任何规矩和制度的约束，让自己成为家里的“小霸王”。

胆怯的孩子害怕独处和黑暗，恐惧揭示了他特有的弱点及原因。只有被宠坏的孩子才会有这种反应。他认为最糟糕的命运莫过于孤身一人，因为，如果缺少成人的帮助，他就无法生存。没有什么事情比独处更令人害怕了，因为在那种情况下他不得不完全依靠自己。同样，在黑暗中他也要完全依靠自己的力量。有时候父母为孩子提供了可以与自己争辩的理由；他们把独处用作一种惩罚手段，或者通过幽灵般的"妖怪"或不合时宜的童话来描述黑暗和夜晚的可怕。典型的儿童恐惧通常表现为孩子拒绝上床睡觉。许多孩子不愿意上床睡觉，要么是因为不愿意离开父母的关心和温暖，哪怕是暂时离开；要么是因为自己不可以像大人或哥哥姐姐一样晚睡，他们痛恨这一事实所暗含的不公平。因此，上床睡觉，以及伴随其中的必须要在黑暗中独处，就成了孩子痛恨的对象。在这样的情形中，恐惧成了孩子的武器，令许多父母无法抗拒。

这一策略导致孩子对父母的依赖程度之深往往到了荒唐可笑的程度。孩子不愿意独自上床，房门必须一直开着，或者至少留有缝隙让灯光透进来，这象征着与他人的联系。这些要求或许会越来越多：与隔壁房间相连的门必须一直开着；台灯必须亮着；一名成人必须留在房间，直到孩子睡着才能离开；妈妈必须坐着床边握着孩子的手，如果她把手放开，孩子马上开始大哭；甚至在入睡以后，如果感觉到妈妈试图离开，他也会醒过来，大哭，让妈妈陪在床边直到深夜。即使已经接受必须独自睡觉的孩子也会在做噩梦或者半夜突然感到害怕的时候爬到父母的床上，逃离独自入睡的恐惧。

在白天，恐惧同样行之有效。

十二岁的保罗用他的恐惧控制了整个家庭。他出生比较晚，哥哥姐姐均已成年。家里每个人都溺爱他、纵容他，但他一直生活在焦虑之中。夜里他的房门必须一直开着。晚上他无法独自一人待在房间里。他逃避一切可能需要独自应对的情形。他害怕家庭作业，害怕其他男孩之间的打闹，不能游泳，也不敢参与体育活动。每当妈妈试图离开时，都会有激烈的情景上演。因此他的家人一直努力安慰他、帮助他，并为他铺平前进的道路。

他的妈妈曾向我寻求帮助，但不是因为担心保罗的焦虑。她让我为保罗出一份证明，从而让他有理由不去上游泳课——这个可怜的孩子在上课的前一晚甚至睡不着觉！至于保罗也许可以学着独立，相信自己的力量，应对自己的困难，这是他的妈妈从未考虑过的可能性。保罗也绝不会主动尝试；因为他喜欢生活在被庇护的环境中，尽管需要以自己的恐惧为代价。

不过，保罗在选择方法时已经相当保守了。

十四岁的欧内斯特在训练父母方面更加出色。父母必须告知欧内斯特他们回家的时间，而且要精确到分钟，因为欧内斯特无法忍受等待。他把专横的自我隐藏起来，表现出来的是对父母非常焦虑的爱。他生活在持续的恐惧之中，害怕父母发生意外。这就是为什么他坚持严守时间的原因。如果父母在外停留过久，超过了事先说好的时间，他们必须每隔一段时间就给欧内斯特打电话，向他确保他们安全无恙。没有人意识到欧内斯特想要的其实是父母的关注。

面对孩子夸张的恐惧，我们可以采取什么步骤呢？强迫自然是没用的。最好的做法是忽视焦虑。孩子必然会竭尽全力对抗这一策略，并闹出各种各样的“状况”。对于年幼的孩子，你只需要允许他发泄愤怒，然后慢慢平静下来。你必须给予孩子他想要且需要的感情、爱和关心，但不是迫于他的恐惧所带来的压力。在一些复杂的情况下，你也许有必要咨询儿科医师或心理医生。（参考第七章的开篇部分。）有时候，你也可以通过激发孩子的野心和自豪感来消除他的焦虑——即让孩子看到恐惧是小小孩才自然会有的策略，而这对于他来说则有损尊严。总而言之，你不应该把注意力集中在表面症状上，而要寻找深层原因。

儿童的无助往往源于对成人的依赖。相应地，他必须有机会发展更多自立。敏锐的父母能够发现，孩子在面对问题时会更加焦虑。因此孩子必须学会如何应对困境。此时父母的焦虑比孩子自身的焦虑更加危险。同时，孩子想要成为众人关注的中心以及不惜一切代价为所欲为的做法必须得到纠正。前文已多次强调，减少纵容是最好的解决方案。孩子的焦虑是以无节制的纵容为基础的，这一事实越来越显而易见，因为，当他身处陌生环境且得不到任何纵容时，他的恐惧就会彻底消失。然而，过于严格只会加重孩子的无助感。在这种情况下，孩子只能压抑自己的恐惧，这有可能导致更深层的障碍，通常是神经机能问题。

饮食困难

如果父母不试图强迫孩子吃饭，就没有孩子会成为“吃饭困难户”。饮食问题的起因通常在于爸爸或妈妈过分重视孩子的饮食。如果妈妈过度担心孩子的体重，如果孩子体弱多病或生病时体重下降，这一问题就会很快出现。孩子所承受的压力在刚开始时可能只是轻微的，但后来会发展成强制力，最终成为暴力的强迫。被要求进食破坏了一个人接受食物的能力和意愿。它扰乱了肠胃的正常运转，并使人厌恶吃饭。而且，在被施加压力时，孩子通常的反应都是对抗。

如果这种对抗表现为直接拒绝吃东西，那么已经对饮食问题过度担忧的父母就会给孩子施加更多压力。他们的绝望也许会激增，但这永远不会改善孩子的饮食问题。并且，孩子会由此认为吃饭并非出于自己的需要，而是为了父母的利益。因此，吃饭成了孩子用以对抗父母的有力武器，尤其是在孩子感到被忽视或被轻视的时候。比如，在弟弟妹妹出生的时候，或者当孩子从病中痊愈，而父母不再给予特殊关注的时候。

一个两岁的小女孩拒绝父母提供的所有食物，以至于不仅她的妈妈忧心忡忡，就连她的家庭医生也为此担心。这个孩子每次吃饭都发脾气，如果放任不管的话，她会连续几天不吃东西。这种厌恶食物的现象其实是有因可循的。妈妈曾被建议按照规律的喂养时间给女儿哺乳（这是个不错的建议），但她用了什么方法呢？如果孩子到了哺乳时间还在睡觉，她会把孩子弄醒。当孩子拒绝奶瓶时，她没有让孩子等到下一次喂养时间——她本该如此，而是把奶瓶强行放进女儿嘴里。当孩子拒绝她喂的第一勺果汁时，她甚至采取了更为激进的措施：捏住女儿的鼻子，等她不得不张嘴呼吸时，借机把勺子放进了她张开的嘴巴里。所以，这个小女孩对食物有如此强烈的敌意，这难道奇怪吗？

如果父母允许孩子自然的本能发挥作用，则所有饮食难题都会在几天或几个星期之内自行消失。每个孩子都具有这样的本能。让他感受饥饿，过了一会儿他就会要吃的。如果你在规律的时间里提供食物，孩子就会自动调整自己。

在面对孩子的饮食习惯所带来的难题时，父母并没有遵循上述简单的做法。相反，他们所采取的方式足以导致每个正常的孩子都产生饮食问题。第一，他们尝试劝导。吃饭时间成为一场可悲的闹剧。妈妈警告孩子不吃饭的可怕后果。她给孩子喂饭，并进行各种哄骗。她给孩子讲故事，或者苦口婆心。她给孩子提供奖励，或者威胁要对孩子进行惩罚。最终她会生气，她开始斥责，或者冲孩子喊叫，甚至用暴力把食物强行塞进孩子嘴里。这样的母亲由于纯粹的爱而变得暴怒，丝毫未曾注意到孩子的扭动和挣扎，直到孩子把她费力塞进去的食物吐出来。这时候她要么屈服，放弃让孩子吃饭，要么按照孩子的喜好为他准备特殊食物。有些妈妈每天花费大量时间计划孩子喜欢和接受的菜单，有些妈妈则变得非常坚定——“就是要让他习惯”，下定决心下顿饭仍然提供他之前拒绝吃的食物，结果自然还是一样。然而，其实父母和孩子都可以轻松地避免这些痛苦。

首先，孩子的饮食既不是讨论的话题，也不是冲突的理由。父母应该相信孩子健康的直觉。如果你克制自己不进行干涉，他就不会挨饿，你的干涉只会破坏他的直觉。你的担忧为他提供了一种比饱腹感更满足的感觉。想想他会从你身上得到多少关注吧！仅仅只是不吃饭，他就可以战胜你，让你陷入完全无助的境地。这些社交成果比身体舒适更令孩子渴望。实际上，如果允许孩子自己处理这件事——他们有足够的能力，相较于父母担忧孩子的身体发育并强迫他们吃饭而言，前者绝不会像后一种情形中的孩子那样达到营养失调和营养不良的程度。纠正孩子饮食习惯的第一步就是不干涉。父母无须任何言语，也不应该对孩子没有吃完盘子里的食物进行评论或催促，但仅仅保持沉默是不够的。一个焦虑的母亲甚至不用开口，她的焦虑就会明显流露出来。如果你坐在餐桌旁边紧盯着孩子，无声地表达你的紧张、忧虑、绝望和愤怒，你只是给了他同样多的不当关注，并且激起他的反抗。

其次，孩子必须体验到拒绝吃东西的自然后果。如果他不想吃摆在面前的食物，他就有权拒绝吃。但是你不应该娇纵孩子，或者出于同情或恐惧而给他提供其他食物。如果这次他没有吃饭，你必须要等到下顿饭才给他提供食物——在既定的惯例之外不提供零食、糖果，或者面包和黄油，甚至一杯牛奶都不行。到了下顿饭，应当给孩子提供和其他家人一样的食物。

受溺爱的孩子可能“勉为其难”地吃一些“尝起来好吃”的东西。如果这样的要求得到满足，则要么是父母不懂得规则的重要性，要么是他们无力停止自己的过度娇纵。我们已经解释过为什么孩子饮食均衡如此重要。（参考第五章“饮食习惯”部分。）引导孩子饮食均衡，甚至吃他不喜欢的食物，这并非难事，除非孩子的厌恶是基于身体的敏感（如食物过敏）。如果他没有和家里的其他人一起吃完盘子里的食物，就应该把他的盘子收走，在这顿饭期间不再给他其他食物。如果你想训练孩子吃某种特定的食物，你可以把这一食物安排在他最喜欢的甜点之前。他应当知道接下来会有什么食物，但你必须注意方式，不要让孩子认为这是奖励或惩罚。“如果你不吃菠菜就没有冰激凌”这样的威胁是万万要不得的。放松、随意的态度至关重要。但是你必须坚定，拒绝所有的保证、发脾气，拒绝孩子试图打动或动摇你的其他小把戏。你可以向孩子表达理解，但绝不能屈服。即使孩子努力吃自己不喜欢的食物但还是无法下咽，你也不能有所动摇。一旦他对食物感到恶心并苦苦挣扎，你只需要把他的盘子收走，并告诉他：很显然他现在不饿，他不应该勉强自己，但是后果仍然一样。

小弗雷德被邀请参加一个聚会。很显然他是一个胃口不好的孩子。其他孩子都已经吃完饭了，只有他还剩几乎一整杯可可饮料，而且仍然在慢条斯理地吃着三明治，进展甚微。旁边的奶奶评论说，通常他要花一个小时才能喝完牛奶。她试图劝说弗雷德："弗雷德，你不觉得羞愧吗？所有人都吃完了，快一点儿。"聚会的女主人请奶奶离开房间，然后转向这个男孩："在我们家，如果你不想吃东西可以不吃。把你的杯子和三明治给我。"然后她作势要把这些东西拿走。弗雷德赶紧用双手抓住这些东西，咬了一大口三明治。现在他嘴里满满都是食物，但没有办法咽下去。他不愿意被这样训练。女主人坚持说道："不行，弗雷德，这样是不行的。我看得出来你现在不饿。所以，如果你不想吃的话，我要把这些食物拿走。"她没再多说。五分钟之后，弗雷德喝完了他的可可，也吃完了三明治，这令他的奶奶感到非常意外，尽管她并不知道这一"壮举"是如何实现的。

另外一个是小约翰的例子，也是我曾接触过的最糟糕的例子。他在七岁时被妈妈带来参加我的夏令营，当时他的百日咳刚痊愈。他不仅在开始吃东西的时候会咳嗽和呕吐，每当兴奋和消耗体力时也会如此。他瘦了很多，已经皮包骨头了。慌乱的父母不得不雇了一名护士每天喂他吃好几次饭。每顿饭都要花费好几个小时。护士必须强行把每一口食物塞进他嘴里，结果只有一小部分被吃进去了，大部分都被吐了出来。

我愿意接受这个男孩进我的夏令营，但条件是，他的父母两周内不许来探视他，并且不过问他的体重变化情况。他的父母已经尝试过所有办法，他们别无选择。这个男孩确实好几天没吃东西。食物摆在他面前时，他只是看着。没有人对此发表评论，过了一会儿他的餐盘就被收走了，而且，按照规则，我们没有为他提供别的食物。只有在我们给所有孩子提供牛奶和水的时候，他才跟着喝了一些。眼睁睁看着孩子挨饿，却什么都不做，这确实很难，但这是可以治愈他的唯一办法。

到了第一周的周末，约翰开始把一些食物放进嘴里。他的做法用以下故事来描述最形象不过了：我们去绵延的群山中远足。我在一座山顶遇到了约翰，我问他感觉如何，他没有回答。这令人不解，因为他通常都很友好、温顺。我试着问清楚他有什么困扰，却得不到任何回应。终于，我让他张开嘴巴。他照做了。嘴巴里是他一小时前在早餐时吃的面包。他一直含在嘴里，没有嚼也没有咽。经过两周的耐心等待，他终于开始正常进食。之后一切难题都烟消云散，他很快就恢复了正常体重。

我在一次夏令营时曾观察过另一个很典型的例子。一个十四岁的男孩曾经患过腹部肿瘤，在过去几年经历了几次手术。当时他的身体已经痊愈，但无法进食。只要一吃东西就会呕吐。他的体重偏低，而且面临绝食的危险。

在夏令营的第一天，晚餐时间，他不喜欢营地准备的汤。我们向他解释，他可以不吃，但这顿饭他不会得到其他食物。他仍然拒绝喝汤。然后，肉食端了上来，他“开始饿了”，但没有得到任何食物。他非常惊讶地说：“但是我想吃东西了！”显然在他准备吃东西的时候从来没有人拒绝过他。我们友好但坚定地告诉他，我们非常理解他，但不能打破规则。这时候其他孩子插话了。他们看到这个男孩营养不良，当他开始哭的时候，他们恳求我们给他一些吃的。每个人都感觉很不舒服，但是对他屈服则意味着输了这场战争。那一天他没有得到任何食物，但是，几天以后，他什么都吃，呕吐也停止了。这证实了他的顾问医师给出的诊断，即饮食困难和呕吐是心理方面的问题，而且其原因很可能是父母的过度担忧和哄骗，他们的焦虑和恐惧非常容易理解。

语言障碍

孩子在发育过程中，偶尔出现轻微的语言障碍很正常，不应被认为是病理问题。然而，如果父母使用警告、训诫或斥责的方式加以干涉，孩子所谓的先天性口吃则会发展成更加严重的障碍。因此，语言也有可能成为冲突的核心，显示了孩子在其中对抗父母的一切努力并赢得胜利。口吃针对的特定对象是人际交往，它削弱了孩子与他人的联系。孩子需要特别的自信才能与人接触。孩子在面对自己害怕的人时往往会口吃，然而，有时候其根源在于野心过大。其实比起害怕别人，孩子更怕自己可能出丑。口吃症状的根源在于焦虑和害怕失败，但同时它也意味着对抗，从而引起关心和特别的关注。

口吃或许需要专业治疗，但其中的问题更多在于整体的重新调整，而不是语言训练。父母帮助孩子的办法就是不关注障碍本身，更为关键的是要尽可能想办法减少他的敌意，减轻其能力不足的感觉。

有一种特定的语言障碍必然是由极端的娇纵和溺爱引起的，即一种假性的聋哑。孩子表现得像个聋哑人，但实际上根本不是。有时很难判断孩子到底是不是聋哑。他从不说话，也不倾听。他认为自己根本没必要说话，因为家人满足了他的所有愿望，他只需要通过手势和表情就可以暗示这些愿望。只要父母处理得当，就可以排除聋哑的可能性，从而得以进行最后诊断。

同样的机制也会给年幼的孩子造成语言能力不足的问题。他们说话含糊，只有家庭成员才能明白他们的意思。他们缺乏与其他人的沟通，概而言之是因为“懒惰”。这样的孩子不愿意在任何事情上做出积极的努力。他们成功地要求其他人做一切必要的事情。他们走路很慢，拖着脚步；他们不会自己穿衣服，需要别人喂饭，即所有通过被动—毁灭性方式引起关注的相似策略。他们也许看起来愚钝、冷漠，实则非常聪明，足以意识到自己其实无须多做什么，其他人已经替他们做了一切。既然什么都不做就可以获得如此多的关注，为什么还要让自己大费周章呢？如果能够成功地让一个母亲停止过度保护，或者让姐姐停止通过管好“小宝宝”来稳固地位，这个“小宝宝”很快就会长大，并且承担起自己的一切责任，甚至是那些以前即使面对暴力手段也不愿意做的事情。

言语不清只是孩子婴幼儿期所呈现出来的虚假症状之一。倘若希望改善孩子的发音，你应该忽视他所有表达不清晰的词语。纠正孩子的发音或者要求孩子正确地重复某个词语是不明智的做法。这一切都是不恰当的关注，非但不会让孩子放弃这些不足，反而会令其持续下去。只有当他发现这样做对自己有益时，才会纠正自己的发音。如果言语不清就不能让别人理解自己，那么孩子自然意识到发音正确的益处。

B. 争取权力

每当孩子以寻求关注的方式争取社会地位的努力宣告失败时，就意味着人际关系新阶段的开始。在大多数情况下，这会演变为权力之争。孩子做自己本不该做的事，并且拒绝做本该做的事，以此挑战你的权威，并试图让自己成为家庭中牢不可摧的力量。诚然，权力这一概念并非孩子的发明。在观察父母、亲戚和朋友的过程中，他意识到权力能够带来社会地位，而且可以解决很多问题。在权力体系中占上风的人就是赢家，并且被认为是聪明和优越的。作为社会的一部分，当代家庭的整体氛围也推动着家庭成员之间为了控制权和其他权力而斗争。在努力成为社会群体的一部分时，倘若其他方法不起作用，权力斗争就会成为寻求社会认可的新尝试。

不听话

“不听话”是孩子争夺权力的典型工具。这种斗争破坏了合作以及必要的秩序。每当出现权力问题时，孩子就会拒绝服从。因此，不听话是孩子表达反抗最常见、最普遍的方式。它会连同其他各种“缺点”一起出现。然而，必须记住，每一个健康的孩子偶尔都会反抗。始终绝对顺从的孩子并不是有教养，而是心怀恐惧。这些孩子不会公开反抗，他们具有的是不同性质的问题。一个孩子不听话，并不仅仅在于他没有严格完成自己应做的事，而在于当你需要维持秩序的时候，孩子展示出了他多么不愿意遵守。有些孩子会与你的要求背道而驰，这是他们的原则。

六岁的杰克是妈妈巨大的挑战。在应该穿衣服的时候他赤身裸体地来回跑，在吃饭时间他抱着玩具不撒手。妈妈对他提要求，他从来不听。如果让他进房间，他一定会跑向反方向。他妈妈对此束手无策。

杰克是独生子。他的爸爸是一个很“脆弱”的人，经常紧张不安地抱怨，这令妈妈痛苦不堪。杰克的妈妈勤奋能干，但就连她也无法忍受丈夫的神经质。最终她总是向丈夫屈服，只能付出更多精力维持正常的家庭秩序。她试图让杰克慢慢养成整齐有序的习惯，但是她的努力遭到了丈夫的强烈反对。丈夫极度宠爱孩子，不希望杰克遇到任何麻烦。他总是袒护杰克共同对抗妈妈。无论小家伙提出什么愿望，爸爸都会立刻答应，置妈妈的反对于不顾，而杰克也早已学会利用这种关系。他总是随心所欲，因为爸爸会保护他；每当妈妈试图坚持立场的时候，他都会立刻寻求爸爸的庇护。妈妈觉得自己应该对杰克更加严厉，从而平衡爸爸的娇纵，但这只会导致杰克更顽强地抵抗。

杰克被夹在两股对抗的力量中间，通过这样的位置，他的人生计划便不难理解。通过与其中一方结成同盟来对抗另一方，他成功地在家里赢得了一席之地。除了对抗妈妈的权威，他不知道还能怎样取胜。他的理想不在于实现个人能力和价值，而在于从对抗中获胜。只要一有机会，他就展开有力的对抗。即使妈妈让他做一些在其他时候他可能会喜欢的事，他也完全唱反调。他最根本的错误在于相信只要通过对抗就能够保证权力和地位。他没有任何有益的成就。他只能勉勉强强自己穿衣服，杂乱无序，缺乏自立，而且经常口吃。

最严重的养育问题无疑是父亲的极度娇纵，虽然妈妈的努力或许也加剧了父子双方的问题。孩子不听话往往与溺爱密不可分，因为不听话的举动是以父母的百依百顺为前提的。毫无疑问，无论是因为考虑到境况不佳且容易激动的丈夫，还是因为习惯于承担很多责任，妈妈对待杰克同样是娇纵和过度保护的态度。总之，这个男孩还从未体验过妈妈坚持实施自己想法的能力。她从不尝试执行命令，而是不停地提出新要求："杰克，做这个，去那里，把那个东西放下！"如果杰克根本不愿意服从这些命令，她就会不停重复。这样做并不起作用，所以她就开始朝杰克喊叫，或者打他。最终，她再也不想为这个孩子费心了，于是杰克就得以随心所欲。

妈妈的这种态度在孩子形成不听话习惯的过程中非常典型。我们可以通过另一个相似的案例再次观察到这一点。

八岁的弗雷德是一个任性的男孩。在他很小的时候母亲就去世了，之后他就一直和奶奶生活在一起。他们家里还住着几个叔叔、婶婶，以及一个比他大近十岁的姐姐。他总是调皮捣乱，是一个典型的"可怕的小顽童"，十足的"臭小子"。他在任何时候都不会举止得体。他总是要么坐立不安，要么四处游荡，从来都坐不住。他的手也从不闲着，通常都在摆弄某个易碎的物品，而最后总要使这个物品掉到地上，弄出很大声响。每一天他都会被告诫："弗雷德，把腿伸直，别用手敲桌子，把碗放下，坐在你的椅子上！"全家人都对他苦口婆心，但弗雷德置若罔闻。只有当吼声震耳欲聋时，或者在挨打之后，他才会停止某个恼人的行为，然后马上开始下一场闹剧。所有人都对他束手无策。在学校他也是同样的表现。他坐立不安，总是叽叽喳喳，而且扰乱课堂秩序。他的字迹潦草不堪，拼写也错误百出。然而，他其实是一个聪明伶俐的男孩。他的回应和话语常常令你开怀大笑，怒气全消，而后你就会让他为所欲为。

弗雷德有什么人生计划？该计划又是如何形成的？在家里，他是一个生活在成人环境中的最年幼、最瘦小的孩子。唯一的姐姐也已经长大成人，并且始终比他更有能力，因为她承担起了已故母亲的角色，变得非常能干。自从母亲去世之后，弗雷德就一直自怨自艾，尽管所有亲戚都因为他的可怜以及可爱而非常纵容他，对他百依百顺。弗雷德必定很早就得出结论：只有让大家都围着他团团转，他才可以在这个家庭群体中维持自己的权利。他看不到确认自己的重要性的其他方式，所以他变得依赖性很强，不能及时完成家庭作业。通过这些方法，尤其是那些故意引人注意的小把戏，他成功地得到了其他人的持续的关注。当其他人开始越来越恼火并且想要制服他的时候，他的寻求关注机制就变成了对权力的争夺。

目前，可以清楚地看到，除非我们首先成功地改变弗雷德对自己的认识，否则任何正确养育这个孩子的尝试都会注定失败。他相信自己根本不重要，除了让自己出丑、吸引所有人的注意以及随心所欲之外，他没有任何其他方式可以确保自己的地位。如果我们希望帮助这个孩子，则必须让他意识到，他也可以通过切实有用的贡献来赢得认可和尊严。要让一个极度气馁的孩子认识到实际成就的价值，这并非易事，但是这样的鼓励必不可少。最重要的是，在他难得没有调皮捣乱以及真正有所贡献的时候，我们必须表现出对他的关注。生活方式的改变是改进的重要前提。除非我们了解并理解孩子内心冲突的整个背景，否则很难明白孩子不听话的原因。

除了溺爱，某些纯粹的训练技巧方面的错误也会导致孩子变得“不听话”。在这里我们简要概括一下之前提到的几个错误：命令不一致；语气犹豫不决；暴力的、冒犯性的、侮辱性的方式或用词；没有耐心，甚至等不到孩子执行命令，其中最大的错误在于重复命令。孩子不愿遵守的每一条命令都会激化他的反抗。有必要只在极少的情况下才给出清晰明确的命令，而且必须确保执行。但是，某件事情一旦说过一次，就不应该再重复第二次，因为语言不起作用，必须采取行动。不言而喻，这些行动不包括使用暴力。每当孩子不回应你的命令时，你可以而且必须要让他的行为所造成的自然后果充分发挥作用。

你可以通过和平的方式实施上述做法。尤其是对于一个任性的孩子，你应该等到合适的时机再下命令，这个时机就是当你准备好利用逻辑后果回应孩子的无动于衷的时候。这样的情形比逃避反思的父母所能想象的更为常见。在任何情况下，你都要避免一遍又一遍地重复命令和劝告。孩子首先必须学会用心。如果他发现最近两三次你始终坚定地执行你的命令，那么他就会更留意你的话语。

一个两三岁的孩子站在商店的橱窗前不肯挪步。他的父母已经走到了远处，冲他大喊，哄他离开，但小男孩坚持站在原地一动不动。父母无计可施。他的父亲走回来，很大声、很严厉地对他说话。这个孩子假装没听到。终于父亲的耐心消磨殆尽，他开始抓住男孩拖着他往前走。现在好戏才刚刚开始。这个孩子顽强抵抗，号啕大哭，尖叫着往人行道上挣脱。父母非常慌乱地把他拽回来。他们周围聚了一堆人，有赞同父母的，有反对父母的，直到最后父亲亲自把小男孩抱起来撤离了战场，赢得毫不光彩。

其实让这样的孩子通情达理再容易不过了！根本没有对他吼叫以及引发这场混乱的必要。如果父母明智的话，就应该在孩子第一次拒绝离开时对他说："你想看橱窗里的东西，是吗？好吧，很抱歉我们没有时间了，所以你就只能自己待在这里，我们要回家了。"如果孩子看到父母是认真的，而且确实要走了，他通常都会跟随父母离开。但是，假设这个孩子之前一直被娇纵，以致他并不把父母的话当回事，他相信父母这次会一如既往地对他屈服。在这种情况下，父母只需要走到下一个路口，在孩子看不到的地方仔细观察他。男孩看到父母消失了，很可能会小跑着跟上他们。

有时候我们很难发现逻辑后果。首先，陪伴时间不是恰当的训练时机。（但是从另一方面来说，你万万不能因为害怕争吵就对孩子放任不管，否则他会利用你害怕当众出丑的弱点。）等到时机合适的时候，你可以给坐立不安的孩子两个选择，一是安静地坐好，二是自己在房间里待着，因为你在这样的情况下确实无法忍受他的陪伴。同样地，如果孩子在吃饭时间里不能安静下来，或者不能举止得体，那么他唯一的选择就只能是自己吃饭。他可以在自己的小桌子上吃，因为他不能表现得像个大人；又或者一个人在厨房吃，他可以自己选择吃什么。由此可见，没有必要对孩子进行劝诫和命令，冒着最后让他随心所欲的风险。但是自然后果绝不应该被用来威胁孩子，它只需要被实施！

对于任性的大孩子，有时候不使用暴力似乎很难让他们执行命令。其实最好的办法是让他们看到负面后果。即使面对态度最强硬的孩子，也可以做到不屈服。如果他没有按时吃饭，无论他的反应多么激烈，也不会有加餐。如果妈妈要离开房间，他是无法阻止的。如果他跟着妈妈一起离开房间，妈妈就离开这所房子。当然，在孩子拒绝举止得体的时候，如果你试图让他离开房间，那就错了。因为不使用暴力往往无法实现这一点，甚至即使通过暴力手段也是枉然。因此，这在很大程度上取决于你如何构建让孩子学习服从的场景。

孩子不听话象征着他的叛逆和反抗，因此在纠正错误之前必须首先消除敌对氛围。通过杰克的例子，我们可以清楚地看到妈妈所犯的严重错误。她几乎没有做出任何努力去赢得杰克。当然，与一个无尽纵容的爸爸竞争并不容易，但是，若不是妈妈认为有必要通过严厉的手段弥补爸爸的软弱，她必然可以找到赢得孩子的兴趣和信任的方法。因此，如果孩子心不在焉，你首先需要避免的就是挑起冲突。相反，当孩子心情不错并且愿意进行友好合作时，你应该在他身上倾注更多的时间和关注。如此一来，你就可以从根源上消除他的反抗。

倔强

倔强是不听话的另一种表现，因此上一节的很多内容在这部分也同样适用。当孩子变得特别倔强时，你应该采取什么样的态度呢？劝说、威胁、许诺，甚至暴力通常都不会奏效。孩子就是闷头闷脑，无动于衷。

十二岁的乔偶尔会非常倔强。周日他们一家本来计划去餐厅吃晚餐，但临时被邀请去朋友家里做客。乔愤怒不已。在到达朋友家以后，他就待在外面的院子里，怎么劝都不愿意进屋。父母让哥哥出去把乔带进屋，朋友家的孩子们也出来劝他，但是所有努力都是徒劳。乔后来告诉我，当大家都来请求他的时候，他有多么开心，即使不吃晚餐也值了。但是当大家终于放弃劝说并且纷纷回到屋子里去的时候，乔才真正生气了。然后他终于开始后悔自己为什么要那么倔强。

生活对于乔来说从来都是不如意的。他完全生活在哥哥的阴影之下。在他自己看来，与哥哥的成就相比，他能做的任何事情都没有什么意义和价值，哥哥永远比他优越。只有在他不时犯倔的时候，全家人都对他束手无策，他才是这个家庭绝对的主人。在这些时候，就连哥哥都显得微不足道了，只有他，乔，才是整个家庭的中心，所有人都围着他转。

固执的孩子借助自己的行为来激发别人与之斗争。大多数家长正中了他们的圈套。有些感觉受到虐待或忽视的孩子会努力引起关注并展示自己的力量，倔强就是他们的众多策略之一。（“你不能强迫我做这件事！”）因此，最好的解决办法就是让孩子自己待着。如果你愿意努力去理解孩子内心的冲突，改善你们之间的关系，从而缓解他的愤怒，孩子就会逐渐放弃使用这些战略。

发脾气

强烈的好斗和敌对情绪可能会引起表面的病理症状。然而，在这些表象背后只不过是对权力和地位的渴望。间歇性的脾气发作就是如此。有些父母以为这是受到神经紧张、神经衰弱或遗传缺陷的影响。然而，如果处理方式得当，脾气暴躁始终是可以治愈的。但是，如果父母担心乱发脾气是由神经质引起的，他们就会在关键时刻对孩子屈服。

如果你或其他家庭成员同样脾气暴躁，你就非常容易采取上述态度。在这种情况下，把发脾气归咎于遗传倾向是在所难免的。但是，这个脾气暴躁的人（我们假设这个人是爸爸）也可能深感气馁，他不时有乱发脾气的冲动。通过肆意展示暴力，他试图证明自己不是那么好糊弄的。如果之后他表现出为自己的行为感到遗憾，那只是他在借助懊悔和自责向自己和其他人掩饰真正的意图。整个家庭都会关心他的“神经紧张”，并且认为在这些时刻他们必须将自己的权利和特权暂且搁置一边。如果孩子观察到爸爸大发雷霆，他也可能尝试通过类似的手段弥补自己在家里的弱势地位；其他家庭成员对这一“遗传”疾病感到恐慌，只能像对待他的爸爸那样向他屈服，这样一来，他就被推动着延续这一行为方向。

一个四岁男孩的妈妈因孩子的脾气发作问题而非常苦恼。她坚信孩子的这一“不幸”是从爸爸那里遗传而来。这个孩子是在爸爸去世之后出生的，所以他不可能通过模仿形成这一特质。在更透彻地询问情况之后，我们挖掘到了以下故事：深受丧夫之痛的妈妈全心全意地照料这个遗腹子——也是她唯一的孩子。由于这份爱，她在孩子尚在襁褓中时就开始对其让步。因此，可以理解，等到妈妈终于无法继续屈服的时候，这个孩子有多么愤怒，他的做法无异于处于类似情形中的其他孩子——尖叫。由于妈妈再次屈服，这个孩子因而愈演愈烈，每当被拒绝的时候，他都会变得更加暴力和愤怒。然后妈妈惊恐地意识到儿子“和他爸爸简直一模一样”，因为她以前对丈夫的所有要求就是百依百顺，现在她也变成了儿子的奴隶。只要他一发脾气，所有障碍就都瓦解了。因此，由于娇纵孩子，妈妈不知不觉地培养他形成了与爸爸一样的行为方式，而爸爸的这种方式很可能也是因为她的唯命是从引发的。

有些时候脾气发作的形式可能十分可怕，正如以下事例所示：

四岁的弗兰克是独生子，他患有“呼吸痉挛”。只要一开始发脾气，他的呼吸就会突然停止；他会摔倒在地上，脸色发青，身体开始痉挛。可以想象，此时此刻父母有多么惊恐，他们用湿布擦拭孩子的身体，把他抱起来，爱抚他，亲吻他，直到他最终慢慢平静下来。每当弗兰克因为不能随心所欲而与父母发生争执的时候，他的痉挛就会发作。最后的结局自然是父母对他有求必应，从而让他恢复平静。

虽然这样的场景来势汹汹，但是脾气发作其实没有任何切实的危险。这只不过是孩子在试图满足自己的心愿，这些做法通常都会有立竿见影的效果。如果让孩子独自待着，其他人都离开房间（无论焦虑和惊恐的父母有多么勉为其难），孩子很快就会自己恢复平静。当然，那些大一点的孩子，他可能紧跟其后，但是只要没有人关注他的行为，他的一切努力就都是徒劳的。大孩子可能会威胁要砸玻璃或家具，或者朝你扔东西，这些都是之前的训练所导致的特定模式。你必须谨记，被破坏的玻璃和家具再昂贵，其代价都不及一个内心受到困扰的孩子。你必须抓住这个机会，让孩子独处。如果有必要，你甚至离开房子。只要有两三次机会让他们看到自己的策略不奏效，这些发作起来很吓人的孩子就可以被“治愈”。但是，当然，我们必须记住要修复之前的溺爱所造成的深层创伤，并帮助孩子重新调整他的整体人生计划。

不良习惯（吮拇指、挖鼻孔、咬指甲）

我们在上文已经多次提到，父母唠叨和挑衅的态度会引发孩子的不良习惯。其中很多不良习惯最初都是由于父母的干涉导致的；其他习惯，比如吮拇指，则是孩子自然形成的，只不过被父母强化和延长了。所有的不良习惯都是如此，不胜枚举，因为它们就如同父母的要求一样千奇百怪、数不胜数。忧心忡忡的父母对某个特定行为给予特殊关注，这种做法始终是有害的。比如，“坐直了！走直线！脚尖朝外！把餐刀从嘴里拿出来！别把什么东西都塞嘴里！别做鬼脸！”（显而易见，这样的例子永远都举不完。）这些警告通常会更彻底地培养孩子形成父母所谴责的习惯——这正是孩子反抗父母要求的过程。

一旦习惯已经养成，或许这个过程与你毫无关系，你也必须考虑如何应对。让我们以最常见、最顽固的习惯——吮手指、挖鼻孔和咬指甲为例来讨论这个问题。

从根源上来说，吮手指并不是一个坏习惯，而是小婴儿自然而然的倾向。然而，如果孩子在一岁以后仍然保持这个习惯，你就要注意了。错误的做法是强行把手指从他嘴里拽出来或者打他耳光，其实有很多就连小婴儿都可以理解的更好的方法。如果孩子还没有因为你较早的干预而对吮吸格外上瘾的话，你可以给他戴上手套，仅仅这一举措就足以破坏该习惯带给他的乐趣。如果孩子已经开始把被角或者其他任何触手可及的物品放进嘴里，你就需要注意，你对不良习惯的关注越不明显，就越容易纠正它们。如果你想帮助大孩子纠正吮拇指的习惯，你可以和他自由讨论他为什么对这个简单的动作上瘾。你可以强调，毕竟吮拇指是他的问题，不是你的，但是这一行为有可能导致他的手指或牙齿变形，他以后可能会后悔。这样的讨论不宜过多进行，否则就会变成唠叨。你努力的主要方向应该在于帮助孩子找到更好的、更有益身心的乐趣。导致孩子持续吮拇指的原因要么是他对父母的反抗，要么是缺乏令他满意的活动。正因如此，父母不应通过不恰当的方式直接干涉，那样只会适得其反，导致习惯更加持久，而更好的做法则是允许孩子慢慢长大进而放弃吮拇指的习惯。

同样地，挖鼻孔也是所有孩子在某个阶段自然而然会采取的行为。如果孩子本身并不倔强，那么一次友好的讨论通常就足够了，在讨论中指出这个习惯有多么难看和令人反感。如果孩子对你足够信任，他就会相信你，听从你的建议。然而，如果你已经错失第一次与孩子展开讨论的良机，而且通过激烈的言行助长了这个习惯，在这种情形下，你必须等待一个有助于你对孩子施加教育影响的时机。如果你和孩子总体关系很好，你或许可以在彼此完全融洽的时候通过一场亲密的对话帮助他摆脱这个习惯。孩子通常会答应以后不再有这样的行为，但其实还是会持续出现。他的反抗只是在这平和的一小时内消失了，之后还会像日常惯例那样再次发生。倘若因为孩子言行不一而对他横加指责，这又将重新挑起一场战争。最好的做法是等待下一次可以友好讨论的时机。那时他很可能会说自己真的非常想改掉这个习惯，但就是做不到——要么是在想其他事情的时候无意识地这样做，要么就是他无法控制自己。

通过这样的表达，孩子向家长展示了自己内心的虚假冲突，对此我们在前文已经有过讨论。（参考第四章“控制好自己”部分。）这时父母可以平静明确地向孩子解释，很显然他还没有准备好放弃这个习惯。通过这样的对话，你可以处理并解决很重要的问题，这些问题对孩子的后续发展以及家庭的和睦尤为关键，而不仅仅只是为了纠正习惯本身。当然，这一技巧更容易用在较年长和成熟的孩子身上。至于较年幼的孩子，你需要给他提出更简单、更具鼓励性的建议。“我相信你能学会改掉这个习惯，只是为了表示礼貌。”“这样很难看。”“你觉得你明天可以一整天都保持手指不碰鼻子吗？”他第一天如果没有做到，或许第二天、第三天就能成功。当然，孩子的这些努力不应受到其他人的不恰当的干涉。

如前文所述，在帮助孩子改正不良习惯时，你可以充分利用自然后果。这一方法甚至适用于小婴儿。你可以在不带有冒犯意味的情况下告诉孩子，在他挖鼻孔之后，你是绝对不会让他牵手的。你也可以建议其他人，如果他们看到孩子挖鼻孔，就不要让孩子牵他们的手。或者，在孩子挖鼻孔的时候，你可以起身离开房间，并让孩子知道你不喜欢观看这一幕。你也可以运用自己富有创造性的想象力设计出一些类似的回应，让孩子看到这一习惯所带来的令人不悦但符合逻辑的后果。然而，一旦实施了这些措施，若要让它们有所成效，你就必须坚持到底、持之以恒。因此，通常只要坚持实施其中的一个后果就足够了。

咬指甲与挖鼻孔非常类似。同样地，引导和自然后果必须相辅相成。这一习惯体现了孩子的顽固、叛逆和紧张，因此通常伴随着其他问题一起出现。这样的孩子往往郁郁寡欢、遮遮掩掩、杂乱无章，或者不关注自身的整洁；换句话说，他们在很多方面都不遵守秩序。他们似乎把自己被压抑的怒气发泄在了指甲上。有时候，孩子在长大一些之后会通过明显的衣着整洁对这种习惯性的叛逆加以补偿或者掩饰，但其本质还是会通过种种缺点显示出来，或者恰恰体现在维持这一特别的习惯上。因此，在面对咬指甲这一习惯时，父母需要重视孩子整体态度的纠正。你应该更多地关注如何帮助孩子摆脱内心的冲突，而不是单纯地纠正这个习惯本身。你必须试着去发现问题的根源，是因为溺爱和严厉的同时强加？是因为孩子感觉到被忽视？或者是因为在和兄弟姐妹的竞争中处于弱势？还是有其他原因？你可以把孩子的野心转移到个人外表上，从而帮助孩子养成整洁有序的生活习惯。

然而，仅仅让孩子对自己难看的指甲感到羞愧并不足够，父母必须唤醒他想要照顾自己的内在意愿。但是，从外部向他施加压力并不能达到这一效果，反而会导致孩子紧张和叛逆加剧。因此，真正有价值的直接影响必须能够激发孩子的内在意愿。所以，你需要留意你实施的后果所带来的影响，同时还要确保这些后果不会导致孩子更加倔强。你必须清晰地表明自己的善意以及想要帮助孩子的愿望。比如，你可以建议孩子在和你一起散步或者见朋友时戴上手套，因为，如果不戴手套的话，别人可能不愿意主动和他牵手或握手。在注意到有一个指甲比其他指甲长了一点点的时候，你可以赞扬孩子。有时——尤其对于女孩——带孩子去美甲是很好的方法。但是，最重要的是，在帮助孩子纠正不良习惯时，任何形式的侮辱、抱怨和责备都需要被严格禁止。

手淫

我们之所以对这一“不良习惯”进行单独讨论，仅仅是因为过度焦虑的父母夸大了该问题的重要性，其实这一习惯的形成通常都是父母的责任：受到正确对待的孩子几乎不会持续出现过早的性行为。通常来讲，在青春期远远没有到来之前就开始把玩生殖器的男孩不外乎经受到了两种体验：一是过早的性刺激，因为母亲过于强烈地对孩子表达喜爱之情，尤其是在床上抚摸孩子、亲吻孩子的嘴唇，以及彼此之间亲密的爱抚行为（这些行为甚至能够刺激三岁的男孩产生性冲动）；二是父母每次发现孩子把玩生殖器时都会加以干涉。因此手淫是对父母权威的反抗，性满足成了战胜限制命令的工具。

为了熟悉自己的身体，每个孩子都会非常关注自己的性器官，这是再自然不过的了。只要父母对此不予重视，孩子对身体的这种关注就是无害的，而父母的重视则意味着灾难的开始。父母自身对性行为的误解和恐惧可能会导致他们对原本无害的行为加以干涉。在他们看来，这一行为应该受到谴责，甚至是有害的。于是就开始了众所周知的循环：父母的规劝和责打，导致孩子手淫频率增加，这更加坚定了父母的决心，进而再次激发孩子对这一习惯顽固坚持。于是——这只是次要的，作为冲突的结果——手淫变成了孩子暗中获得快感的源泉。如此一来，生殖器官过早受到刺激，产生了本该在孩子成长后期才会出现的快感。然后，自然而然地，父母焦虑情绪爆发，他们诉诸恐吓和威胁，而这可能会对孩子的情绪发展造成严重伤害。

这场斗争最初针对的是性行为方面的坏习惯，但是后来通常演变为普遍冲突。我曾经见过愤怒绝望的父母在夜里将孩子的双手绑在被子上方——当然并没有成功，因为孩子足够狡猾，能够避开一切暴力措施。我还见过父母企图使用绷带和器具，甚至石膏绷带，让孩子碰不到自己的生殖器！然而，在这之后，孩子对性功能的兴趣反而极其强烈，并成为其思想和情感的焦点，甚至成为一生的焦点，这难道奇怪吗?

如果父母严格遵循不干预的原则，这样的习惯是很容易避免的。一旦生殖器官过早受到刺激，这一过程几乎就无法终止了。但是无须担心，“手淫导致伤害”的理论已被证明是一种错误假说。这种做法既不会影响孩子的神经系统，也不会妨碍他的发展。手淫和今后的神经失调之间确实存在一定的关联，但并非因果关系。两者都体现了孩子对待生活和责任的消极态度。手淫从来不会导致神经紧张，但是，过早或过度手淫，确实意味着孩子放纵、贪图享乐，而且经不住诱惑。需要引起关注的是这些问题，而非偶然把玩性器官的行为。过度强调这一习惯会引发孩子的内疚感。孩子由此对性兴趣和性活动产生自责和懊悔，但这并不会让他终止这些习惯，反而导致他内在的紧张和冲突，这比最初的行为更具危害性。

撒谎

撒谎问题揭示了类似的机制，原本无害的行为可能由于父母的处理不当而成为一个严重的问题，孩子得以利用这一错误作为权力之争的工具。

我们必须认识到，孩子撒的“小谎”并非都是错误。但是，撒谎可以变成一种永久性的习惯，不诚实的孩子更倾向于撒谎而非讲实话，其原因对父母而言仍是一个谜。所有孩子都会偶尔脱离事实。（成人难道不是这样吗？）有些时候，孩子丰富的想象力让他无法辨别真假——也就是说，无法区分现实世界与幻想世界。这在孩子两岁到四岁的阶段非常普遍。极具想象力、爱做白日梦的孩子们经历这个阶段的时间可能更长。孩子不说实话，要么是因为他相信自己的幻想是真实的，要么是因为好奇——他想看看如果把想象出来的故事放到现实中会发生什么。这样的“谎言”甚至可以成为一种寻求关注机制。

然而，这只是孩子撒谎的来源之一。毫无疑问，孩子还会以家庭内部的成年人为榜样学会撒谎。比如，他学会了在打算逃脱惩罚或逃避责任时编造谎言。严厉的父母往往会刺激孩子说谎。这时候，谎言是孩子反抗父母权力的捷径。暴力恐吓孩子，往往滋生谎言。

许多父母在发现孩子撒谎时心乱如麻，他们将孩子的谎言理解为对自己权力的严重威胁。因此，他们越是对自己的权威缺乏安全感，就越容易被谎言激怒。这并不是一个道德问题，事实上父母在自己的生活中也会有不诚实的时候。然而，焦虑的父母并不承认他们是出于对自身权威的关注；恰恰相反，他们想象的是，如果纵容孩子肆无忌惮地撒谎，孩子就会堕落。因此，每当发现孩子稍微脱离事实，父母就会“重炮出击”。他们经常给自己的孩子贴上“说谎者”的标签，进而迫使孩子不由自主地走上了一条危险的道路。

需要注意的是，不要过于悲观地看待谎言。你不必愤愤不平，你的权威也不至于脆弱到一击即溃。撒谎不会使孩子成为罪人。当然，父母理应培养孩子做一个诚实的人。但是，你永远无法通过责骂和威胁来达到这一目标。恼火和愤怒只会暴露你的弱点。许多孩子之所以喜欢撒谎，就是因为他们可以通过这种方式令父母受挫。一旦孩子发现自己可以从撒谎中获取力量，那么，每当他觉得有必要将父母置于无奈的绝境时，他就会说谎。他的谎言不再是特定情形下的选择，而成了目标本身。撒谎成了孩子与父母争夺优越性的一种表现。

说脏话也体现了同样的机制。当孩子们讲“坏”字眼，尤其是认识到那些字眼会引发的反应时，他们就会觉得自己很了不起、很聪明。若要消除谎言的潜在影响，最可靠的方法就是让谎言显得微不足道，而事实本就如此。这样一来，孩子很快就会失去重复说谎的热情。他需要认识到这条路是行不通的。一个会心的微笑会使孩子感到荒谬和羞愧。你可以让他看到，相互之间的真挚和诚实对他自身也非常有益。唯有向孩子证明事实比谎言更为实用，你才可能将孩子培养为诚实的人。如果他的想法与之背道而驰，则义愤和说教、愤怒和惩罚都无济于事。

有时候，孩子的谎言可能令你陷入束手无策的情形中。

每当茫然无措时，最好先停下来想一想你不应该做的是什么（发现这一点要容易得多）。你只需克制自己，避免采取任何不应该有的行为，除此之外的行动都不成问题。身处茫然无措的情形时，你也可以遵循这一原则，即与孩子的期待反其道而行。这些考量有助于你始终把握正确的方向，不再被孩子激怒，也不再觉得自己的威信降低或者感到恐慌和抓狂。如果你的孩子偶尔用谎言来自我炫耀，你可以告诉他自己是多么容易上他的当；告诉孩子，如果他需要通过如此简单的方法来凸显自己的重要性，你完全不介意，而且你只能面对。与其表现出对孩子的谎言印象深刻，相形之下，这种不介意的回应反而更为有力。

如果孩子对以上做法不予回应，那么你们可以设计一个游戏，每个人在其中都可以畅所欲言，无论真假。你也可以“戏弄”孩子，在食物还没有准备好的时候喊他吃饭，或者采用他所不喜欢的其他花招。片刻之后，你可以向孩子提议说他可能更重视可靠性，即值得信赖。又或者，你可以在孩子继续撒谎时套用“狼来了！狼来了”的故事，在一段时间之后，你只要表现出不再相信他说的任何事。然而，如果孩子完全是为了逃避惩罚或指责而撒谎，你一定要毫无愤恨地面对，因为在非常害怕某个人的情况下你自己也很有可能撒谎。如果孩子是为了吹嘘自己的重要性而撒谎，你应当表现出对他的欣赏和认可，帮助他建立自信，这样一来，他就不需要以撒谎为手段来给人留下印象了。

磨蹭

磨蹭本身并不是什么过错，但它却具有很强的影响力。如果孩子游手好闲，不能保持忙碌充实的状态或者不能自娱自乐，而且需要很长时间才能做完一件事，这种磨蹭会使很多父母心烦意乱。磨蹭会引发其他人的强烈反应，因而磨蹭本身就是一个有力的武器。它是表达反抗的一种方式。我们可以清楚地透过磨蹭看到孩子和父母在错误行为发展过程中的相互作用。当孩子磨蹭时，父母会作何反应呢？他们规劝、督促、感到苦恼——简而言之，他们出于无力感和愤怒尝试了所有的权宜之计，进而导致孩子的反抗更加剧烈，最终反而使他形成了磨蹭的习惯。这便是孩子磨蹭和虚度光阴的起因。它基于普遍的被动情绪而生根发芽，又因误导性的纠正措施而愈演愈烈。

这里我们再一次看到，如果无法理解孩子的行为动机，父母的行动就是徒劳的。很少有父母停下来思考，孩子为什么出现这样的行为表现？如果孩子无所事事并且缠着父母不停地问他该做什么，或者当他明显试图要做一件事情，却总是拖延、分心或沉迷于浪费时间的兴趣上，此时父母就会认为孩子想要完成他自称要做或理应要做的事情，并依据这一假设采取行动。因此，他们试图提醒或逼迫孩子完成他的工作或者有事可做。但这其实并不是孩子想要的。他一开始可能是在寻求关注，但在斗争的过程中，在父母的逼迫和自身的反抗中，他转而通过磨蹭来证明自己的权力，让父母为自己服务，并抵制他们的所有压力和权威。

对此你可以做些什么呢？首先，必须打破恶性循环。不要“大发雷霆”！不要唠叨！无论多么困难，你都需要学会冷静地观察孩子，即使在他挑衅你的时候。有时，你只需要让事情顺其自然。如果你主要考虑的是个人权威，则当然会维持老一套做法，但若是孩子因此变得越来越糟糕，你也不必感到惊讶或者有所抱怨。因此，你的第一条路线是消极的：必须避免使用错误的手段。

你也可以采取一些积极正向的方法。磨蹭是反抗和冲突的表现，因此最好的做法是缓和局面，转移孩子的注意力，或者不按孩子的套路出牌。如果你不再为此恼怒或唠叨，上述做法就会使得孩子退出冲突。既然不再有人对此恼火，磨蹭也就毫无乐趣可言！与孩子聊天，激发他在某些方面的兴趣，这样他的磨蹭就会越来越少。在任何时候，你都需要从全局的角度理解整个情形，帮助孩子走出困境，从而减少他的敌意。通过这种方法，虚度光阴就可以从令人绝望的困扰转变为可解决的问题。

C. 报复

如果孩子感觉自己受到了不公平的对待，并且在权力之争中被击败了，他就会为了他所认为的父母对他做过的事情而去报复他们。他在无意识中使用了多种方法惩罚和报复父母。这些方法的破坏性不尽相同，但共同的特点是都能激起强烈的愤怒。

偷窃

父母对孩子的偷窃行为所产生的恐惧和绝望是很容易理解的，因为偷窃反映了孩子根本不把最为明确有力的道德原则放在眼里。父母害怕孩子走上犯罪道路。通常他们都试图以严厉、威胁和报复的行为影响孩子。他们无法想象这些措施是何等无力，也无法看到在许多情况下这只会引导甚至有时推动孩子朝着更为可怕的方向发展。

我认识一个男孩，他的母亲经常骂他："你以后一定是个惯犯，最后会死在绞刑架上。"男孩对这些话有着不寻常的反应。他对父母的怨恨很深，而且，出于某些原因，他觉得自己不像家里的其他孩子那样受重视，因而产生了令人难以置信的反抗情绪。所以，每当听到母亲说这些话时，他心里就想："绝不可能！我不会让你得逞！"他咬紧牙关，小心翼翼地听从一切要求，背地里却在低声咒骂。他遵守所有礼节、规矩，却由于内心深处的对立情绪而形成了异常严重的强迫性神经症。

这种针对"预言性话语"的反应是极不正常的。最有可能把孩子逼向犯罪道路的做法莫过于把孩子当成罪人对待，并想象他未来会沦为罪犯。如果希望帮助孩子，我们首先必须了解他为什么无法区分"我的"和"你的"。如果没有根深蒂固的矛盾，就不可能出现这种情况，激起偷窃行为的偶然因素是多方面的。一个孩子之所以偷东西，是因为轻率冲动的天性想要立即得到他所渴望的一切。他迫不及待，不计后果。他在很小的时候就可以得到自己想要的一切，他不明白为什么不能始终维持这一原则。因此，对于被过度娇纵而不受控制的孩子而言，零星偷窃是很常见的行为。在这一为时较晚的阶段，如果父母在因他们自身的懈怠导致孩子偏离正轨之前就显得无助和惶恐，恰恰体现了父母缺乏必要的洞察力。

偷窃的动机可能存在很大差异，父母很少发现其真正的原因。他们之所以感到困惑，是因为对此缺乏理解。孩子并不指望得到理解，他本人也并不明白其行为的原因，所以闷闷不乐地等待接受处罚。当你问孩子为什么偷窃时，得到的答案要么是倔强的沉默，要么是一脸疑惑："我不知道。"这通常是实话，孩子确实不知道自己为什么会这样做。事实上他所了解的冲动因素——比如渴望得到糖果、水果，想要花钱，或者渴望得到其他东西——是没有道理的，即使承认这一点，他也不能获得宽恕，所以他索性什么都不说。他本人对偷窃行为背后的深层动机丝毫没有概念。但是，若要帮助孩子，你必须找出这些动机。你必须认识到，偷窃不仅是一种寻求关注机制，还是寻求权力或报复的工具。

海伦八岁，她的母亲怀着恐惧和焦虑的心情来到指导诊所。这个受到精心培育且乖巧懂事的孩子曾多次非常聪明地从文具商店偷窃各种物件——吸墨垫、小刀、铅笔，等等。这些事情直到现在才被发现，可见她已经惯于偷窃。似乎没有什么原因能够解释她的行为。她的母亲已经给了她想要的一切。在面对询问时，这个女孩拒绝回答为什么要偷窃以及她是如何处理那些物品的。我们在缓解了她的恐惧和紧张之后，才得知，她把偷到的商品都分给了自己的玩伴和在学校的朋友们，而朋友们对这些物品的来源却毫不知情。

然而，小海伦的秘密还远未揭晓，直到我们掌握了她的整体情况。我们了解到她是家里最小的孩子，而姐姐比她更有能力，她在与姐姐竞争的过程中感受到自己的微不足道。这时谜团才得以解开，我们瞬间恍然大悟。通过分发礼物，她试图给其他孩子留下深刻的印象——引起关注。她的这种方式大获成功。由于她总有一些小物件赠送他人，大家都希望和她一起玩或一起散步。在不明白这些前因后果的情况下，海伦如何能够解释自己偷窃的原因呢？而谁又能想象通过指责来改变她的这种行为？

十五岁的罗伯特的情况则完全不同。好端端的一个孩子竟然会偷窃贵重物品并将它们藏在家里，这种行为背后的动机更难理解。他既不将物品卖出，也不借它们自夸。简单而言，他的情况如下：他的父亲非常严厉，罗伯特是三个孩子中年龄最大的，受到了尤为严格的看管。他倾向于轻松生活，他给予自己的自由度是父亲难以容忍的。他把学习的时间用来散步，总是不能按时回家。他很早就开始抽烟。总而言之，很明显他是在反抗他的父亲。第二个孩子比罗伯特小两岁，正好与他的哥哥迥然不同。不出所料，这个弟弟特别谨慎、勤奋，因此成了遵循父亲原则的完美典范。

同样地，罗伯特也不知道自己为什么会偷窃。他的上述不良行为相当简单。但这些行为体现了他的欲望，他渴望战胜秩序、战胜他的父亲。他所做的一切都在暗中进行，就像是秘密补偿："你看，反正我做到了我想做的！"他允许别人发现他的偷窃行为，这并非无意之举，因为每一次揭露都会再次挑衅父亲的完美原则，而这些原则已然不攻自破。很显然，这就是罗伯特一生的秘密目标，即证明他父亲通过社会秩序强加的压制是徒劳的。

这种蔑视权威的倾向隐藏在许多犯罪行为的深处，即使身体健康和品行端正的人也会有此倾向。许多"诚实的公民"喜欢在搭乘电车时逃票。这几个小钱对他们来说可能毫无意义，但他们就是幼稚地享受自己的"成功"。打败某人——尤其是打败秩序的守护者——并不总被孩子认为是不光彩的。这种倾向解释了孩子的许多偶然性的盗窃行为。在他们看来，无论是在杂货店主的眼皮底下偷苹果，还是按完门铃再跑掉，然后兴高采烈地躲在某个角落偷看穿着拖鞋的家长勃然大怒，两者并无本质的区别。的确，父母不应该纵容这些恶作剧，但是强烈的义愤也完全不合时宜。如果将幼稚的恶作剧定为罪行，会对孩子今后的发展产生有害影响。最自然的结果是让孩子自己归还偷窃的物品。

当然，情节严重的盗窃，或者反复发生的情节较轻的偷窃行为值得你认真思考如何应对。但是，只要处于激动和愤怒的状态，你就没有能力帮助孩子，因为这时你并不是孩子的朋友，也无法理解他的处境。此外，让孩子为过失承担全部责任，也是错误的。其中有很大一部分责任在于父母、家庭星座，以及综合影响其生活状况的所有因素。在问题非常严峻的情况下，父母可能需要从外部寻求专业人士的帮助，比如临床顾问或儿童辅导专家。父母处理此类事件的常用模式是过度愤怒或绝望，并且假装惩罚，这种模式的明显缺点在于无法改变孩子的真实情况，甚至会使其进一步恶化。

最后，我需要指出，孩子们其实可能偷窃过多次，只是侥幸未被他们的家人发现而已。虽然——或者由于——他们的父母并未采取任何措施纠正这一问题，这些孩子日后确实成了受人尊敬的人。我们当中有人在童年时期从未做过越界的事吗？如果孩子足够幸运，他的朋友们会运用同情和理解帮助他摆脱混乱的状态，那么即使是严重的错误行为也不一定会对他的发展产生不利影响。

以下事例说明偷窃可能出于各种各样的动机；从中还可以看到，如果孩子对于被喜欢和被爱不再抱有希望，想要赢得他们将有多么困难。

十六岁的丹是一家社会服务中心的捣蛋鬼。每当在重要时刻有人搞破坏，丹肯定是始作俑者。他非常清楚怎样以及何时可以造成最大的伤害。有一次，在戏剧表演之前，他毁了所有钢琴，把它们砍得粉碎。还有一次，他在演出开始的前一晚剪碎了幕布。他对财产和个人造成了无数的破坏。家人与他断了联系。他们家里有一大群孩子，丹是完全被排斥的那一个。整个家庭很多次都因为他而陷入困境——在街坊邻居间、在学校、在家里，以及面对校方和警察，因此他们不想再为他费心。

我们决定把他交给我们中心最优秀、最善解人意的社会工作者。为了赢得丹并激发他对各种活动的兴趣，这位年轻的工作者付出了大量努力。他让丹帮忙做舞台布景工作，让他在演出中承担某些责任，最终成功地赢得了这个孩子的信任与合作。在相当长的一段时间内，我们没有听到关于丹的任何投诉。

有一天，这位年轻的工作者非常激动地找我谈论一件令他困惑的插曲。他和丹正在一起工作，就在这时，这个男孩从桌上拿走了他的手表并放进了自己的口袋。工作者当时看到了孩子的举动，但他不确定孩子对此是否知晓。总之，他有点不知所措了。他知道指责是错误的。于是，他假装寻找手表。丹自告奋勇地帮助他一起寻找。最后，这位工作者放弃了，他说："一定是有人把它拿走了。"丹勃然大怒："谁竟然对你做出这种事？！我一定要找到你的手表。如果让我发现了拿走手表的家伙，我会狠狠地揍他一顿。"于是他们就在屋子里到处询问其他男孩是否看见了手表。丹终于变得忐忑不安。他突然吼道："你一直知道我拿走了你的手表，但你为什么不把它要回去？"之后他归还了手表。

这位工作者的做法是正确的。他的困扰是自己无法理解丹的行为。丹为什么要耍这个花招？很显然，他难以相信这位工作者是真的关心他，是他真正的朋友；他之前一直被所有人拒绝和讨厌。他明显想看看这一特定行为是否会导致他受到与以往一样的对待方式。如果这位工作者被成功激怒，他就会要求丹归还他的手表，甚至采用一种尖酸的方式；而男孩会否认自己拿走了手表，一场斗争就会接踵而至，刚开始是争吵，而后如果工作者试图对男孩搜身并拿走手表，那么一场身体暴力就在所难免了。如此一来，男孩就会发现他对友谊的怀疑得到了证实，并回到他习以为常的那种人际关系中。这一偷窃行为显然是丹对工作者的最终考验。工作者出色地经受住了这场考验，他赢得了丹的心理康复过程中的这场决定性战役。

暴力与残酷

对秩序的顽强抵抗经常呈现出多种可怕的形式。有时仅仅是勃然大怒，此时孩子还保有一定的善意，而且还会为之后的暴力行为寻找借口。但是，当他的愤怒频繁爆发，并且不再以无意识为借口时，则最后的一丝善意也消失殆尽，只剩下赤裸裸的对抗。这种无耻的残酷无情通常意味着母亲或父亲一直以来的软弱和暴力镇压。聪明的孩子往往会想出最有效的招数击中父母的薄弱环节，因而他们可能成为真正的威胁。

十七岁的迈克尔因为流感卧病在床。母亲没有足够迅速地回应他的要求，于是他在一天之内朝母亲扔了三个玻璃杯和两个盘子。当母亲不理他的时候，他穿上衣服，带着将近39℃的高烧跑到了大街上。他知道这种方式必定会击中母亲的弱点。

十二岁的约翰是家里的讨厌鬼。没有人能管得住他。他做一切事情都是随心所欲：偷钱，拒不上学，成天躺在床上，隔天又在外面待到凌晨才回家，他还会对母亲破口大骂。但是，他害怕陌生人，每当有陌生人在场时，他就会表现得彬彬有礼，其智足以饰其非。

很明显，这些情形的责任在于父母自身，他们纵容孩子，任由孩子完全失控。同样明显的是，他们没有以平静和友好的方式控制冲突不断上升的趋势。否则，他们就会赢得孩子，孩子的反抗也不会发展到这步田地。通常情况下，孩子所看到的残忍正是导致他残酷无情的根源。孩子所反射的正是他的经历。有些时候，他或许并未真正受到虐待，但是他却感受到了被虐待。有些时候，残酷只不过是为了体验完全掌控他人的满足感的工具而已。

过度严厉，尤其是责打，很容易激起孩子的反抗以及残酷的本性。如果父母一方试图为弥补另一方的严厉而对孩子让步，则更容易出现这些问题。忽视也可能产生同样的效果。在这两种情况下，孩子更会觉得自己寻求报复的欲望是合理的。在孩子的行为做出任何改善之前，必须先解决冲突，至少要先结束父母方面的冲突。孩子必须再次感受到被接纳、被喜欢，而不是害怕。如果无法轻易、持续地运用某一自然后果，那么最好什么都不要做。如果孩子突然意识到自己无法再造成威胁和伤害，他会对此记忆尤深。只要经历几次父母和善而坚定的应对，孩子或许就能够意识到自己的行为是徒劳的。这样的经历足以恢复秩序的权威性。责打或其他暴力手段是无法达到上述效果的。如果孩子的身体力量很大或者残酷程度很严重，以至于不可能实施自然后果，这时就应该让孩子与父母分开，把他送到有能力承担这一责任的家庭，最好可以和一些年轻人住在一起。父母越早接受这一事实，孩子就越容易学习适应有序的生存体系。

有时候我们可以从年幼的孩子身上观察到极端残忍和野蛮的行为。这种情况下的心理机制似乎略有不同。他们的残忍更多的并非针对父母和秩序，而是针对较小的“弱势”群体，比如动物、年龄更小的孩子，甚至是无生命的物体。促成这种行为的因素有两点，一是暴力行为所引发的感官刺激。孩子们可能亲身经历过这样的刺激，或者目睹过其他孩子受到殴打、强行限制或虐待。有时看到有关暴力行为的图片或者听到相关谈话内容也会带来刺激。感官刺激倾向于以相同的模式不断持续。曾一度引发感官感受的体验会继续与同样的反应联系在一起。孩子们再次把它当作一种寻求快感的手段。对残酷行为的感官追求可以是主动的，也可以是被动的（施虐或受虐）。经常接触暴力的儿童对这种兴奋感印象深刻。他们会咬人或者要求被别人咬，打人或者挑衅别人打自己，从而寻求类似的感觉。他们喜欢受苦，或者使他人受苦，以此作为感官游戏的一部分。这其中的心理因素以及正确的调整方法与前文关于性游戏的章节所讨论的一样。

导致幼儿残忍和野蛮的另一个动态因素与他们整体的生活方式相一致。他们或许试图通过自己“骇人听闻”的行为给别人留下深刻的印象（积极—破坏性寻求关注机制），或许希望展示自己的权力和力量。针对其他儿童的残酷行为往往是为了表达自己的“阳刚之气”。“看我多强壮。”惩罚别人的欲望常常只是对父母行为的模仿。“过家家”体现了孩子对父母行为的解读。当父母惊恐地看到孩子在游戏中如何对待他的“娃娃”——“孩子”或“学生”时，他们并没有意识到，孩子的行为反射了他们自身的行为，孩子与他人的关系就是父母与孩子关系的写照。

尿床

人们常常错误地认为，尿床是由身体原因导致的，但事实并非如此。诚然，膀胱、肾脏或脊髓等器官缺陷会增加尿床的概率。但是，没有哪种疾病会以无法控制排尿作为唯一的表现症状。

五岁的弗兰克在父亲把他送到孤儿院之后开始尿床。他在家里睡觉从未有过这种情况。十一岁的艾伦和严厉的父亲之间关系紧张。父亲因为学校的事情狠狠地教训了他，取消了他的自由时间，还打了他一顿，于是艾伦就开始尿床。尿床的目的在七岁的查尔斯身上表现得非常明显。他要在阿姨家待很长一段时间，可是第一晚他就尿床了，他以前并没有尿床的习惯。阿姨问他为什么这样做，他说他只是想知道阿姨是否能容忍这件事。

当对环境的抵触达到一定程度时，孩子就不再努力回避不愉悦的事情了。他的报复感有时带有自我贬低的受虐特点。这些孩子往往特别脏。他们所有的骄傲都集中在不洗澡上。他们表现出“堕落的雄心”(欧文·威克斯贝格语)。为此他们不得不承受羞辱，进而获得一种消极的光荣，因为这样他们就真正成为整个家庭的唯一负担。谁也不知道该拿他们怎么办，他们所引发的沮丧还会给他们带来一种特殊的满足。由于这种冲突所呈现出来的是身体机能的紊乱，因此父母会寻求医生的帮助，但是药物并没有起作用。孩子必须被重新给予荣誉感、自信，甚至对他人的信心。在此之前，孩子一直感觉被排斥，但他并不知道往往是他自己引发了这种感觉。

然而，即使父母迫切希望改正孩子尿床这一现象本身，在半夜把他叫醒也是错误的。父母所表现出来的担忧让孩子可以通过自己的行为获得更多满足感，除此之外，训练的目的也绝不是通过外界帮助来调节孩子的膀胱功能。孩子必须自己学会控制膀胱功能。无论如何，半夜叫醒孩子并把他放在马桶上都是不明智的做法。孩子半夜被叫醒时，即便看上去醒着，通常也没有完全清醒。让他在半睡眠状态下排尿，非但不能促进孩子正确地控制膀胱功能，还会有所干扰。正常的控制需要完全清醒的意识，孩子必须有能力克制并控制尿意，直到他完全清醒过来去上厕所。

如果过去的训练一直不成功，现在则必须采取更好的方式。你所能做的仅仅是给孩子提供一盏台灯和一件睡衣。如果孩子足够大，你还可以给他提供干净的床上用品，以便他夜间可以完全照顾自己。当然，他还需要鼓励。尿床的孩子通常都极度气馁：他们厌恶自己，也看不到改进的希望。必须让他们知道，是否尿床取决于他们自己，他们最终一定能学会照顾自己。每个人都要学习，有的快，有的慢。最重要的是，父母不仅要向孩子传达这种态度，他们自己更需要感受到这种态度。父母一旦自己感到羞愧、厌恶和失望，他们必然会对孩子造成不良的影响。他们或许会在孩子小的时候产生错误的同情心，让孩子免于承受自然后果，比如允许孩子在尿床后睡到父母的床上。治疗尿床的第一步就是父母要完全镇定和冷静，这样才能成功赢得孩子，并且让孩子建立新的希望，真正产生照顾好自己的愿望。在孩子尿床的时候进行惩罚，以及在孩子“做得好”的时候加以表扬，这两种做法是同样有害的。这会过度强调父母的许可，而事实上这件事必须由孩子自己处理。

D. 表现出能力不足

真正气馁到懒得行动而且在方方面面都彻底放弃的孩子非常少见。通常来说，气馁只是孩子情绪的一部分，因此他只会避免某些特定的活动。然而，需要明确的是，孩子拒绝参与活动，其目的究竟是为了寻求关注、反抗权威、惩罚和伤害他人，还是仅仅因为看不到希望。只有在最后一种情况下，孩子才会寻找各种借口，把自己隐藏在能力不足的表象之下，这种能力不足或许确实存在，但更多时候则是生活环境对孩子的暗示。有些时候，孩子之所以表现出能力不足，是因为他错误地诠释了某些经历，而且他借助这一方法成功地给他人留下了深刻的印象。

懒惰

懒惰是无序的一种特殊形式。孩子拒绝做家务，拒绝合作。每个人偶尔都有偷懒的倾向。孩子有时候会过于沉浸在自己的想法、活动或幻想中，以至于对外部世界毫无兴趣。无论孩子的懒惰是真实的，抑或只是你的猜想，训斥和责备都只会导致他更加抗拒。唯一有效的办法是激发孩子的兴趣。孩子一旦产生了兴趣，懒惰就会消失无踪。譬如，如果孩子对学业感到十分沮丧，甚至认为自己的一切努力都是白费，他就会丧失所有动力。如果孩子是"左撇子"或者由于其他原因认定自己动作笨拙，他们往往会表现出拖延任务的倾向。在这些情形中，仅仅激发兴趣是不够的。必须鼓励孩子，让他对自己的能力建立信心。

故而，懒惰通常意味着孩子需要帮助。但是这种帮助不能局限在字面意义上，像支柱或拐杖那样，通过催促和劝诫孩子做事的形式来展现；或者更糟糕的是，替他完成任务。这些做法丝毫不能帮助孩子解决其自身的问题。孩子真正需要的帮助包括协商讨论以及实践经历，这样的帮助足以增强孩子的自信，强化他的内在意愿，如此他就可以快乐而饶有兴趣地克服重重困难并完成任务。

愚蠢

孩子在试图逃避责任以及屈服于气馁时会给人留下愚蠢的印象。很多孩子几乎是刻意制造了这种印象。当然，我们必须考虑到智力缺陷的可能性，但是低能、有缺陷的孩子很少被称作“愚蠢”。“愚蠢”的孩子会因为失败而遭受责备，因为他是被当作正常人看待的。孩子的愚蠢并非总是天性，它通常掩饰了一种后天习得的心智惰性。

有一次，我在公园里目睹了以下场景。一个保姆在陪几个六七岁的女孩们玩耍。一个漂亮的小女孩跑过来向她要一个苹果。小女孩伤心地问保姆，为什么之前其他人都分到了两个苹果，现在又拿到了两个，而她却又只分到一个呢。保姆把小女孩抱到膝盖上，问道：“一加一是几？”小女孩原本快乐的小脸蛋突然之间变了形，露出了恐惧的表情；她的嘴唇动了动，却一个字也吐不出来。

我对这个孩子一无所知，但是我们可以感知到她问题背后的原因。她确实会数数吗？如果不会的话，她又如何知道其他女孩一次分到了两个苹果？很显然，她无法回答的只是这个正式的“学术”问题。这就表明她的愚蠢只是掩饰而已。她可能自入学起就遇到了困难。被娇纵的孩子在家里生活轻松惬意，他们经常觉得难以适应学校。他们不习惯独立自主，也跟不上其他同学的步伐，因而很快就失去勇气。同样地，如果因为个人魅力、“可爱”或其他毫不费力就拥有的优势而在家中备受关注，这样的孩子在上学后很容易认为课业对他们而言“太难”。而后他们就会放弃，甚至都不愿意尝试。

父母经常对孩子的失败感到恐慌，这只会令孩子更加气馁。对于一个已经不情不愿的孩子来说，接下来的学习过程就成了彻头彻尾的折磨。他被剥夺了休闲时间，玩耍的过程受到干扰，甚至在吃饭时间也不得安宁。父母一遍遍地提醒他做功课，不停念叨他的学习进度。由此看来，孩子举行罢工并且断然拒绝任何与学业类似的事情也就不足为奇了吧？我曾经有一个病人，她是一位智商正常的女性，但是她拥有的正式知识却相当于小学四年级的水平。她就是在上述环境中长大的，最后被视为愚蠢，但她绝非心智迟钝。唯一的问题就在于她非常漂亮，一直以来完全依靠自己外表的吸引力。因此，这种所谓的愚蠢只不过是由于气馁所致。孩子无法学习，他认定自己不能理解任何事情。

其他孩子则躲藏在愚蠢背后。他们“利用愚蠢作为借口”（艾达·罗维语）。每当想要逃避某些义务时，他们就“装傻”。如果在学校里某一科目成绩不好，孩子也会气馁，但是这种气馁的结果因人而异。那些野心勃勃、总是希望居于首位的孩子，除非确定自己能够名列前茅，否则不会做出任何努力。若是无法确定这一点，他们就会失去兴趣，声称自己在这门学科上没有天赋，所以不可能学得好。

有些孩子甚至在入学之前就开始使用这一招数。试图用餐刀切汤的小男孩就是一个例子。父母为这个孩子的愚蠢而叹息，但是他非常清楚自己应该做什么，并且不遗余力地反其道而行之。这些孩子之所以装傻，目的是诓骗父母来伺候他们。在这些情形中，愚蠢也是一种逃避的手段以及获取关注的工具。

独生子女或者最年幼的孩子有可能在入学之后采取这些战术。通过这种方式，他可以迫使妈妈帮助他完成作业。如果妈妈不在旁边守着，他就不会写字，不会做算术。焦虑、有野心的妈妈总是落入孩子的圈套。她从未注意到，当她充满惊讶与恐慌并且不遗余力地鼓励孩子、纠正他的错误，最后亲自帮他答题和写作时，孩子的无能与无助也在与之俱增。有时候，这种无助有可能伴随孩子一生，他们没有能力自己写信，也不会写文章，每次提笔，头脑里都是一片空白。

要想动摇孩子获得妈妈的帮助与支持的决心，并非易事。当妈妈试图摆脱孩子的支配时，孩子会坚决反对，软磨硬泡。如果妈妈意志坚定，坚持要求孩子尽最大努力独自完成功课，孩子则可能每写一个单词或数字就会跑去问妈妈是否正确。最终孩子也许会同意自己做功课，前提是妈妈坐在一旁看着他。

相应地，在很多情况下，孩子都会试图利用自己的愚蠢，类似于“装死反射”（动物经常借此躲避自己的敌人）。从孩子身上可以观察到这种“装傻反射”——有时候也出现在成人身上。两种“反射”的目的通常都是为了躲避。因为，实际上，家庭与环境并未采取任何措施对抗真实的或表面的愚蠢，反而确认了它作为逃避手段的作用。在训斥、批评和羞辱孩子的同时，父母也不知不觉上了孩子的当。因为，最终，他们帮助孩子摆脱了他想逃避的功课，或者任由自己围着孩子团团转。他们的批评与嘲笑助长了孩子的愚蠢，因为这些方式增强了引发愚蠢的主要因素之一，即孩子的依赖性，他对自己的能力缺乏信心。

那么，我们该如何对待一个“愚蠢”的孩子呢？这当然需要父母转变态度。他们必须停止责骂孩子，不要迫使孩子面对自己的无能为力，不要取笑孩子，也不要拿他跟某个聪明的兄弟姐妹作比较；而且，他们还要停止对孩子的纵容，不要任由他逃避自己的责任。敦促与威胁毫无助益，相反只会令孩子更加厌恶他本就不喜欢的任务。父母应当让孩子意识到不负责任的后果。就目前情况看，当孩子失败时，觉得受到了惩罚的是父母，而不是孩子。因此，父母试图避免令人不快的后果，其结果是，孩子觉得自己履行义务完全是为了父母，而非自己。父母对孩子学业进展的担忧减轻了孩子的责任感——倘若学业失败，他惩罚的是父母。

教师有责任激发孩子的兴趣，而父母则应当尽量少干预孩子的学业问题。但是，通过与孩子一起阅读有趣的图书、参观博物馆和动物园、讲述自然故事，并且进行其他适合孩子年龄与发展的讨论，激发孩子的整体兴趣与灵敏性，在这些方面父母也能大有所为。如此一来，孩子便会对相应的学校课程产生更大的兴趣，并在功课中发现乐趣。

八岁的露丝太“笨”，以至于她无法与其他孩子一起玩。她不会自己穿衣服、脱衣服，甚至连说话也不流利。她总会吞掉后面的半句话或者发音。不用说，她在学校也是落后生。其他人都认为她弱智，也是这么对待她的，尽管她并非低能，而且智商达到91。当事情可以按照她的想法进行时，她就会变得很精明，甚至能够睿智地维护自己的既得利益。她对于回答问题从不迷茫。露丝有一个非常聪明的妹妹，比她小一岁半。这个妹妹在各方面都令露丝相形见绌，但是她通过吸引所有人的关注来补偿这一点。她甚至有专门的看护，上学之后，她还有自己的私人教师。愚蠢经常可以带来巨大的好处！而运气差的孩子只能被父母抛弃，自生自灭。

事实上，有许多智商低、智力迟钝的孩子仍然只是在假装低能。他们通常有一个在家庭排行中紧挨着自己的兄弟或姐妹极其聪明，无论在智力还是学业上都更胜一筹。这个孩子的优异能力令另一个孩子非常气馁，以至于后者会彻底放弃。有些时候，这种彻底的放弃是因为效率极高的母亲或姐姐，她们承担了所有责任，所以这个孩子才会无所事事。

正确的处理方式对智力有问题的孩子大有助益。有时候他们会在一夜之间开窍，取得令人意想不到的成就。甚至，智商也会提高，那些认为智商不可改变的人对此感到尴尬不已。不幸的是，通常只能先观察上述处理方式成败与否，而后才能对真正的低能与假装的智力迟缓进行鉴别诊断。有鉴于此，低智商不应该阻止父母和老师采取一切措施尽可能地帮助孩子。恰恰相反，它应当促使他们采取更好、更有效的方法充分利用孩子的其他天赋，从而帮助他们成为对人类社会有用的一员。

“不足”

明显缺乏某种能力的孩子往往会被认为是“先天不足”。如果改善孩子缺陷的所有努力均告失败，尤其是如果孩子自己也表现得非常努力，则这一设想就会令人深信不疑。

技巧与能力的习得是一项非常复杂的过程，需要大量的练习与训练。不幸的是，对于影响训练过程的所有因素的科学研究，无论有利与否，都发生在成长的最初阶段。而孩子的很多不足与缺陷都是由于训练过程中未被识别的错误与疏忽导致的。

我们如何才能激发一个孩子发展他的潜在能力呢？方法不胜枚举。由于同样的刺激手段在不同孩子身上可能效果迥异，这就使得问题更加复杂化。举例而言，一个家庭有两个孩子，在父母的刺激下，一个孩子会效仿他们，而另一个则觉得自己永远无法达到父母的标准，因而感到气馁。高期望会激发一个孩子，束缚另一个孩子。反对与禁止犹如天然屏障与器官缺陷，它们会促使一个孩子格外努力，妨碍另一个孩子有所作为。反对还是一致、对抗还是顺从、自信还是气馁，将决定某个既定的刺激会产生建设性的还是有害的影响。

正是由于这种令人困惑的差异，我们才无法明确培养能力的方法，并且倾向于将某些技能归咎于遗传因素。因此，许多父母和老师，还有一些心理学家，都认为不足与缺陷是由于缺乏天赋所致。然而，对儿童与成人的研究发现，不当的训练加上气馁的情绪才应当被视为主要因素。我们总能发现孩子在训练过程中的某一点放弃。有些孩子从来不学拼写，他们在入学时就极其气馁，因而放弃了所有努力。其他人放弃则是因为不能脱颖而出。某些习惯于按自己的方式行事的孩子，不愿意接受必须始终用同一种方式拼写某个单词。他们希望用自己喜欢的方式拼写，这次用一种方式，下次又换成另一种方式。最终，他们变得非常困惑，于是不再尝试学习拼写单词的正确方法。有很多受过良好教育且博览群书的成人一直没有学会拼写，因为他们的启蒙老师未能解决他们在拼写方面逐渐明显的劣势；如今，作为成年人，在需要写信的时候，他们仍然心存恐惧。

数学方面的不足则是由于孩子最初在学习过程中偶然产生的气馁情绪。一些受到过度保护的孩子根本没有机会学习自己做决定；对他们而言，解决数学问题尤为困难，因为他们需要在这个过程中做出一系列决定。这些孩子在某些以信息为主的学科上也许成绩优秀，但是，任何要求自主和决定的活动都与他们无缘。

迄今为止，有一个领域始终被看作依赖天然禀赋的独家领域，那便是音乐，我希望在这一领域中证明上述事实。有些人在音乐中感受不到丝毫乐趣，甚至把音乐当作一种折磨。他们或许“五音不全”，即便最简单的旋律也唱不出来，这一点通常被认为是他们完全缺乏音乐才能。但是，大量的例子已经证明，所谓的“缺乏音乐天赋”仅仅是由于气馁而对音乐活动表示抗议，有时候是因为与具有杰出音乐天赋的姐姐或其他家庭成员之间的竞争。通常情况下，第一个孩子与第二个孩子之间的鲜明对比会引发此类“缺陷”。

在艾瑞克十岁的时候，他似乎完全没有音乐天赋。他无论如何都不愿意听音乐会，甚至连最简单的儿歌也不会唱。艾瑞克很小的时候曾经展示出对音乐的兴趣，但是后来他的态度发生了翻天覆地的变化。他的父亲经常在家里举办音乐会。艾瑞克是深受母亲溺爱的独生子，在父亲播放音乐的时候他不能乖乖坐着，最后被父亲赶出了房间。从那以后，他便不能忍受音乐。上学之后，他拒绝与其他同学一起唱歌，因而受到了老师的责备、同学的取笑。当祖母试图教他唱歌时，他生气地跑开了。十岁以后，他被详细告知了这种态度背后的原因，通过新的理解，他克服了自己对音乐的敌对情绪。在一个通情达理的老师的帮助下，他开始对音乐变得敏感，也学会了好好唱歌。

在家从未学过唱歌的孩子在试图加入学校的合唱团并以失败而告终时，他们会被打上没有音乐天赋的烙印。看到同班同学的能力优于自己，他们对此印象深刻并且感到沮丧，而这种沮丧很容易因为受到缺乏判断力的老师的取笑而加深。最终，他们在音乐才能上的不足会成为既定事实，所有虚假的努力与练习都于事无补。若干年以后——但是或许要到很晚的阶段——他们才会最终意识到这种音乐才能的不足其实是一个假象。他们，和其他人一样，也可以在音乐方面具有鉴赏力和感受力。如此一来，他们的“先天”不足就会突然之间奇迹般地消失。

孩子对音乐的自然倾向往往会被父母在练习方面的态度所扼制。野心勃勃的父母坚持要求孩子多加练习。他们没有意识到自己对孩子的音乐能力发展所造成的伤害。他们将本应带来乐趣与灵感的艺术变成了痛苦乏味的任务。诚然，没有训练便无法取得成功，但是训练需要兴趣与激励。一遍遍地重复练习动作是不可行的。哄骗、提醒、威胁以及惩罚等常用手段既无法激发兴趣，也不能触发灵感。保持孩子的兴趣是老师的职责，父母应当给孩子多一些激发，而非压力。他们可以播放唱片或带孩子去听音乐会，他们可以帮助孩子学会欣赏优美的音乐，他们可以对孩子的进步表示赞赏。当然，他们也可以强迫孩子坐在钢琴前面，但是，多数时候这种做法会泯灭孩子的音乐热情。倘若孩子以失败而告终，父母——有时甚至是老师——会将失败归结于孩子缺乏音乐才能。实际上，父母与孩子之间的冲突，以及孩子随后错误的学习习惯阻碍了正确的训练，其结果便是孩子能力不足。

我们似乎有必要对音乐天赋进行相当细致地讨论，因为它清晰地体现了人们在接受遗传与倾向的概念时是多么的轻率和不严谨。这些悲观的设想导致父母增加孩子的困难，而不是帮助孩子克服困难。音乐才能与所有特殊的天赋极其相似。如果一个孩子看似在绘画、作文、数学、语言或者其他学校科目方面缺乏能力，我们首先应该努力确定孩子是不是遭受了挫折，如果是的话，是如何发生的；或者弄清楚孩子是否以及为何抵制训练要求。劝导与敦促对孩子的影响自然不比训斥和挑毛病更好。或者，更糟糕的是，它放大了孩子所谓的不足——这一切只会促使孩子沿着通往失败的道路越走越远。提升孩子的信心，赢得他的信任，进而克服他的对抗情绪，让他意识到自己的进步，增强他的自主能力，激发他的兴趣和热情；还有，最重要的是，在必须经历的训练过程中保持耐心——这些方法通常都能改变曾经貌似无可救药的缺陷。

另一方面，刻意培养孩子的特殊能力是行不通的。一项特殊的天赋只有在高度集中与密集训练的土壤里才能得以发展，这是无法从外部强加的。野心有时候会鞭策孩子出类拔萃，但更多时候，如果孩子的勇气和自信无法与他的抱负保持平衡，野心则可能导致他逃避活动。无论如何，我们要时刻关注孩子的学习态度，通过鼓励促使孩子进步。很多过度热心的父母会在孩子很小的时候就劝他们参加某项艰苦的活动，该活动似乎预示着孩子能够取得卓越的成就。而孩子在一段时间内可能看起来像个神童，达到了父母的所有期待；但是在太多案例中，这样的做法都是以崩溃与不幸而告终。年轻一代的父母有可能摒弃这些引发敌对情绪并导致气馁的方法，他们或许能够更成功地激发孩子的潜能。

“粗暴”的消极

完全消极的孩子极其少见。即使是非常愚钝、没有任何身体能力和心智能力的孩子也会表现出某种积极参与的状态。最为强烈的消极性体现在那些故意将消极作为对抗手段的孩子身上。确实，他们觉得气馁，在绝望中放弃，然而，他们的消极性如此之强烈，甚至可以被称为“粗暴”的。这些孩子表现出渴望权力，尤其是渴望报复的迹象，但是他们只会通过消极的方式达成自己的目标。他们令父母，甚至老师绝望至极。似乎没有什么事情能够打动他们。人们试图影响或引导他们的做法无异于以卵击石。

约翰九岁的时候被带到指导中心，因为无论是在家还是在学校，他都拒绝合作。他其实并不搞恶作剧，尽管他偶尔会因为撒谎、偷窃和旷课之类的事情违反纪律。他的问题更多地在于无所事事。他很懒，邋里邋遢、蓬头垢面，上学时衣衫不整，经常迟到。他几乎门门功课不及格，从来不做作业，也从不认真准备考试。他甚至不爱玩，无论是和自己的兄弟姐妹还是和其他孩子。他在家里被任意摆布，时常受到哄骗、威胁，以及严厉的惩罚，但是没有任何效果。他的行为在过去两年变本加厉。在约翰的成长过程中，一个决定性因素就是他的弟弟。弟弟比约翰小一岁，无论是在家还是在学校，弟弟的表现都要超过约翰。弟弟绝不是什么好学生，但是他通过了所有考试；当弟弟和他念同一个年级，而后又比他高一年级时，约翰的行为愈加严重了。

在到达中心的第一天，约翰拒绝进入咨询室。第二次他跟随妈妈一起进来了，但一直待在门口。无论是面对他人的邀请、善意的建议，还是哄劝，他都无动于衷。我们任由他待在那里，在会议过程中，我们观察到他的脸上露出了一丝感兴趣的表情。第三次会议时，他愿意坐在医生旁边，但是一言不发，尽管他理解会议内容，而且不时地通过微笑和细微的身体语言做出回应。等到我们需要和妈妈交谈，而约翰应当离开房间的时候，他拒绝了。他就是不起身。后来他坐在椅子上被抬了出去，而他毫不反抗地接受了这一切。

最终，约翰粗暴的消极性被成功克服了，其中所使用的方法与应对孩子展示权力的方法类似。约翰的妈妈是一个神经紧绷、严格古板、高度完美主义的人，她经常惩罚约翰，在上学磨蹭和迟到的时候甚至狠狠打过他的屁股。如今约翰的妈妈学会了克制自己并运用自然后果。约翰第一次积极参与活动是加入中心的一支乐队。这是他第一次体验与别人愉快合作。之后他又参加了舞蹈课。与此同时，他在指导中心也变得越来越合作和友好，更加真诚从容地表达自己，最后终于开始适应学校。当然，从这时起，他的弟弟开始陷入了困境。

在有所限制的情况下，采用强制力对抗消极甚至更加有效。

七岁的杰克拒绝与妈妈之外的人说话，妈妈非常宠溺他，对他百依百顺，但那明显是杰克唯一接受的一种关系。在学校里，他一言不发。他已经学会了写字，愿意用书写的方式回答老师的问题；他会通过手势与信号让别人理解自己，但就是不说话。当别人对他说话时，他表现得很顺从——他对别人言听计从，却不回答任何问题。在指导中心，他一直在发呆，仿佛听不到别人说的话。他完全忽略沟通。

如前文所述，我们无法断定处于粗暴的消极状态的孩子是否属于第四种类型。他们的消极性有时候看起来不仅仅是放弃。我们应当意识到无所事事中所隐藏的权力因素。任何压力、哄劝或惩罚只会导致孩子更加坚定自己不参与的决心。针对这种行为的最佳回应就是不干涉，让他体验到自己的消极性所产生的不良影响。一旦孩子能够迫使父母做出回应，刺激他们付诸更多行动和努力，他就会认为自己的方法非常成功且令人满意。

E．病理反应

孩子的反抗有可能发展到让他看起来“反常”的程度。但是，在考虑孩子是否病态或反常时，我们必须谨慎。通常来说，即使孩子的反应看起来极端且不同寻常，它们也并不反常，因为这往往是孩子针对自己所看到的情形做出的合理且充分的回应。然而，对于孩子而言“正常”的反应，如果被持续应用到成年生活中，则不再符合真实的情形，因而就可能变成“病理”反应。即便一个孩子与普通人截然不同，我们也不能称之为“病态”，这种称呼通常源于我们对这个孩子与父母、老师或整个社会关系缺乏了解。

“病理反应”这一术语只适用于描述特定的反应模式，倘若在以后的生活中得以持续，这些反应模式将变成典型的精神病理问题。我们可以在孩子身上观察到这些问题最初的特征性表现。成年患者的病历表明，首发症状经常出现在童年早期阶段。当孩子出现这些症状时，父母无须感到焦虑、恐惧与悲观。虽然某些症状需要特殊的关心和护理，从而防止其进一步发展成病理问题，但是，如果受到这些情绪的影响，父母则可能对已经失常的调整产生更为不利的影响。

神经失调

在讨论恐惧、过度尽责、发脾气、缺乏注意力等内容时，我们已经提及孩子身上经常出现的神经机制。孩子以及成人的每一种神经障碍都特有维系良好意图的倾向，他们将敌意隐藏在“症状”背后，而这些症状正是他们用以自我辩护的借口。孩子最初利用这些症状或许是为了请求父母的原谅；然而，一旦当他对自己的借口信以为真，神经机制也就形成了。

很多神经症状都可能出现在童年早期阶段，其目的始终是针对父母和秩序。孩子试图通过这种方式来摈弃某些责任，确保自己能够获得关心与帮助，或者有时候仅仅是为了吸引更多的关注。相应地，这些症状会随着情形的变化而有所不同。它们通常与孩子所看到的例子保持一致，也会受到偶然经历的刺激。某种症状的发展情况取决于该症状初次出现时所引发的家庭成员的反应方式。该症状产生的影响越强烈，它就越有可能得到进一步发展。忽视则会令它更快消失，至少在刚开始它还没有根深蒂固的时候是这样的。

神经紧张的孩子具有一个特征，即生活处于紧张状态中。这种状态源于他所面临的困境，包括他与父母、兄弟姐妹以及老师之间的冲突，具有威胁性的危险，以及过度的野心。他的整个身体都处在这种压力之下，因此，他的任何想法和情绪、他所关注的任何身体器官功能，都可能发展成某种神经症状。孩子经历过百日咳之后，他所受到的刺激比正常病程要持续更长时间；不健康食品所导致的胃部不适可能始终不见好转或反复发作；母亲的心脏疾病会导致孩子关注自己的心跳，进而引发神经性心脏病。尤其值得注意的是，孩子很容易模仿其他人的神经失调。这里再次强调，家庭成员对某种失调症状的焦虑不安——最初往往被认为是单纯的“坏习惯”——会促使孩子形成永久性的问题。

我们要列出在孩子身上出现的所有神经官能症几无可能，在此只对其中一部分进行简单介绍。

紧张状态的一种直接表现就是所谓的痉挛。痉挛有可能出现在任何肌肉群，比如整个身体（这种情况经常被误以为是癫痫或心脏病发作）、眼睑（睑痉挛）、下颌的肌肉组织（牙关紧闭症）、面部肌肉（导致怪相的面肌抽搐）、喉部肌肉与颈肌，或者是肩部、臂部与腿部的肌肉组织。其症状可能表现为打呵欠、打喷嚏、大笑、阵发性哭泣或阵咳。有时候上述症状还伴随着真实的身体不适，因而我们建议在任何情况下都要进行全面的身体检查。

紧张很容易导致胃肠道神经紊乱。神经紧张的孩子在过度激动时无法进食，比如在旅行之前，去剧院之前，或者在不愉快的事情即将发生的时候。上学时也是如此，因此吃早餐就会很困难。或者孩子讨厌上学，又或者他野心勃勃，害怕失败。无论在哪种情况下，他似乎都无法在早晨吸收营养，尤其在当天有测试或其他不同寻常任务的情况下。哄劝则可能导致胃痉挛或神经性呕吐。幽门痉挛通常与不愿意进食有关。胃肠道紧张则可能导致腹泻或便秘。

极度紧张的状态会干扰孩子的睡眠。他辗转反侧、尖叫，有时还说梦话。他的大脑仍然在琢磨日常生活中引发情绪波动的问题。又或者，他可能根本就睡不着，因为他过于担心自己的问题。血管系统随时会对压力产生反应，因为焦虑与心脏活动在生理的恐惧反应机制中是相互联系的，其结果就是心悸、脉搏加快、脸红或面色苍白，汗腺分泌也会增多，同时伴有恐惧的感觉。承受太多道德压力的孩子有可能出现强迫性症状。

在治疗时，首先要让孩子安静下来。而其中最重要的是，让父母安静下来。在过度激动的情况下，药物会有所帮助，但只是暂时缓解某种症状而已。上文提到的对待孩子错误的方法同样适用于神经失调，仅仅治疗症状是没用的。我们必须改变孩子的个性以及他与父母的关系。我们需要对他的整体状况进行大幅度修正。即使忽视症状也只能抑制某一种特殊表现形式的发展，整体压力不会受到影响。在复杂的情形下，尤其是针对年龄稍大的孩子，心理治疗法是必不可少的。然而，仅仅帮助孩子脱离眼前的困境是远远不够的；治疗过程必须把父母包含在内，促使他们采取更加明智的态度。

精神失常

如今，越来越多的孩子被归为精神失常。其原因可能是，在此之前，他们被误以为是智力严重迟钝的孩子。然而，有迹象表明，这些孩子虽然表现得非常像智力迟钝，但其实他们的智力是正常的，很多时候甚至优于常人。由于他们的行为似乎毫无理性可言，也无法用理智加以控制，因此他们被认为是精神病患者，很多时候被称为精神分裂症患者。但是，他们的心理状态与成人精神分裂者的心理状态有很大区别，尽管他们看起来也是活在自己的世界里，几乎不受周围环境的影响。他们不仅不愿意倾听，而且无法与人交谈，因此经常表现出一种疏远和孤立的状态。其中，很多孩子完全不会说话，还有很多孩子似乎失聪，但其实没有任何听力缺陷。由于很少有人理解这些孩子“精神失常”的本质，也因为这一术语带有侮辱性，因此他们通常不被称为精神病患者，而是代之以“情感迟钝”。

关于这一问题的起因，目前尚未形成公认的解释。一些专家将之归诸大脑器官缺陷，尤其是大脑发育不全；另一些专家则认为父母的个性——特别是母亲的个性——导致了这一异常问题。一方面，我们自己的观察表明，所谓精神失常的孩子，其父母与正常孩子的父母并无明显不同，事实上，这些父母常常还有其他完全正常的孩子。另一方面，目前我们从为数不多的案例中发现，这一问题有可能得到彻底的康复与调整，因此器官缺陷的猜想遂变得令人怀疑。一种可能的情形是，这些孩子的大脑存在所谓的器官弱点，导致他们更容易受到某种行为模式的影响。

这些孩子都具有一个显著的特点，他们下定决心按照自己的方式行事，漠视来自外界的一切压力与要求。这种抵抗压力的特点促使一些专家认为治疗过程应当避免施加任何压力。我们的观察却得出了相反的结论。放纵通常会导致问题加剧，而一以贯之的坚定则会减少孩子们常有的暴力状态。孩子对抗某种权力的决心——无论该权力是个人施加的，还是来自社会情形的要求——为我们理解这一问题提供了线索。

这似乎可以与青少年叛逆的另一种极端形式相提并论，即青少年犯罪。随着父母的权威在民主环境中不断降低，之前顺从的孩子敢于公然表示自己的反抗，此时以上两种情形都会发展到一个新阶段。换言之，童年时期的精神失常似乎体现了孩子的极度叛逆，他不再惧怕报复与惩罚，至少是泰然自若地将其视作追求被曲解的独立所付出的代价。唯有当父母过度放纵孩子，并且不再有能力、有意愿“控制”孩子时，这种公然的叛逆才会成为可能。但是，孩子很可能需要某种器官素质来让意向支配自己，而不受任何内在控制。

关于此种心理状态的预防，除了有必要维持家庭内部的秩序与规律外，其他并无多少可以介绍。为了达到这一目标，直接施加压力是不起作用的，所需要的是本书里提到的大量训练方法。一方面，体弱多病、有生理缺陷或残疾的孩子不需要任何特殊的训练方法，只需要更加仔细地遵循基本原则。另一方面，残疾与缺陷问题使得父母更加难以保持正确的态度和做法，因此，在使用正确的方法时，父母需要具备更大的决心与毅力。

精神失常的状态一旦形成，孩子就需要接受心理治疗。最新研发的药物能够对孩子产生影响，从而使训练方法更加有效。这些药物不会治愈孩子，而会让他变得容易管理；之后，恰当的再训练会紧接着发挥作用，进而带来彻底或部分的调整。我们的经验表明，当其他所有治疗方案都宣告失败时，音乐疗法或许会对孩子产生作用。精神错乱的孩子通常对语言手段无动于衷，但是音乐这种非语言手段则会吸引孩子的参与和交流。音乐旋律也有助于产生治疗效果，它意味着某种秩序，而孩子更容易也更愿意对这种形式的秩序做出回应。

在面对精神错乱的孩子时，正如所有激烈的权力斗争一样，父母需要有能力从孩子的不当要求中解脱出来。坚定而平静地抵挡住此类孩子身上数量众多且充满恶意的攻击性，这需要很大的毅力。为了维护自己的独立与自尊，父母必须具备捍卫自己权利的毅力和勇气，不能屈服于患病孩子的强制力。由于“可怜的孩子生病了”而对孩子施以错误的关心和放纵，这种做法会导致孩子病得更严重，而且他们还会利用自己的疾病作为伤害父母的手段。

病态人格

一个行为不当且叛逆的儿童可能会表现出病态人格，但事实并非如此。[根据我们的理解，病态人格可以被定义为一个人未能发展出充分的道德意识，而且不接受其所处社会的道德规范和价值观。其结果是，他的行为对社会造成了干扰。他毫无顾忌地将自己的利益看作真正重要的唯一动力。

我们可以区分出三种类型的病态人格：（1）放纵型人格——酒精和药物成瘾者、赌徒、说谎者、性变态者、诈骗者、行为怪僻的人、装病的人；（2）对抗型人格——违法乱纪者、精神失常者、主动的性犯罪者和卖淫嫖娼者、行为冲动和好争吵的人；（3）心智不健全型人格——没有学会分辨是与非，对好与坏的认知有限，他们有可能放纵、对抗，或者仅仅是不服从、不受拘束，以及易冲动。］他不认同自己所属群体的价值观和道德观。他可能目中无人或自我放纵，他也可能要按照自己的方式行事，完全不愿意服从。然而，这其中有很多孩子，可以说他们中的大多数，后来都会自我调整，不再表现出任何精神病态的倾向。一方面，虽然他们或许并没有充分适应家庭和学校，但是，到了青春期阶段，当他们从那些对自己的调整造成干扰的家庭关系中独立出来时，他们便能成功地适应整个社会；另一方面，如果家庭和学校干涉或忽视了必要的帮助与监管，则之前并未流露出任何明显不顺从迹象的孩子可能会在青春期阶段表现出反抗。最终出现的青少年犯罪主要是由于对青春期缺乏准备，以及家庭和学校等教育机构不能通过正确的途径理解、欣赏并鼓励青少年。

我们必须识别并关注孩子所表现出的任何不服从、不参加的倾向。这种倾向无法通过武力来压制，也不会由于纵容而缓和。如今，针对行为不当的孩子所使用的两种主要手段——纵容与镇压——是导致无数自我放纵型及对抗型人格的罪魁祸首。学校需要赢得孩子，让他们以和谐的方式融入群体并适应秩序，从而弥补这一缺陷。如果做不到这一点，病态人格的数量就将持续增长，转折期尤其如此。而今，变化多端的价值观有利于孩子反抗父母和权威提出的道德观念。孩子越是觉得有理由抵制父母的价值观，他们就越加激进地反对所有道德观。我们必须再次强调，青春期阶段的这些混乱甚至有可能导致青少年犯罪，但未必意味着这些病态的特征会一直持续下去。然而，权威所施加的惩罚措施以及父母的过度纵容或忽视则可能推动青少年更深地陷入社会对抗。直至最后，回归社会参与的道路永远受到阻塞。

有些孩子在青春期形成了极度对抗或极度放纵等严重的病态特征，有些还要更早一些。性冲动可能会同时激发对抗与放纵。这些孩子很容易完全失控，因为父母或权威都没有足够强大的力量阻止其反抗行为。赌博，酗酒，故意毁坏公共财物，肆无忌惮地放纵自己寻欢作乐，最终沦为纵火犯与强奸犯，这标志了孩子在社会秩序与成人社会之外寻求价值感的发展过程。

将青少年犯罪增长的责任完全归咎于父母是不公平的。毕竟，如今是谁在帮助父母承担养育孩子这一超乎寻常的重任？教师、青少年权威机构、警察以及法院同样需要学习了解青少年罪犯及其问题。更深入地理解那些已经触犯法律的孩子，这对制订预防青少年犯罪的公共规划大有助益。大多数拥有病态特征的青少年都胸怀大志，但他们无法通过积极有益的作为来施展自己的抱负。他们希望自己重要且聪明，而不当行为比循规蹈矩更能轻松地实现这一目标。对这些孩子来说，在成人世界中履行责任很少能带给他们认可，相较而言，模仿成人的不良习惯更容易让他们感受到自己的成熟和重要性。

一旦孩子开始对成年人采取敌对态度，我们就很难直接影响他。他通常会得到与自己有着同样思想和感受的同龄人的支持，因为他只会选择与自己态度一致的伙伴。因此，单独针对父母与孩子的修复工作没有明显效果，而借由新活动，尤其是借由团体讨论进行团体指导则要有效得多。这种方式可以影响并提升整个团体的社会价值观与社会观念。影响团体要比影响个体更为简单，因为一个人可以向团体里的其他成员寻求帮助，而团体则可以作为构建社会观念的根基。

由于病态人格的特征是对抗他人的社会价值观以及只考虑自身的利益，那么这一问题必然与智力迟钝有关。确实，有些孩子因为心智能力的实际缺乏而无法充分理解更为复杂的道德与价值观念。通常人们会阻止具有严重心智缺陷的孩子与他人来往，不允许他们伤害别人或自己，但是，具有非重要缺陷的孩子却可能带来真正的危险。倘若加以静心的训练、激发与监管，很多心智不健全的孩子也能很好地学会恰当乃至成功地投入到生活中。然而，如今的教育条件充其量也只是差强人意。对父母与老师来说，心智缺陷的附加问题负担太重。这些孩子没有得到更好的照料，受到的训练也是少之又少，有时甚至为零。早在他们入学之前，家人的娇纵、过度保护或忽视就已经扼杀了他们有限的能力。诚然，训练这些孩子非常困难，所得到的回报也无法与训练普通或优秀孩子的回报相提并论。然而，从这些孩子所犯的罪行来看，整个社会都将为忽视处理和训练智力迟钝儿童而付出沉重的代价。

在结束关于最受困扰儿童的讨论之前，我们必须呼吁大家关注他们的成长环境。可以说，一个孩子需要的帮助与支持越多，他得到的就越少。父母、老师以及其他人只会正确对待和激发需求最少的孩子，因为他们可以很好地适应环境并照顾自己。他们得到了每一个孩子都有权拥有的关爱、关注与关心。相反，最受困扰的孩子却得到了最差的待遇，理解、帮助与鼓励更是少到几乎为零。他被任意摆布、虐待、羞辱，被迫形成了更严重的叛逆和气馁情绪。唯有更广泛地了解有效的训练技巧，并且更好地为理解每个孩子的人格做出准备，我们才能克服这一普遍存在的悖论。

GUIDANCE AND READJUSTMENT

第七章 指导与再调整

希望本书前面的介绍能够帮助你认识到自己的一些错误，从而更好地理解你的孩子，甚至改善你们之间的关系。纵使如此，你也可能觉得仍然需要进一步的指导，尤其是在你自身的情感平衡过于混乱或者孩子的行为过于烦扰的时候。你或许希望了解具体的技巧，指导父母和孩子发展对彼此有所助益的关系。以下关于指导中心实际治疗案例的讨论可以呈现治疗技巧的应用过程，或许有助于你更加清晰地理解我试图在本书中所描述的方法。其中的某些技巧也许适用于你自身的情形，又或者能够激发你进行更深入的思考和探索。如果你觉得有必要寻求这种专业帮助，你可以咨询所在社区的某家类似机构。

大多数父母几乎都不了解，在管理孩子时，很多情况下都需要寻求外界帮助。与此同时，教师通常也做不到充分理解扰乱秩序和行为不当的孩子。因此，多数孩子所需要的帮助都是学校力所不及的。事实上，一个孩子需要特殊帮助，这并不能表明他患有病理问题。只有当父母和教师不知道如何应对他所引发的问题时，这个孩子才成了问题。不仅孩子需要帮助，父母也需要客观的专业建议。在处理孩子的问题时，父母的低效率并非他们自身的错，也不一定表明他们能力不足。但是，由于父母和教师缺乏充分的准备和培训，我们必须认识到建立有能力提供所需帮助的机构是很有必要的。这样的机构服务于父母、儿童和教师的需求，通常被称为儿童指导诊所（Child Guidance Clinic）。其工作人员通常由一位精神病医生、一位心理学家以及一位社会工作者组成。

或许我们应当重新考虑“儿童指导诊所”这一名称。“诊所”一词通常意味着治疗疾病的医疗机构。由于“儿童指导诊所”的功能越来越多地倾向于帮助正常孩子调整和成长，故而“指导中心”（Guidance Center）这一术语更为恰当。（在奥地利，这样的机构被称为Erziebungsberatungsstellen，从字面上翻译为“为养育孩子提供建议的中心”。）未来，我们很可能需要区分两种类型的指导中心：一种是主要处理极端案例的诊所，这些案例中的困扰非常严重，甚至可以称之为病理问题，需要特殊的治疗和管理；另一种是父母和孩子的指导中心，服务于一般父母、孩子和教师的需求。这样的中心应当在公共或私人的赞助下设立于每个社区、学校系统，或社区活动中心、社会服务所、教堂，以及其他类似的机构。

目前使用的临床指导技术多种多样。阿尔弗雷德·阿德勒和他的同事们开发了一种运用于指导中心的特殊技术。它的主要原则是：

a. 关注的焦点指向父母，因为问题通常在于父母，而不在于孩子。孩子只是对他所接受到的治疗做出回应。尤其是年幼的孩子，只要父母的态度不改变，这些孩子就不会得到帮助。

b. 所有到中心咨询的父母同时参与“团体治疗”(group therapy)。在这些会谈中，每一个案例都在其他父母面前公开讨论。父母们最初针对这种团体参与的异议在首轮会谈之后就已经烟消云散了，他们意识到了互相帮助和理解的实质。保密或尴尬的素材从来不会出现在团体讨论中，而是根据情形决定在与社会工作者还是与心理医生的个别会谈中进行讨论。对于任何新成员来说，团体讨论的优势显而易见。通过倾听其他成员讨论问题，大多数父母都对自己的处境有了更深入的了解，因为他们在评估和理解其他人的问题时更容易保持客观的态度。

c. 负责与父母及其孩子沟通的是同一位指导工作者——无论是心理医生、社会工作者，还是心理学家。儿童的所有问题都是受到干扰的亲子关系的问题。工作者自始至终都面对着一种特定的关系，必须同时从两端着手处理其中的问题。我们从来没有因为同时与亲子双方沟通而感受到来自某一方的特别的阻力；获得双方的信任就如同获得单方的信任一样容易。我们的经验表明，单独对一方进行治疗非常困难。治疗的速度和方向取决于父母与孩子在特定时间里的状态和接受能力，而只有在工作者与双方都保持紧密联系时才能对这一切进行评估。

d. 坦诚地和孩子谈论他自己的问题，无论他处于什么年龄。如果孩子理解了这些话，他就能够理解其中的心理学含义。与普遍的看法相反，幼儿在领会和接受心理学解释方面是极为敏锐的。一般而言，父母需要更多时间才能理解某个问题的心理机制，而孩子则会立即识别它。这并不是说孩子更容易受到影响，更容易“吸收”建议；事实是，唯有当解读正确的时候，他才会出现“识别反射”。

孩子在没有父母陪同的情况下被单独叫到辅导室。他的动作、行为和回应都透露出他对待生活的态度和典型方式。讨论十分简短，直接针对基本问题；如果讨论击中要害，则通常会给孩子留下深刻而持久的印象。孩子们很少因为有成人在场而感到尴尬；但是，即便感到尴尬，他们也会在这些复杂的测试情境中透露更多基本的态度、反应模式以及问题的实质，而在家庭或教室的“正常”情境中，孩子的真正动机可能被补偿性的、根深蒂固的行为模式所掩盖。（参考本章“跷跷板兄弟”的个案史部分。）在诊断不明确或者看似需要特定的信息时，我们才会进行心理测试，但只有极少数的案例需要这样的测试。

e. 如果某个孩子并非独生子女，我们就不会单独与他沟通。家庭中的每个孩子都发挥着重要的作用，因为这个群体中任何一个孩子的问题都与其他家庭成员的问题密不可分。我们必须了解整个群体和其中单个成员现存的相互关系，以及同盟、竞争和敌对的阵营，真正地理解每个成员的观念和行为。有鉴于此，我们会要求父母带上他们所有的孩子。

当孩子们进入辅导室时，他们被要求一起坐在一条长凳上。他们进入房间和坐下来的方式、在长凳上分配座位的方式和就座的位置、每个人参与讨论的方式，以及在讨论过程中他们的面部表情和其他反应，这些都是体现他们之间关系的确切线索。尽量同时与他们所有人进行沟通，这一点尤为重要，因为在某个孩子身上可能实现的任何改变都必然影响整个群体的情况。很常见的情形是，如果“问题孩子”进步了，则作为优胜对手的“好孩子”就会陷入困境。在许多情况下，人们可以清楚地看到，令父母最棘手的孩子并非真正适应不良的孩子。无论如何，除非在所有孩子之间建立一个更好的平衡，否则我们无法帮助任何一个孩子。我们必须密切关注孩子之间关系的变化，并采取必要的措施来改善每个孩子对群体的态度。

f. 我们的主要工作目标是改变孩子与父母之间的关系以及与兄弟姐妹之间的关系。只有这样，我们才能改变孩子的行为、生活方式、应对社会生活的方法，以及他对自己与他人之间关系的认识。在各个案例中，我们会解读孩子的家庭星座并识别他的目标，以此为基础进行心理指导。孩子的困境源自他试图实现以下目标：寻求关注（目标1）、证明自己的权力（目标2）、惩罚或报复（目标3）、证明自己能力不足（目标4）。

在指导中心的首次会谈（继社会工作者介绍了个案史之后）通常致力于解释问题背后的心理因素。一般来说，在首次会谈中，父母和孩子会被告知孩子出现这种行为的原因以及父母的哪些行为引发或加剧了孩子的困境。

在某些情况下，我们还会在首次会谈中对管理孩子方面的变化提出建议。我们试图每次解决一个问题，从最重要的或者最容易解决的部分开始。所有建议都要尽可能简单清晰，尽管执行过程由于涉及现有关系的变化而没有那么简单。

我们提出的第一个建议始终是与孩子休战，这也是作为读者的你在尝试其他方式之前首先应当考虑的建议。这第一步至关重要，必须加以详细的阐述和强调。

在此之前孩子和父母都处于战争状态。现在必须平息这场战争。有必要说服父母，在现阶段，他们必须完全对孩子放手，让他继续做一个“坏孩子”、继续犯错。这并不会造成什么危害，因为很可能他行为不当已经有一段时间了。与此同时，父母必须学会观察孩子和自己——更深入地理解一直以来所发生的事情。首先，他们必须学会克制自己。他们必须觉察到自己喋喋不休的倾向，并学会闭嘴。他们必须开始改变自己。许多父母声称他们已经“尝试了所有方法”，但徒劳无获。他们普遍忽视了一种可能性：自我改变。这是休战的价值。不停战就没有和平。与孩子和解是父母的责任，也应该是他们热切的愿望，否则，孩子就不可能有所改进。通过学习克制自己，父母能够逐渐使彼此之间建立一种新的关系。

我们承认，这第一步是最为艰难的一步。很少有父母能够立刻转身停止自己过度的行为。如果他们可以做到的话，我们就会看到立竿见影的效果。在这种情况下，一方面，经历一或两次会谈之后困境就可能彻底消失。另一方面，一个缓慢的开始并不能阻止最终的调整。

在随后的会谈中，这个问题新的方面就会浮出水面并得到讨论。每次会谈都会强调一个特定的方面。多次重复同样的解释和建议是有必要的。毕竟，这是一个训练的过程，而训练需要系统性的重复。如果仅仅被告知如何做，那么没有孩子能够学会阅读和书写，也没有人能够掌握某种技能。指导工作者必须有足够的耐心，正如父母必须对自己有耐心一样。如果父母过度地急于改善，这种焦虑会妨碍他们的调整。

根据我们的经验，在寻求建议的父母当中，只有很少一部分人受到非常深的困扰，以至于需要心理治疗，也就是说，需要在自身的情绪调整方面获得帮助。大多数人只是需要信息和指导，尔后他们就可以圆满地解决与孩子之间的问题。父母的情绪烦恼以及激动易怒往往源自挫败感，因为他们不知道该做什么，而且对孩子的行为束手无策。当他们开始理解和发现应对这一问题的不同方法时，他们便不再紧张、焦虑和痛苦。孩子所带来的问题也不再是一种折磨，而成为一项有趣的任务、有吸引力的实验和创新。这种对待问题的态度必不可少，因为父母始终都会面临孩子带来的问题。只要人们生活在一起，问题就在所难免，因为所有人际关系都涉及利益冲突、意见分歧、欲望和性情的对立。

我们接下来要介绍的个案史取自芝加哥指导中心、芝加哥医学院的神经科诊所以及一些私人诊所的档案。虽然这些案例与一些已经被引用的案例相似，但它们能够更好地呈现循序渐进的过程。成败完全取决于父母的回应。我们主要面对的是母亲；母亲是孩子生命中最重要的人，因为她带给孩子的影响比其他任何人都要多。如果母亲不改变，不接受并采用我们的建议，则母子之间最重要的关系就会一直建立于错误的平衡之上。孩子的“改进”绝非仅限于不再出现父母抱怨的行为模式。有些时候，单独与孩子直接对话就可以停止错误行为，然而，除非改变家庭内部的根本平衡，否则持续性的改善遥不可及。

➢案例分析

哭泣

K女士受到了一个特定问题的困扰，因此来到指导中心。她目前的困境是：每当她把自己六个月大的女儿放进婴儿围栏，女儿就一直哭泣。她曾经试着对孩子的哭声不予理睬，但是一段时间之后——有时是整整一个小时之后——她终于忍受不了抱起了女儿。她还能怎么办呢？

经过简短的讨论，显而易见的是，这个孩子的父母都非常担心她的幸福、成长和发展。她很容易哭，这时候妈妈尤其变得烦躁不安。小宝贝的饮食、睡眠、体重，以及最轻微的感冒或不适都是重大问题，备受父母关注。

母亲被告知，孩子成长的氛围比其他任何单一的行为和事件都更为重要。孩子能够感受到母亲的焦虑和恐惧，而且很可能已经发现她可以借此寻求特殊关注。她发现，比起自己独自待在婴儿围栏里，她更喜欢被母亲拥抱在怀里。尽管母亲对自己的行为小心翼翼，但还是未能控制好情绪。母亲无声地表达了自己的焦虑和同情——而孩子也通过自己的激动和自怜进行回应。

最后，我们建议K女士把孩子一个人放在婴儿围栏里，不要担心哭泣会对孩子造成伤害。如果她和孩子一起待在房间里，则必须完全保持冷静，否则她最好还是离开房间。

一周以后，K女士回到指导中心，她说她对发生的事情感到惊奇。在离开指导中心的第二天，她像往常一样把孩子放入婴儿围栏，什么也没说。但是这一次，孩子竟然没有哭。这还是孩子第一次安静地接受独自待着。从那以后，被放进婴儿围栏时，孩子再也没有哭过。

K女士意识到，其实是她自己的态度和情绪对孩子造成了严重的困扰。会谈减轻了她的焦虑，孩子也随即感受到了这一点。从那以后，她开始仔细关注自己对待孩子的态度，因而改变了她和孩子之间的整体关系。

恐惧

吉尔伯特九岁时，母亲带他一起来寻求帮助。他是一个很好的男孩，听话、善良。但在最近一年里，他一直承受着巨大的恐惧。他目睹了外公的去世，难以承受这场打击。从那时起，他就一直生活在担心会有不好的事情发生在父母身上的恐惧中。他半夜从梦中惊醒，尖叫着跑去父母的房间看他们是否安然无恙。他尤其担心自己的母亲。每当母亲外出时，他总是提心吊胆，担心母亲遭遇不测。母亲必须每隔一个小时给家里打一次电话，倘若她晚了五到十分钟，吉尔伯特就会抓狂。父母非常同情儿子。他们从不打骂他，但也对他束手无策。药物无法让他安定下来。父母曾经送他去爷爷奶奶的农场住过一段时间。最初几天一切正常。后来，有一天夜里，他从梦中惊醒，叫醒爷爷奶奶。他坚持认为母亲就要去世了。为了让他放心，爷爷奶奶不得不在半夜给他父母打电话。从那以后，他再也忍受不了待在爷爷奶奶那里，于是被送回了家。

我们对他的过去进行了简短的了解。他一直和母亲非常亲密，在外公去世之前，他在学校和家里都表现得非常好，并没有遇到明显的困难。他有爱、听话，几乎是一个模范儿童。三年前，当妹妹出生时，他甚至能够很好地调整和适应，对妹妹也温柔友善。但是在外公去世以后，这一切都发生了变化。

在首次会谈中，我们并没有得到一个确切的结论。但是，外公的去世之所以重要，似乎仅仅是由于父母对遭受打击的吉尔伯特给予了过度的同情和关心。这件事发生的时候，吉尔伯特正处在由于与妹妹竞争而感到不安的生命阶段。彼时，妹妹非常可爱而且备受关注。吉尔伯特没有被教导过公开表示反抗和敌对，毫无疑问，他利用了这个新机会去博得父母的关注，并且与母亲保持比以前更加亲密的关系，这种亲密程度显然超出了其年龄和发展的需要。他自己当然没有意识到这一机制，父母和亲戚们也毫无觉察。我们建议这位母亲停止对吉尔伯特的恐惧给予关注，因为她的同情只会导致问题恶化。但同时我们也提醒母亲，吉尔伯特需要在一段时间之后才能发展出独立感，从而走出恐惧。

在会谈中，吉尔伯特看起来是一个聪明直率、真诚友好的孩子。我们和他进行了简短的交谈。我们首先问他是否知道自己为什么如此害怕母亲去世，他摇了摇头，我们问："我们可以给你解释一下吗？"他渴望知道答案。于是我们告诉他，他显然是在利用自己的恐惧促使母亲对他保持关注和亲密，因为他担心自己会被妹妹所取代。是不是？他咧嘴笑了，这是典型的"识别反射"。他之前从未想过这一点，但他承认也许确实如此。我们问他是否需要我们的帮助进而克服这种不安全感。毕竟他是个好孩子，不再如此多地需要母亲了。他欣然同意。

母亲和儿子预约了两周以后再次和我们见面。在见面的前几天，母亲打来电话取消了预约，因为吉尔伯特的恐惧已经完全消失了。

"跷跷板"兄弟

以下案例或许值得一提，虽然尚未取得令人满意的结果。

D女士和他四岁的儿子汤姆遇到了一些困难。她说，在汤姆出生后不久她就又怀孕了，她的丈夫照顾汤姆。他把汤姆放到床上，拉着他的手，无论发生任何争执，他都和汤姆站在一边。汤姆变得越来越任性。如果事情不能如他所愿，他就会尖叫。在他尖叫的时候，母亲会威胁说要把他关进壁橱里，这时他就会安静下来。有一次，当汤姆嘲笑比他小一岁的弟弟弗雷德时，母亲威胁说如果他继续这样就给他灌肠。每当孩子们行为不当时，D女士都会对他们进行棍棒教育。

弟弟弗雷德和汤姆完全处于同一战线。他总是做一些很可爱的事情，家里每个人都很喜欢他。在托儿所里，弗雷德总是表现出一副保护汤姆的态度，还会在汤姆哭的时候试着去安慰他。

当孩子们走进咨询室时，我们惊讶地发现汤姆面带微笑地走在前面，而弗雷德却羞怯腼腆地跟在后面。汤姆回答了所有问题，包括他自己的和弗雷德的。汤姆表现得友好、愉快，典型的大哥哥的态度，而弗雷德坐在一旁紧握着自己的椅子，扭来扭去，看起来很淘气，根本没有参与我们的谈话。

很明显，在指导中心这种不寻常的氛围里，孩子们的行为举止与他们在习以为常的家庭和学校环境中的表现有所不同。在咨询室尴尬窘迫的氛围中，汤姆显示了他在人际交往方面的勇敢和友好。很明显弗雷德是“问题小孩”，与母亲和老师们对他的印象正好相反。这表明，母亲总是和弗雷德站在一边对抗父亲和汤姆的联盟，因而将弗雷德置于比汤姆更有优势的地位。汤姆可以照顾好自己。但是在目前的情况下，他没有机会这么做，因为弗雷德凭借母亲和老师们的认可而令汤姆备受打击和压制。

我们建议D女士不要利用一个孩子对付另一个孩子，也不要偏袒任何一方，而应该在孩子们吵架或者行为不当的时候，要求他们都离开房间。这样她就不需要再威胁或责打任何一个孩子。

两周之后，D女士告诉我们，当两个孩子吵架的时候，她就让他们都离开饭桌，然后他们在用餐时间的争吵就停止了。她还说，在上次会谈之前，汤姆还很难在早上自己穿衣服，弟弟弗雷德则会帮助哥哥穿衣服。然而自从那次会谈之后，情况就发生了变化。现在汤姆开始自己穿衣服，而弗雷德却变得无能为力并且需要帮助了。这两个孩子彻底交换了角色。弗雷德不再帮助他的哥哥，在托儿所经常大发脾气，而且变得非常抗拒，他开始在穿衣服方面表现得无助。

当这两个孩子被带到咨询室进行第二次会谈时，他们的行为特征与上次会谈如出一辙。弗雷德迟疑不决地走进房间，一边走，一边把自己外套上的扣子解开又扣上。汤姆在进来的时候说："你好，弗雷德。"然后径直走到椅子那儿坐了下来。弗雷德也跟着坐下。弗雷德没有回答任何问题，他对此置之不理，只顾着玩自己的鞋子。唯一能够激发弗雷德兴趣的情形是我们让他展示解扣子的熟练程度。他的眼睛闪闪发光，接着解开了自己外套上的扣子，脱掉外套，摘下帽子。而在弗雷德表演的时候，汤姆，那个刚才一直积极回应的孩子，则垂头丧气地坐在椅子上啃起了手指。当他们准备离开的时候，汤姆再一次带头站起来让弗雷德跟着他走。弗雷德犹豫着慢吞吞地跟在汤姆后面，汤姆则在前面苦口婆心。

我们向D女士解释，孩子们会交替扮演婴儿的角色，这取决于他们当时谁更有优越性。她表现出来的任何偏袒都会加剧现有的竞争。如果她想让孩子们正常发展，则必须在两个孩子之间以及在她和孩子们之间建立一种不同于现在的关系。我们建议她让这两个孩子独处，享受彼此陪伴的时光。

尽管在这之后D女士又来了两次指导中心，可是我们取得的成效却微乎其微。她难以改变自己的态度和方式，并且再也没有来过指导中心。

本案有几个重点。首先，表面上的“问题小孩”未必是真正的问题；其次，比起“正常”的家庭或学校环境，咨询室独特和紧张的环境往往有助于我们更准确地评估现有关系；最后，一个孩子的进步经常会导致其竞争者的倒退。

虽然这位母亲没有充分合作，因而未能促进孩子的调整，但是，经过我们的简短治疗，两个孩子的行为至少产生了一些动态的变化，所以他们有望达到较之从前更为健康的新平衡，特别是如果他们的老师能够了解到问题的性质并且正确对待他们的话。

欺凌

P女士是一位非常焦虑的母亲。她非常具体地描述了自己与罗伯特之间的问题：她看起来很无助，然而在管教孩子的问题上却固执己见。

六岁的罗伯特有一个三岁半的妹妹。在第一次会谈中，母亲抱怨罗伯特很难交到朋友，他总是孤身一人，而且不知道该如何打发时间；有时候他会画画或者听唱片。罗伯特对其他孩子颐指气使；他忽而收买他们，忽而又好勇斗狠。他很固执。母亲说："想要动摇他的意志是很困难的。"他无法和任何人相处，总是要为所欲为，并为此不择手段。母亲"不得不偶尔打他一顿"。他小时候表现很好。现在，早晨他需要被叫两三次才会起床，而且穿衣服也需要帮助。他吃饭还好，但是会坐在一条腿上，在椅子上摇摇晃晃、上蹦下跳，总需要人提醒他安静。他只有在别人的一番苦口婆心地劝说之后才会去睡觉。他从来不把自己的衣服收拾整齐。

通过和罗伯特会谈，我们发现他是一个坦率而直接的小男孩。他认为母亲爱小宝宝甚于爱他。他会因为妹妹拿了他的书而非常生气。他承认自己想当"大老板"。他想成为一名医生。他喜欢学校，并且按时完成功课，但是在课间休息的时候，其他同学会打他、踢他，他不知道这是为什么。

我们陆续向罗伯特和他的母亲解读了他的行为。我们解释道，罗伯特相信没有人真正喜欢他，因此试图通过展示权力的方式来找到自己的地位，这主要出现在他和母亲相处的时候。母亲被激怒并且试图强制执行自己的规则，当然，她失败了。罗伯特更加坚信他需要的是权力——被喜欢仅仅是小婴儿的特权。

罗伯特理解并接受了我们的解读，他的“识别反射”证明了这一点，但是母亲看起来却半信半疑。

我们建议P女士停止打骂、提醒、哄骗和惩罚。她必须赢得罗伯特，给予他认可，并且允许他承担责任。她必须停止在早晨帮助孩子，那是他自己的事情，他必须学会照顾自己。在餐桌上，如果孩子的举止不得体，她可以让他离开餐桌，但不要使用刻薄的语言去批评。她的主要任务是改善自己和罗伯特的关系。罗伯特已经不再相信人际关系。父亲明显的男子气概或多或少地影响了罗伯特想要成为“老板”的欲望，但是在他的成长过程中，母亲仍然是最重要的因素。她的无助感致使她使用暴力，她未能得到孩子的顺从，却激发了罗伯特的咄咄逼人。

在接下来的一次会谈中，P女士讲述了罗伯特的进步。他承担起了更多责任，早上他会自己关注时间，从而确保准时到校。有一次吃饭时他被要求离开餐桌，从那以后他的餐桌礼仪也得到了明显的改进。然而，他还是无法和其他人一起玩耍，也不会独自玩耍。

这个男孩外向、坦率，正如我们在第一次会谈时见到的那样。在这次会谈中，他承认自己以前想欺凌和指挥所有人，包括他的母亲和学校里的朋友们。他说现在他已经不再对孩子们颐指气使了，孩子们对他也更加友好。

我们建议P女士投入一些时间和罗伯特一起玩耍，这是她以前从未做过的事情。我们还建议她每周一次邀请其他孩子到家里玩耍，并且给他们提供一起玩的游戏。

在第三次会谈的时候，母亲说罗伯特进步非常大。他的行为更加得体，也不再对她的要求那么反感，只是偶尔会干扰他人，但是有时候他仍然想要证明自己可以为所欲为。有一次母亲让罗伯特穿上橡胶雨鞋，他回答道："这是我的脚，我不介意他们湿掉。"母亲试图让他认识到这样做的后果就是生病，但自然以失败告终。我们向她解释道，这件事情的关键不在于雨鞋，而在于权力的测试。罗伯特是否穿雨鞋并没有那么重要，关键在于这是另一场母子之间的权力之争。母亲失败的原因是她还在试图向儿子展示她的推理能力。儿子已经坦率地告诉她："我自己说了算。"在母亲试图镇压他的叛逆时，他用自己的反抗力向母亲证明了她的无助。如果战争僵持下去，儿子最后甚至可能诉诸报复的态度，而母亲的陪伴则减弱了这一趋势。她自己观察到在他们一起玩耍的时候孩子变得更加合作了。

P女士说罗伯特现在能够和其他孩子一起玩了，甚至也和妹妹玩耍，他不再试着去控制别人。母亲也开始邀请朋友到家里玩。她感觉轻松了许多。她说现在保姆可以留在家里帮忙，而之前因为罗伯特的缘故，这个保姆曾经拒绝留下来。

在接下来的会谈中出现了罗伯特上床睡觉的问题。家人必须费尽口舌才能哄他按时上床入睡。在入睡之前，他要下床好几次，有时候还会在夜里吵醒父母。P女士仔细思考了可能的自然后果，然后推断：既然罗伯特如此不在乎父母的休息，他们也可以在罗伯特睡着的时候把他叫醒！这表明，她仍然相信"以牙还牙"的报复。我们建议她找到更好、更符合逻辑的后果。她可以和罗伯特约定他需要的睡眠时间，这样他就知道应该在几点去睡觉。接下来，她只需要一言不发地观察。如果他没有按时上床，第二天晚上她可以让他早早去睡觉，昨天晚睡几个小时，今天就早睡几个小时。（建议让大孩子们在周六补齐缺少的睡眠时间，这可能会意味着没有晚餐、不看电影——取决于一周内缺少的睡眠时间。）

在最后一次会谈时，我们看到了显著的成果，不仅仅体现在罗伯特的行为上，而且体现在他和母亲的关系上。他和母亲都更加开心。他上床睡觉已经不再是个问题。他能够照顾自己。在他某次发脾气时，妈妈离开了屋子，从那之后他也不再肆无忌惮地发脾气。他不再试图支配母亲，母亲也不再指挥或者逼迫他。他和母亲一起玩耍，彼此都很享受。他与其他孩子的关系也变得更好了。他喜欢和小朋友们玩耍。他现在相信小伙伴们都很喜欢他，父母也非常爱他。

罗伯特掌控权力的愿望源自母亲的态度。首先，她过度保护、过度焦虑，在第二个孩子出生之后，情况变得更加复杂，罗伯特觉得自己被抛弃了，而后母亲变得固执、严厉。我们每次提供的建议都针对改善他们之间的关系。罗伯特对待母亲的态度以及母亲对待罗伯特的态度，发生了改变，这一变化继而体现在罗伯特在外面的行为变化中。罗伯特及时地回应了我们的解读，母亲也能够意识到自己的错误并且采取新方法。因此，他们两个人的调整格外迅速。

“暴君”宝宝

转诊很多科室之后，九岁的乔被转入了精神科，因为所有膳食治疗和腺体治疗都对他的超重问题无计可施。显然，W女士在控制儿子饮食方面一筹莫展。

据母亲说，乔的饮食很不健康。他从学校回到家时都会很饿，会要吃的。母亲提醒乔在两餐之间不能吃东西，但他还是会去食品储藏室拿自己想吃的食物。如果她试图阻止，乔就会发狂，所以她就让步了。“毕竟，他真的很饿。”每天她都苦口婆心地告诉乔自我控制的必要性，但是他非常饿，总是不能控制饮食。

然而，他不仅在饮食方面遇到了问题。他还会尿床，而且离不开母亲。如果母亲外出，他会很担心她不能按时回家。母亲离开家的时候必须让乔知道她要去哪儿、什么时候回来。她需要安排购物计划，从而确保在儿子放学回家之前先赶到家。如果她迟到了几分钟，乔就会在家门口当众大吵大闹。

另一个冲突点是收音机。他喜欢听多久就要听多久。他拒绝按时睡觉，只有等到父母入睡以后他才去睡觉。有时候他脱衣服和洗漱也需要帮助。早上他自己穿衣服但是不系鞋带。他系不上。母亲说：“可能是由于他太胖了。”

他在学校表现很好，但是和附近的孩子们相处不来。孩子们很粗暴并且合伙欺负他，因为他是意大利人而他们是爱尔兰人。他们在社区搞破坏。因此，母亲告诉他，这些孩子不适合成为他的小伙伴。他只有一个朋友，是一个比他稍微大点儿的小男孩，那个孩子非常呆滞，而且对乔百依百顺。当孩子们来找乔玩耍的时候，他不允许他们碰他的玩具，因为“他们可能会弄坏玩具”。为了避免遇见邻居的那帮孩子，他会绕道去上学。

乔有一个比自己大十二岁的哥哥。他经常和哥哥打架，因为他觉得哥哥总想指挥他。如果乔表现不好或者不听话，哥哥就会生气。每当哥哥得到的比他多，或者做他力所不及的事情，他就会嫉妒。

总结：乔是一个被过度保护的孩子。作为家里年纪最小、个子最矮的孩子，他通过控制母亲以及为所欲为来对此做出补偿。对食物的过度渴望是他击败母亲的武器，同样地，尿床，拒绝自己穿衣服，听收音机不去睡觉，以及他对母亲行动的控制，亦复如是。他在交友方面的困难也正是他过强的控制欲以及不愿意平等参加活动而带来的后果。母亲和他过度亲近，却不知道如何管理他，在与他斗争的同时也在让步。母亲和哥哥努力想要战胜乔，而乔也决定压倒母亲和哥哥，两者相持不下。

我们把这个情况解释给母亲和乔听，他们似乎理解了我们的解读。乔通过“识别反射”承认了我们关于“他想说了算”的想法。我们建议母亲用行动取代争吵。她应该停止关于食物的唠叨，但要确保乔在两餐之间没有吃别的东西；她应该停止帮乔系鞋带，而且必须在晚上九点关掉收音机。如果她能够放下对乔的担忧和关心，乔就可以学会照顾自己。如果她拒绝屈服于乔的支配，乔就不会再继续这样做。她没有必要向乔报告她要去哪儿以及什么时候回家，也没有必要在乔回来的时候始终守在家里。乔可以承担起自己的责任。母亲说她会采用我们的建议。

两周之后，W女士告诉我们，哥哥已经教会乔如何系鞋带，从那以后乔就自己做这件事了。W女士给了乔一把家门的钥匙，当母亲不在家时，他可以自己进屋并且照顾好自己。现在他每天晚上九点上床睡觉，而且每周只有一个晚上可以收听一个节目。关于饮食的争吵也消失了。他从学校回来偶尔会得到一些食物，然后就会出去玩。他又与另一个男孩交了朋友。剩下的主要问题是尿床。他和哥哥一起睡，他们会因为乔的尿床问题发生争吵。

在会谈的过程中，乔很少说话，即使说话也会将目光移向别处，但是通过他的面部表情以及“反射”反应可以看出，他对此是理解并且认同的。我们和他进行了很长时间的讨论，但他一句话都没有说：他的面部表情表明了他的回应。我们问到他有没有可能想通过尿床惩罚哥哥，因为他感觉受到了哥哥的控制和摆布，他的“反射”对此给出了肯定的回答。

这次，我们给W女士的建议仅仅是继续之前的饮食，不要提尿床这件事。我们想看看我们和乔关于这个问题的谈话是否有效果。

两周之后，乔的情况非常好。他自己系鞋带。如果母亲没有按时回家或者不告诉他她要去哪儿，他也不再和母亲争吵。在和其他孩子的关系方面，他仍然更喜欢和受他指使的老朋友一起玩。他现在一周只尿床两三次，而以前他每晚都尿床。

我们向W女士解释道：尿床问题的改善表明了我们的解释可能是正确的，面对兄弟俩之间的这场斗争，她应当置身事外。然而，她不应该再把乔当成小宝宝那样对待，也应该把这一点告诉乔的哥哥。在这次会谈中，乔开始积极发言了。

两周后，乔自己穿衣服，不用哄劝就按时上学；他自己用钥匙开门回家。他不再和母亲因为回家、收音机或者食物争吵。在这两周里，他只尿了两次床。

又两周后，尿床问题完全消失了。乔表现良好，通常八点半就上床睡觉；他自己穿衣服和脱衣服，自己进出家门，也不再对食物有那么强烈的欲望。

一个新的问题出现了，乔拒绝做家庭作业。我们建议母亲向乔解释——不要恳求和反复提醒——他需要在完成作业之后才能听收音机。乔放弃了他的旧朋友，又结交了一个和自己更平等的新朋友。

两周后，乔只尿了一次床。而且，他每天都完成作业。在过去两周里，他的体重减少了3磅。他不仅和母亲相处得很好，和其他小朋友也是如此。他现在也和爱尔兰男孩一起在操场上玩耍，不再抱怨。

又两周后，一次也没有尿床。乔通过了学校的考试并且得分有所提高。他和孩子们相处得很好，还有了很多新朋友。家里平静有序，不再出现关于收音机的问题。母亲和乔都对相互之间关系的改善感到开心。这个案例就此结束。

乔的案例与之前罗伯特的案例很像。他们母子俩也非常快速地理解了彼此的错误，而且在第一次会谈之后就立即开始改正。在这个案例里，你可能会认为母子俩的调整已经解决了这个男孩眼前的问题，并且自然而然地改善了母子之间的关系；然而，由于这个男孩在家庭中的独特位置以及母子俩共同具有的某种固执，每当有新情况出现而他们还没有准备好的时候，就可能引发新的问题。在这种情况下，每个人都有可能回归自己的老方法。

“可怕的孩子”

L女士在没有预约的情况下带着八岁的迈克来到了指导中心，她想要立即获得帮助。我们要求她首先预约社会工作者，工作者会了解案例的历史和背景，她却不接受。她坚持待在咨询室，要么不时地跑去社会工作者那里询问关于预约的事情，要么大声地询问心理医生什么时候能轮到她，不断打扰医生处理其他案例。迈克昨天由于抽搐和惊厥而被学校要求回家。老师认为迈克患有圣维斯特舞蹈病（St. Vitus's dance）。

在与母亲和奶奶进行约谈的时候，我们得知迈克有抽搐的情况已经持续两个月了，他会猛甩头、抽搐、清嗓子以及最近剧烈摇晃身体。

母亲和父亲都很少在家，迈克由外公外婆照料。迈克有一个六个半月大的妹妹。所有的家庭成员都会当着迈克的面互相指责。他有能力自己穿衣服但就是不愿意，于是母亲就毫不争论地帮他穿。在吃饭的时候他不用刀叉而用手直接拿食物，还会把地板弄脏。他除了肉什么都不吃，所以他吃饭的时候总是被唠叨个不停。他从不做家务而且经常搞破坏。孩子们都不愿意和他玩，因为他会打人。他拿别人的东西。他经常呼叫母亲，仿佛遭遇了什么大麻烦；母亲慌慌张张地赶来，他会大笑着问母亲是不是担心他了。最糟糕的事情是让他上床睡觉。直到去年，他在排便之后还需要母亲帮忙清理。母亲通过在迈克脸上涂抹排泄物的方式“治愈”了他的这个问题。母亲经常揍迈克并且没完没了地唠叨。迈克的父亲非常严厉，他会直接让迈克出去。他还会吓唬迈克。父亲认为儿子的行为是母亲的责任。父母因为这些问题正在考虑离婚。外公外婆对此十分担忧，他们过于纵容迈克并且总是和迈克站在一边。

迈克喜欢学校，而且成绩很好，但是在自控力和礼貌方面却很差。他经常插话，爱搞破坏，凡事不用心。有一天，作为对其抽搐的“惩罚”，他被学校要求回家。

母亲和外公外婆对迈克目前的“神经问题”惊慌不已，想要得到即时的帮助。迈克已经服用了两个月的镇静剂，但是情况却越来越糟。在会谈中，他们反复地问：“我们能做些什么？我们该做些什么？”迫不及待地想要得到建议。但是一旦我们提供了某个建议，他们又会立刻反驳并且拒绝接受，有时候他们的立场也会彼此对立。整个会谈显示，这个家庭的氛围充斥着忧虑、激动、冲突和混乱。

在会谈的过程中，迈克非常坦率、直言不讳。他的身体猛烈地晃动，但他的动作却不是舞蹈症（圣维斯特舞蹈病的典型表现）。我们问他为什么摇晃身体，他回答道："我应该告诉你原因吗？（他猛摇脑袋）其实是有个声音一直在我头脑里回荡：这样做，这样做。"对于另一个问题他这样回答："如果你们认为我嫉妒我的妹妹，那你们就错了。他们（家人）就是这么认为的。我不介意他们把心思都用在妹妹身上。我回我的房间看我的连环画。"我们向他解释，也许是他的骄傲阻止他承认自己的嫉妒心，但是正因如此，他才会尝试新的、更有效的花招让家人更加关心他。他想成为"老板"的同时也想成为"小婴儿"。在观察他摇晃的时候，我们对其动作的突然和活力印象深刻（表演？），于是我们做出了大胆的猜测：是不是因为这些特殊动作比其他行为更能吓唬他的母亲和外公外婆并给他们留下深刻的印象？他用"识别反射"回应了我们。然后，在和他说话的同时，我们展示了突然摇摆身体有多么吓人。他也被吓到了，然后会心一笑。我们的谈话就此结束。

我们向母亲和外婆解释：只有整个家庭的环境改善了，

迈克才能得到帮助。在我们给出建议之前，家里必须停止对迈克的打骂、争吵和关注。我们让他们放心，迈克没有罹患舞蹈病；他的那些症状只是为了引起家人的注意、获取更多关注。迈克的母亲和外婆表达了要和我们一起解决自身问题的迫切期望，她们表示下周还会来指导中心。

我们再也没有见过她们。迈克的母亲打电话来取消了预约，在电话里她表达了感激之情。会谈后的第二天，迈克停止了抽搐，也不再扭动身体，但是他开始用难听的话咒骂。母亲用一个又一个理由取消了接下来的两场预约，她仍然对于迈克不再扭动身体而感激不已，显然这就是她所关心的全部。

强迫性神经官能症

患有严重神经官能症的幼儿颇为罕见。接下来引用的案例显示，出现在孩子身上的严重症状，较之成人出现的类似症状，其重要性不可相提并论，后者一般更难治疗，耗时也更久。

从第一次会谈开始，整个过程都被记录了下来。直到一个月前，莎伦还是一个“正常”、健康的孩子。她曾经是一个很有魅力、听话而且善良的小女孩，在学校和家里都表现很好。突然之间她开始害怕失明，害怕得上小儿麻痹症，害怕患上白喉。她不能呼吸而且惧怕死亡。她不断地问母亲自己会不会死或者生病，希望得到安慰和同情。最近四天以来，她害怕饭菜里有毒，直到母亲尝了所有食物之后她才吃饭。她因为无法咽下唾液而流口水，她担心唾液里有细菌。她一直觉得灾难就要来临。她有很多强迫性的症状。她走在大街上会不由自主地计算步数或者其他物品，而且每天都会增加新的症状。她在不担心自己症状的时候变得粗鲁无礼。在受到母亲责骂的时候，她嘲笑母亲，而且需要反复确认自己是被爱着的。有一天，她用一把刀指着母亲。还有一次，当父母在一起的时候，她用一个球狠狠地砸了过去。父母总是小心翼翼地避免在她面前显示亲密。然而，在学校里，她表现得很好，甚至大大超出这个年龄所应有的表现，孩子们都很喜欢她并且愿意和她玩耍。

过往历史：三年前，莎伦在开始上学的时候经历过一段时间的困扰。她不想离开母亲，害怕自己从学校回家后发现母亲不在家。母亲不得不反复向她保证在家，起誓发愿重复好多次。这个孩子被带去看精神病医生，医生每周为她做一次游戏治疗。她去了九个月，之后就彻底痊愈了。

在她两岁半的时候父母离异。从那以后，一直到最近，她单独和母亲生活在一起。母亲三年前再婚了，她们仍然一起生活。但是母亲的第二任丈夫长期服役，在母女俩来到我们这里的时候，他刚到家两个半月。

在和孩子会谈的过程中，她坚持说她很开心，根本没有生病，她否认任何恐惧。她说她不需要也不想要帮助。她否认曾经看过其他医生，但却谈到了医院里的一个游戏室，她在那里画画、吃糖果。当我们进一步坚持的时候，她说她不想说话，她也不喜欢医生，然后大步走出了咨询室。

接下来的事情与母亲的第一次会谈有关。莎伦似乎完全依赖母亲并且想独占她。三年前她的第一次困扰针对的是母亲的再婚，但主要是反对上学。显然，游戏疗法能够促使她暂时和母亲分开，让她做好上学的准备。而现在的问题似乎是由于她的继父回来了，她害怕自己不能再独占母亲。她的上述症状是反抗的表现，也是持续占有母亲的工具，迫使母亲不间断地关注她、关心她，并且为她担忧。通常她不会公开地反抗，似乎是希望取悦于母亲，做个好女孩。现在，她既不能承认自己的叛逆和反抗，也无法不以生病为借口表达出来。在彼此亲近和喜爱的背后，存在着两个意志坚定的女性之间的权力斗争。

母亲对这一解释感到迷惑。她说她丈夫曾经表达过类似的观点，认为莎伦是在强制性地利用自身症状，但她不认同他的解释。然而，现在她看到我们的看法或许是正确的。

我们建议她忽略女儿的行为，一方面，尽管这种治疗方法也许会导致莎伦的暴力程度和症状加剧，但是母亲不应任由自己被孩子的行为胁迫或支配。另一方面，她不能生气或者没有耐心，而且不能表现出烦躁，她应该充满感情，陪她玩耍。第一步，她必须克服自己的忧虑，并且和女儿建立起一种新的关系。

三天后，母亲报告了最近进展。她保持了中立的态度。女儿一开始是恳求，后来就开始咆哮，用剪刀和其他刀子攻击母亲。她在墙上写道“妈妈是个臭人”。她四处破坏，剪了母亲的尼龙长袜，把东西扔得到处都是。上床睡觉时，她请求妈妈亲她并且不要让她睡着，因为她害怕自己做梦。母亲告诉莎伦，她愿意亲她，因为她爱她，但不是在她说完“晚安”之后。前一天晚上她被火警惊醒，想睡在母亲的床上，但被母亲拒绝了，于是她睡到了地板上。母亲没有理她，半个小时后她自己从地板上爬起来要求母亲给她一剂苯巴比妥（镇静安眠药），然后不需要任何哄劝和说服就回到了自己的床上。

莎伦告诉我们她很生母亲的气，而且对我们改变了母亲的性格表示抗议。她问母亲为什么看见她四处搞破坏却不生气。莎伦说："我不知道自己为什么会变得这么坏。我本来不是这个样子的。我怎么做才能变好？"母亲建议她和我们倾诉。莎伦不想去学校了。

母亲在面对女儿的挑衅行为时依然能够保持镇定，我们称赞了她的这种态度和能力。我们建议她继续保持下去。

一周后，母亲来报告说，莎伦刚刚得过轻微麻疹，正在恢复之中。生病之前，她的反抗情绪减弱了；现在，处于康复期的她又开始公然表示敌对，她甚至会踢母亲和其他人。她的强迫性冲动更加严重了，她计算步数，将不肯下咽的唾液吐到地板上。当母亲坐着的时候，她把烟灰缸放在母亲头上；父母睡着了，她进到父母的房间打开灯；在家里她也一直跟着母亲，希望牵着母亲的手。莎伦现在很害怕患上小儿麻痹症，如果母亲不能时刻和她在一起，她会担心万一在自己去世的时候母亲却不在身边。她不愿意听收音机，避免增加其他恐惧。她的饮食习惯也改变了。在我们的第一次会谈后，莎伦下定决心不和父母吃同样的饭菜，而是吃一些特别的食物。现在她决定什么也不吃，只喝牛奶。另外，她让母亲转告我，让我给她家打电话，因为她需要我们帮助她克服忧虑。

下一次会谈时，莎伦很乐意谈论她的问题。实际上，她是一个文静、友好、善于合作而且细心的女孩。我们试着帮助她对自己行为背后无意识的原因获得一些理解——她习惯了独自拥有母亲，她反抗父亲回家是因为她不愿意与父亲分享母亲；她利用恐惧来博得母亲的关心；她生母亲的气，惹父母心烦，这都是为了惩罚他们并且引起他们的关注。莎伦认真地听着，并且多次通过“识别反射”作出了回应。

接下来的一周，莎伦的母亲生病了，她的继父陪她来指导中心。他说莎伦进步很大。她现在一天只发一次脾气。但是，她还是会咒骂父母，并且在家里到处吐口水。她和自己的一个朋友骑车出去玩，这是她第一次在没有父母陪同的情况下独自外出。让她到外面和其他孩子们一起玩，这依然很困难，因为她总是和母亲寸步不离。她吃饭也好多了，而且吃饭前不再要求别人尝一遍她的食物。这周她第一次没有闹腾就自己去睡觉了。

几天后，在和莎伦母亲进行的会谈中，她说莎伦又取得了更多进步。母亲学会了让莎伦体验她的行为所带来的后果。如果莎伦发脾气，母亲就直接离开房间；等到母亲回来的时候，莎伦通常都会安静下来，并且遵守必要的秩序规则。以前每天选衣服是个大问题，现在，母亲和莎伦进行了简短的沟通，母亲会表达她的观点，但是由莎伦自己来决定到底穿什么，莎伦会痛快地接受母亲的建议。当母亲忍不住哄劝她的时候，莎伦会阻止母亲“这不关你的事”。母亲并不会觉得受伤，内心反而很开心，她意识到自己以前给孩子施加了多少压力。有些时候她还是难以克制自己，但是她越来越接纳自己的新角色以及与女儿之间的新关系，面对孩子强迫性的行为她不再生气，她认识到了这是自己此前所施加压力的投射。当莎伦开始为其症状和恐惧寻求安慰时，母亲建议她联系医生，鼓励她从医生那里寻求建议。

[其实前一晚莎伦就已经给我们打过电话，询问她该如何应对自己的恐惧。我们的回答是参考恐惧的目的，即，她想通过寻求同情、安慰来引起母亲的关注。我们赞扬她如此聪明地达到了自己的目的，并且告诉她可以继续使用这个方法。(这种“反暗示”一般都非常有效。孩子们知道这意味着什么，所以很少认为这是一种嘲讽。) 这个女孩好像对我们的回答很满意——确实如此！最后在结束通话时她友好地表达了感谢。]

下一次会谈时，仅剩的主要难题是莎伦“不能”咽下她的唾液。我们与莎伦讨论了这个问题。她在讨论中主动表示，她觉得自己很坏，不配得到快乐。我们指出，她不咽唾液的原因之一是她认为自己身上的一切都很坏，包括自己的唾沫，她认为自己的唾液里全是细菌。而且她对自己的现状很生气，吐口水是她对秩序和规则的不满及蔑视的情绪表达，尤其是她现在不能再通过公开发脾气的方式表达自己的怒气。

在与母亲交谈时，我们针对莎伦吐口水的问题确定了一条原则。让母亲告诉莎伦，如果她想往地板上吐口水，而不愿意吐到合适的容器里，那么她就应当回自己的房间。

两周后，母亲说女儿已经不再吐口水了。母亲和女儿在一起玩耍的时间更多了，家里也很少出现困扰。在这段时间里，莎伦只复发了一次，就在莎伦去看过她的亲生父亲之后不久，她斥责母亲，还打了母亲好几次。（显然莎伦不能原谅母亲再婚，母亲没有用她的余生专门陪伴莎伦！）莎伦不喜欢梳头发，有时候她会因此而发怒。（这是对被过度管制或压迫的反抗。）

在接下来的几周里，莎伦有时候会喜怒无常，借此引起母亲的特殊关注。有时她会攻击母亲，而母亲做到了平静地忽视女儿的暴力行为。

经过三个月的治疗，莎伦终于“痊愈”了。她变成了“原来的那个她”，但是和母亲之间的关系却不同了。数月后，有一次我偶然遇到了莎伦的母亲，她说莎伦一直表现很好，也很开心，没有再出现任何问题。

智力迟钝

七岁的杰拉尔丁表现得像个小婴儿。她不会自己穿衣服、脱衣服；她在试图脱衣服的时候偶尔会把衣服撕坏，为此她非常生气。她从不尝试自己穿衣服。她经常发脾气，如果父母不让步，她会踢父母。她从来不自己睡觉，母亲必须躺在她身边，否则她就睡不着。她在晚上会频繁叫醒父母，父母每次都会起床哄她入睡。她五岁才开始说话，而且口齿不清。她从来不和陌生人说话。父母让她重复每个字以改善她的发音。在餐桌上她需要家人喂饭，而且母亲必须给她讲故事，否则她就不吃。她在五岁时被送入教区学校，但是最近转学到了一所公立学校接受不分级教育。在那儿她拒绝和老师说话，也不和其他孩子一起玩。

在来指导中心前不久，母亲被校方通知杰拉尔丁不能再留在学校了，因为他们认为她智力发育滞后。校方建议他们把孩子送到一所专为智力障碍儿童开设的国立收容机构。父母认为这样前景堪忧。他们请求校方暂缓决定，允许他们寻求精神病医生的帮助。尽管老师对改善的可能性持怀疑态度，但是在父母的恳求之下终于答应暂缓。

杰拉尔丁是家里的独生女，她在童年时期曾经重疾缠身。父母承认他们对女儿娇纵且过度保护。在会谈中，杰拉尔丁非常消极而且反应迟钝。

我们告诉父母不可能在第一次会谈就做出诊断。这个孩子也许智力滞后，但是，如果父母一直不给她发展个人能力的机会，我们就无从判断其心智缺陷的程度。父母首先需要改变对待孩子的方式。杰拉尔丁不能再让父母完全服侍自己了。他们必须鼓励杰拉尔丁自己承担责任。如果父母替她完成了所有事情，她就没有任何努力的必要。她无所作为却得到了太多。她的父母友好真诚，虽然他们承认在对孩子束手无策的时候，也会打她屁股，尤其在她发脾气的时候。

父母完全明白我们的解释。这是他们第一次开始理解孩子的行为。他们表示愿意全力以赴地与我们合作。在第一次会谈中，这对父母看起来已经准备好了接受具体的帮助。因此我们提供了很多建议，通常情况下在这一早期阶段我们是不敢冒险提供这么多建议的。我们建议他们：(1) 让孩子独自在自己的房间睡觉，无论她做什么都不要关注，夜里即使孩子叫他们也不要理会；(2) 当她发脾气的时候允许她独自待着；(3) 对她的口齿不清也不予理会，不再让她重复读单词，但另一方面，当她说话含糊不清时也不要理她；(4) 陪她玩耍，表达对她深深的喜爱之情，用爱和玩耍取代以前对她的特殊服务；(5) 停止训斥、唠叨、哄劝和责打，在她做任何事情的时候都保持平静。

两周后父母带着女儿一起来到指导中心，报告了具体的进步。父母看起来备受鼓舞。杰拉尔丁说话更清楚了；她早早就自己上床睡觉；她不再胡搅蛮缠；她可以自己脱衣服，虽然在穿衣服方面还有一些困难；她和父母一起玩耍，凡事都会彼此商量并提前达成一致。杰拉尔丁曾经问父母为什么不再训斥她或惩罚她，她说自己对父母的这一转变很吃惊。

这次，我们建议父母让孩子自己吃饭，如果她把食物扔得到处都是，就让她离开餐桌。

两周后，母亲说杰拉尔丁会独立做更多事情了。她现在自己吃饭，而且吃得很好。她的睡眠习惯也很好，她早睡早起。早晨她一醒来就会起床，不需要有人喊或提醒。她说话也多了，而且不再含混不清，她的发音也更好、更清楚。她几乎完全可以自己穿衣服了。她玩积木，玩球，玩木琴，还想和爸爸一起玩。她表达了想见表妹的意愿。即使母亲把她一个人留在房间里，她也不介意。自从父母完全忽视她的过激行为后，她就不再发脾气、踢人。父母则不再训斥她，不再揍她，并且小心翼翼地避免大声和女儿说话。孩子和父母都比以前开心多了。最后仅剩的一个难题就是杰拉尔丁反对梳头发。

她在学校的情况也发生了变化。她对同学们比之前更加友好，也喜欢和他们一起玩耍。她还和他们自由交谈。几个星期前，老师曾经要求劝退这个无可救药的孩子，认为她低能且“聋”。而就在上周，老师看到并承认了杰拉尔丁的进步，现在愿意帮助这个孩子。关于退学或者转收容所的说法也就此消失了。

三次面谈后这个案例结束了。关于这个孩子智力的最终判断得以推迟，她得到了更多时间发展自己。

假迟钝

里克四岁，父母带他来指导中心，他们想看看自己能够为这个孩子的发展做点什么。他静静坐在母亲和父亲中间，身体靠近并紧抓着父亲，表情甜蜜。他没有回应任何问题，一脸茫然，最终扭头不再参与。他嘟囔着什么，他的父母将之解读为“回家”。

父母讲述了这个孩子经历过的几次大手术。他们始终为这个独生子的生命提心吊胆，因此小心翼翼地看管着他。他十八个月大时才开始学走路，之前则一直生病。他从来没学过说话，也不听别人说话。他什么都不会做，甚至会小便失禁。他完全依赖自己的父母。父母之前带他做过精神和心理测试。根据测试结果，这个男孩被诊断为智力迟钝和聋哑人。但是，父母观察到孩子的一些反应也许表明他能听见，至少能听见一些声音。

很明显，里克受到了父母非常多的过度保护，所以我们目前无法对他的精神状态和可能的发展情况做出判断。因此，我们建议父母停止过度焦虑和担忧，允许他独自待着，不要总是围着他转。只有当他体会到不说话和不听无法继续带来预期的结果时，我们才能确定他是否能听、能说。这次没有讨论到里克的其他问题。

第二次会谈中，母亲说，他们吃惊地发现，里克夜里不尿床了。现在她想知道如何能让他正确吃饭。他在饭桌上用手抓饭往嘴里塞。我们建议母亲给他准备一个吃饭的勺子，如果他拒绝使用勺子，那就把他的盘子拿走。我们得知，里克在不能随心所欲的情况下会非常生气和激动，而父母一直尽量不惹他生气。我们指出，里克必须认识到他的怒气是无济于事的。让他认识到这一点的唯一方式就是，每当他生气的时候，母亲就离开房间。然而，她的情绪一定不能是不开心或者过度担忧。

会谈期间，里克拒绝去游戏室和其他孩子玩耍，而是一直和母亲待在一起。他有点坐立不安，尽管他的行为举止已经相当不错了。这一次他没有表现出想要回家的欲望。

三周后，里克表现出了更大的进步。他尿床了，但是只有一次，是在他醒了之后（似乎是在表示他仍然需要更多关心和关爱）。他学会说一些话了。如果他仅仅指着东西却不说话，母亲则拒绝帮他做这件事，所以他开始说出他想要的东西的名字。我们警告母亲不要督促孩子清楚地说话，她已经有这个苗头了。这就是过度关注。当里克不用勺子吃饭时，母亲犹豫是否拿走他的食物。由于没有使用逻辑后果，父母在“教孩子用勺子吃饭”这件事上失败了。很明显，他们很难放下自己的担忧和同情。我们向他们指出，孩子需要的是被鼓励，而不是被服侍。

下一次会谈的时候，我们听说了里克寻求母亲关注的新伎俩。这次不是尿床，而是他每天夜里都要让父母带他去好几次卫生间。他的词汇量增加了，但他发展出一种新方式以表明自己没有在听：他把头转向一边。里克对经常不在家的父亲表现出了极大的顺从，对母亲却不会轻易屈服。他现在通过睡前磨蹭以及入睡很晚的方式获得关注。我们向母亲解释了里克的这些寻求关注的新机制，我们让她不要被这些办法所蒙骗。与其吵吵闹闹或批评指责，还不如允许他直到困得不行才去睡觉。让他在上床睡觉前使用马桶，但绝不要在半夜起床带他去厕所，他必须学会控制自己的膀胱。到目前为止，里克还没有学会在某个方面付诸努力。

下一周，据母亲说，生活平静而快乐。里克不再尿床，也不再要求去厕所。他说话更多了，也开始和其他小朋友一起玩耍。他不再发脾气。他会被按时抱到床上，然后很快就睡着了。母亲备受鼓舞。

里克给人的印象仍然是一个很迟钝的孩子，四岁的他还表现得像个两岁小孩。但是这回他第一次进入指导中心的游戏室开始玩游戏，他把积木一个接一个地摆起来“造火车”。他进入咨询室，笨拙地想爬上长椅，环顾四周寻求帮助。当没有人帮他的时候，他自己努力爬了上去。但是，他很快摆出了一副危险的姿势，让人觉得他随时会掉下来，他显然是想引起别人的帮助和关心。他几乎就要摔下来了，但是没有人帮他，于是他立刻恢复了对自己的控制，双脚踩到了地上。看起来，他已经发现“肌肉协调不良”可以作为获取关注和服务的一种手段，但是，如果两者都得不到，他也能把自己照顾得非常好。他玩耍的时候条理分明，对一些细节表现出极大的兴趣，他会观察细小事物，比如一根头发、一叶青草、一张蜘蛛网，或者整齐地画一些小人儿。这似乎表明了他的智力发展相当正常。

在这一点上，我们建议母亲多陪孩子玩耍。

两周后，他的说话能力又进一步提高了。他现在不但会用名词还会用代词了。有一次他跑去跟母亲说："我弄丢了我的手套。"母亲给他沙拉时，他会说："这个好吃。"我们认为他的听力丝毫没有问题。他会唱一些从收音机里听到的歌曲。他开始自己穿衣服。

这一次，当被带到咨询室时，他哭了。他拒绝坐下，也不听我们对他说的话。显然他意识到自己想取得帮助的小伎俩在这里没有效果。他的新伎俩之一是让妈妈在街上等他，而他慢吞吞地跟在后面。我们提醒母亲不要哄劝、催促。她可以问孩子想要一起走还是让她自己先走，或许他可以带着妈妈回家？有迹象表明，里克还会通过向母亲提出小请求来操纵局势，因为他知道母亲会像往常一样屈服。

这次里克没有去游戏室和小朋友们玩，而是远远地观察着他们。

下一周，母亲告诉我们，里克开始在晚上收拾玩具，自己洗脸洗手。他也在学习穿鞋和穿袜子。尽管如此，有时候他还是会像婴儿一样，发出好笑的声音。无论什么时候，只要有可能，他就会靠在母亲身上。他游手好闲，母亲总是忍不住提醒他；大多数时候她只是观察着他，他注意到了这一点，而且似乎很享受这种感觉。自从他有一次不好好吃饭食物被拿走之后，他的餐桌礼仪也变好了。在大街上，当里克和另一个男孩玩得不愿意回家时，母亲就试着躲在街角，从那以后里克总能迅速跟随母亲回家。

在这次会谈中，里克在游戏室玩得心满意足。我们再一次提醒母亲不要帮助他或指导他。不要通过提醒的方式让孩子关注到后果，而是要在不作进一步评论的情况下实施这些后果。

一个月过去了，他们再次来到指导中心。母亲报告说，现在里克的身体非常好。他很少尿床；开始去托儿所并且很喜欢那里，他的老师对此非常满意，虽然他不怎么和其他孩子一起玩；（我们没有尝试再次对孩子进行心理测试，因为如果测试结果再次显示低智商，会令孩子非常气馁。）他不再哭闹；他自己玩积木，或者搭建又长又直的火车。在别人说话的时候，他不会一直听着——更准确地说，他不会一直留意着。在休息时间，他会坐立不安，自言自语。午饭时他一开始拒绝吃甜点，但最后终于说“蛋糕”。

里克高兴地来咨询室进行面谈，他跟很多人交谈，虽然他的发音还不是特别清晰。他开心、愉快，不再害怕。他爬上长椅静静坐着。然而，他对我们的问话毫无回应，而且装作没有听见。当我们在他面前打响指时，他一脸茫然地凝视着我们，似乎既听不到也看不到；但是，过了一会儿，他开始试着用自己的手指做类似的动作。在面谈中他表现得很傲慢，对身边发生的事情毫不在意。

里克所在托儿所的老师也参加了这次会谈。我们建议这位老师，在里克搭建火车的时候，让其他同学和里克一起合作，并且鼓励里克参与简单的、组织有序的游戏。如果他在休息时间打扰了其他同学，不要责骂，也不要大惊小怪，把他的床移至另一个单独的房间。准许他在愿意安静下来的时候回来。

下一周，里克的母亲又来了，她说里克开始认识颜色了，而且对此很享受。他把家里所有蓝色的物体挑出来放在一起说“蓝色”，然后对其他颜色也如法炮制。他的语言能力也在稳步提高。他可以完整地复述“三只小猪”的故事。他喜欢把他的玩具士兵摆成行军队列。

面谈中，里克说出了所有颜色的名称，很明显他很享受这个过程。他数着手指，但是拒绝讲“三只小猪”的故事。

两周后，母亲简短地告诉我们事情进展得很顺利，她没有什么特别的问题了。她已经开始上班了，整个家庭看起来都有了令人满意的变化。

又一周后，里克感冒初愈。生病期间里克经常又哭又闹，又回到了以前的婴儿状态。他喜欢玩积木并精心搭建出很多建筑，最后他会把积木收拾起来。他喜欢听故事。他的表达能力越来越好。一年前他一个字都不会说，几个月前他会说几个词，而现在他已经会说完整的句子了。他会自己穿鞋。面谈时，他表现得非常友好，玩着一根铅笔，而且还告诉我们他在干什么。

后来的几周里，他感冒了几次，这让他的行为或多或少有所退化。但是，他现在学东西很快，他喜欢颜色、数字、字母表，而且他认识了所有字母。他在社交方面进步很大。他尤其喜欢颜色，并使用颜色作为社交游戏逗客人开心。他用颜色表示他认识的所有人。他的母亲是“红色的妈妈”，父亲是“黄色的爸爸”，自己是“蓝色的里克”。亲戚们有“粉色的格蕾丝”“紫色的格特鲁德”“绿色的贝茜”。幼儿通常是“白色的”，长辈们则是“橙色的”。他的爷爷奶奶就是“橙色的”。这种颜色的分配并非出于偶然，他总是能把同样的一种颜色和某个人联系起来。很明显，里克把情绪和颜色联系了起来。在这次面谈中，他很自豪地为在场的每个人分配了一种“颜色”。他似乎在使用这种独特的策略给人们留下深刻印象，进而得到特殊关注。

在托儿所，他不像其他孩子那样善于合作，但是无论如何也在参与其中。有一次他笨拙地扰乱了游戏，其他孩子就不愿意和他一起玩耍。他生气了，推倒了所有玩具。这是他第一次主动出击，对他而言，这是一种进步。他和他的一个小表弟玩得很好，他正一点点变得更善于合作和交际。然而，由于在托儿所里和其他孩子吵了架，他表现得有些不愿意回托儿所。他唱了在托儿所学到的歌曲，但有时候仍然吐字不清晰。

只要母亲不在身边，放学的时候他就会自己背上书包；但是如果母亲在身边，他就非得要母亲帮他。总的来说，里克很友好，只是有时候有点吵闹。里克是个专注的人，只要他喜欢上一件事，他就拒绝分心。他表现出一脸茫然和迟钝，就好像听不到、看不到我们的建议，全然专注于自己心里的事情。带他去动物园时，他更感兴趣的似乎是人而不是动物，他几乎都不看动物。但是回到家后，他就在图画书上指出那些动物，并且说出它们的名字以及身体部位：“这是大狮子，这是他的尾巴。”

面谈时，里克拒绝坐在长椅上，而是围着桌子走，依偎着社会工作者，举着胳膊，似乎是希望被抱起来。他一直不回答问题，直到我们问起了颜色。他能数到十二，能数自己的手指，认识字母表上的字母。但在其他方面我们无法得到他的任何回应，不管谈到什么，他都一脸茫然。

我们告诉这位母亲，如果里克不愿意穿衣服去托儿所，她就当他生病了，并且让他躺在床上休息，不给他玩具，只给他吃流食。她的态度应当保持温柔友好，但是要坚定。然而，我们还告诉她，如果她怀疑这个方法，怀疑自己是否有能力不紧张不焦虑地实施这个方法，那她就干脆不要尝试。

接下来，里克的老师报告说，里克开始远离孤立，接触群体。他又一次打架了。他在穿夹克和厚裤子时能力还是有所落后。他和校外的孩子们交朋友。他已经很长时间没有尿床了。我们建议母亲更要注意不能帮他穿衣服。我们建议她邀请其他孩子到家里和里克一起玩。显然有时候母亲会很生气，但是她努力让自己在这些时候不做任何事、不说任何话。里克也会不时发脾气。

里克每次生病都需要一段时间去重新适应托儿所的生

活。他在街上遇到熟人会微笑着打招呼。有些时候他还是会拒绝说话而且表现出一副疏远的表情，但是通常情况下当别人对他说话时，他都是活泼地微笑着。偶尔他会装作听不见。他比以前开心多了，但还是倾向于不相信其他人。有时他会对抗其他孩子并且脱离群体，但是大多数时候他还是愿意参与集体活动并且与他人合作。

在这次会谈中，他干净利落地画了一些人像，两只手一起给字母涂色，频繁地将铅笔或蜡笔从一只手换到另一只手。

几个月之后，他经历了一场呼吸系统疾病，之后就像变了一个人。他非常擅长与比自己年幼的孩子相处。他喜欢教小孩子，但是在被拒绝的时候他会哭。有时他表现得很强硬，“我要揍你一顿——我要打你。”当里克行为不当的时候，母亲仍然会在愈加愤怒的情绪和过度同情之间摇摆不定。虽然她已经学习到了很多，但是她很难对里克始终保持坚定和客观。

有一次会谈时，里克刚开始坐在父母中间，装作听不见我们对他说的话。然后他从长椅上站起来，展示了一幅画并且向我们描述他在干什么。他仍然坚持着自己的方式，做自己想做的事，拒绝不喜欢的东西，拒绝停止自己正在做的事情，但是他始终保持着微笑。当我们告诉他会谈结束了，他装作没有听见继续画。老师说有一段时间他表现得很善于社交。通常情况下，在被要求做一些事情时，他是一个善于合作的孩子。

在游戏室里，里克非常迅速地涂色，他在很短的时间里要了好几张纸。他画了一幅关于火车的画，火车上有旗帜、铃铛、烟囱，还有好多车轮。

在指导中心接受了一年半的治疗之后，里克取得了巨大的进步。我们的预后是，最终这个孩子会得到充分的调整和适应，尽管智力层面的某些不足有可能一直存在。父母在处理孩子的问题时都非常合作、明智，表现出了很强的洞察力，虽然有时候他们自己还是会出现不恰当的情绪反应。

一年后，里克七岁了，他进入了公立学校。他的成绩都是“优秀”，学习上没有任何困难。他是一个很有魅力、善于合作的男孩，但是有时候也会表现出疏远和高冷的古怪态度。在那种情况下，他看起来就像个王子在观察他周围的世界。他的所有调整都让人很满意。我们得知有关他的最新消息是，他的学习成绩远远超过了他的同班同学，学校正在考虑让他跳级。

这个案例很重要，原因有以下几点。首先，我们能从中看到，当情形看起来令人绝望的时候，完全受第一印象影响则会犯下很大的错误。其次，没必要悲观，因为，如果父母学习更加正确的问题解决之道，那么谁也不知道这一情形将会如何发展。有鉴于此，我们在刚开始没有重复测试里克的智商，因为这只会导致孩子和父母都深受打击。那时我们并不知道这个后来才浮出水面的事实——这个孩子并不迟钝，实际上反而智力超群。从这个案例中我们还可以进一步看到，这个孩子成长过程中的起起落落源自他的母亲未能保持方法的持续一致。

CONCLUSION 结论

现在你已经读到了本书的最后部分，你可以回顾一下自己从本书中学到了什么。在阅读过程中，你也许思绪万千，一些想法就像书中的案例一样，或许令你深受鼓舞，或许使你心烦不已。现在你应该把这些想法整合起来。读完一本书之后的思考和反思过程决定着本书对于你的价值和用处。

我希望读者能够清晰准确地收获一个事实，即你有能力帮助孩子成为快乐和成功的人。然后，我希望你们能够暂时停下脚步，思考这一事实所蕴含的更深远的意义。你主要关心的是自己的家庭和孩子，这无可厚非，但是不要忽视另一个事实，你的手中也掌握着整个人类的命运。每一代父母都是未来的基础。我们无从确定外部的社会环境和我们内心的主动意愿将会在何种程度上决定人类的命运——到底我们是首先需要更优秀的个体去创建一个更好的社会，还是需要一个更好的社会去培养更优秀的个体。这两个因素相辅相成：儿童训练影响着未来的社会秩序，就像现有的生活条件决定着养育的方式。人类的演化发展与不断完善的养育原则和技巧息息相关。现如今，人类的不完美在某种程度上也受到了一直以来所接受的训练方式的限制。

如何将这种不完美引向此前未知的高度，我们对这条路的方向认识非常模糊。新社会形态演变的假设、人类在控制自然的过程中智力无限扩大——这些在我们的教学经验中得到了独特的证实。始于婴儿期的更为恰当的教育方式能够完全激发人类的创造力，培养我们如今难以想象的能力和品格。我们只看到了最初的一线光芒。但是，我们已经认识到人类普遍经受的挫败和压抑，从中一窥人类在道德、智力和情感方面巨大的可能性，而我们一直以来所运用的训练方式使得这些可能性不甚明朗。

此前关于遗传无所不能的信念如今已经有所动摇。该信念以一种可理解的悲观情绪为基础，而这种悲观情绪正是源自人们对于正确训练的可能性知之甚少。你能想象人类几千年以来一直运用着真正错误的教育学原理吗？以前的教育基本原则并没有错，它们只不过是一个文化时代的合理反射，这个时代从文明伊始一直延伸到我们今天所处的时代——一个以人与人之间的冲突为特征的时代。在我们的欧美文化之外存在过并且仍然存在着同样类型的社区、部落和氏族，由于自身的限制，他们几乎对敌对、竞争的秩序毫无概念（不同于性别方面的）。他们的教育往往从一个截然不同的前提出发，避免个人惩罚和羞辱孩子，在很多方面印证了现代精神病学的经验。

确实，我们这个时代为亲子之间的道路设置了很多特殊的障碍，这就使得当今训练方法的不足之处受到了越来越多的重视。然而，毋庸置疑的是，优秀的父母始终能够发现并运用真正有效的训练方法。我们的全新认识建立在先辈们无数经验的基础上。许多出色的男人和女人都远远超过了同时代人的平均水平，他们的成功在很大程度上源于有优势的养育方式。（如果他们的成功仅仅是由于遗传，我们就该期望天才的孩子比实际情况更像他们的父母。）当某个高中毕业班出了一批杰出超群的学生，这也不会只是巧合。在这里我们看到难能可贵的努力其实恰恰是机会，教学技巧能够开发个体潜力，不恰当的方式会抑制这些潜力。

一个人能够发展到什么程度，这可以用一个简单的例子来说明。如果一个布须曼人的孩子很早就迁移到美国并且接受美国文化，他就会发展出他在最初的环境里不可能获得的力量和能力。影响他远远超过其部落水平的因素既不是遗传缺陷，也不是真实的或误以为的大脑发育问题。因此我们可以预见，通过更好的训练方法和改善的生活环境，未来的人们会超越我们现在的文化水平，就像我们超越了原始部落一样……此刻，我们正在大步前行，迈向另一个人类新时代。

图书在版编目（CIP）数据

父母 ：挑战 ／（美）鲁道夫 · 德雷克斯著 ；花莹莹译 . —— 北京 ：生活书店出版有限公司 ，2024.8（2025.5 重印）

ISBN 978-7-80768-478-7

Ⅰ . G78

中国国家版本馆 CIP 数据核字第 2024CE6499 号

责任编辑 郭超敏
特邀编辑 叶敏娟 廉 勇
装帧设计 潘振宇
责任印制 孙 明
出版发行 生活書店出版有限公司
（北京市东城区美术馆东街22号）
邮 编 100010
经 销 新华书店
印 刷 北京启航东方印刷有限公司
版 次 2024年8月北京第1版
2025年5月北京第2次印刷
开 本 787毫米×1092毫米 1/32 印张14.5
字 数 229千字
印 数 4,001–9,000册
定 价 39.80元
（印装查询：010–64004884；邮购查询：010–84010542）

德雷克斯·挑战系列

《父母：挑战》

《孩子：挑战》（重译本）

[美]鲁道夫·德雷克斯 著　李剑敏 译

如何在尊重孩子、给孩子平等自由的同时，让孩子尊重规则、承担责任、赢得合作，这是现代教育的基础课题，也是现代父母要面对的永恒挑战。

《婚姻：挑战》

[美]鲁道夫·德雷克斯 著　甄颖 译

我们的婚姻问题，考验着我们与另一个人亲密生活的能力。我们不知道如何以相互尊重的精神来解决冲突和矛盾，而在民主氛围中，家庭生活的先决条件正是相互尊重。

《教师：挑战》

[美]鲁道夫·德雷克斯 著　甄颖 译

没有一个孩子是完美无缺的，他们在教室里表现出焦躁不安，不服管教，喜欢挑衅……这需要老师完成思想转变，接受心理学培训，在课堂上运用心理动力学和群体动态的知识，鼓励孩子们相互合作，承担责任，改善课堂的氛围，从而向所有孩子敞开光明之路，真正实现教学相长。